岩波文庫
33-630-2

法の哲学
——自然法と国家学の要綱——

（上）

ヘーゲル著
上妻　精
佐藤康邦訳
山田忠彰

岩波書店

凡　例

一、本書は、ヘーゲルの『法の哲学』(*Grundlinien der Philosophie des Rechts oder Naturrecht und Staatswissenschaft im Grundrisse*)(一八二一年)の序言、緒論、第一部抽象法、第二部道徳を上巻として訳出したものである。なお第三部人倫は下巻に収録した。
　翻訳に当たってはズールカンプ版(G. W. F. Hegel, Werke in zwanzig Bänden, Bd. 7, Suhrkamp Verlag, Frankfurt am Main, 1970)を底本とし、グロックナー版、ラッソン版(第三版)、大全集(アカデミー)版、哲学文庫新版のほか、T. M. Knox の英訳(*Hegel's Philosophy of Right*, Clarendon Press, 1952)、H. B. Nisbet の英訳(*Elements of the Philosophy of Right*, Cambridge University Press, 1991)、Giuliano Marini の伊訳(*Lineamenti di filosofia del diritto*, Editori Laterza, 1987)および Vincenzo Cicero の伊訳(*Lineamenti di filosofia del diritto*, Rusconi, 1996)、Robert Derathé の仏訳(*Principes de la Philosophie du Droit*, Libraire Philosophique J. Vrin, 1975)などを参照した。

二、ヘーゲルが本文を注解した部分は一段下げて組んで示した。

三、「補遺」は二段下げて組んだ。これは、エードゥアルト・ガンスがヘーゲルの講義の聴講者による筆記録から抜粋したものであり、ヘーゲル自身によるものではない。
四、＊はヘーゲルによる注である。
五、原文中の》《あるいは〉〈で示されている引用、特記事項などは「　」で示したが、一部原文で無表示のものでも引用ないしそれに類するものや重要な概念などは適宜「　」を用いて示した。
六、原文中著者が（　）で示しているところは、訳文でも（　）を用いて示した。また訳語の原語を示すのにも（　）を用いた。
七、［　］は編者による加筆である。
八、〔　〕は訳者による加筆である。
九、原文中のイタリックの語句には傍点を付した。
一〇、書名は『　』で示した。
一一、訳注は、訳者自身によるもの、英訳、伊訳、仏訳の注を参照したものからなるが、いちいちの別は記していない。また、訳注のなかでヘーゲルの著作を示す場合には、ズールカンプ版（略称 stw を用い、巻数をローマ数字で示す）によった。それ以外の著作の場合は、適宜表記した。

目次

下巻目次

法の哲学

——自然法と国家学の要綱——

（上）

序　言

この要綱を出版する直接のきっかけは、私が職務上おこなう法の哲学[1]の講義[2]への手引きを私の聴講者の手もとにあたえておく必要が痛感されたことである。哲学のこの部門についての根本諸概念は、私が以前に私の講義のために用意した『哲学的諸学のエンチュクロペディー』[3](ハイデルベルク、一八一七年)のなかにすでに含まれているのであるが、本教科書は、同じ根本諸概念をより大規模に、とりわけより体系的に詳論するものである。

しかし、この要綱が出版され、それにともない広範な公衆の眼に触れることになるということを機縁に、筆者と類似の考え方やちがった考え方、それらの考え方のさらなる帰結等について、講義でならそれ相応の説明が加えられるという理由から、当初は簡単な記述で示唆するにとどめるつもりであった注解が、本書では、しばしばより大規模なものになってしまった。それというのも、本文のかなり抽象的な内容をそのつどはっきりさせ、そして身近な、また誰でも思いつく当世風の考えにいっそう広範な顧慮を払うことが目ざされたからである。こうして、概論の目的やスタイルが一般に具える以上に詳細な注解が数多く生まれることになった。だが、本来、概論というものは、すでにでき上がったものとみなされる学問領域を対象とするのであり、この概論に固有のことは、ところどころにみられる小さな補足を除けば、その形式がすでにでき上がった規則や手法をもつのと同様、すでに承認され、熟知されている内容の本質的な諸契機を連関づけ、秩序づけることにほかならない。しかし、哲学的な要綱については、そもそもこうしたやり方は期待されてはいない。というのも、哲学がもたらすものは、毎日はじめからやり直されるペーネロペー(4)の織物にも似て、一晩の徹夜ですべてをなし遂げる仕事のように考えられているからである。

この要綱が、さしあたっては、ここで指導的な役割を果たしている方法のゆえに、普通の概論とは異なっていることはたしかである。しかし、ひとつの素材から他の素材へと進む哲学的な仕方や、学問的証明の哲学的な仕方、一般的にいって思弁的認識(5)の仕方が本質的に他の認識の仕方とは異なるということは、ここに前提されていることである。こうした相違の必然性を洞察することだけが、われわれの時代において、哲学を、それが転落した不名誉な頽落から救いだすことができるのである。以前の論理学の諸形式や諸規則、つまり悟性認識の諸規則を含む定義や区分や推理が、思弁的学問にとって不十分なものであることが、おおよそは認識され認識されるにいたった、あるいはむしろ、認識されたるにいたった。そこで、これらの規則はもっぱら足枷《あしかせ》として投げ捨てられ、代わって心や空想や偶然的な直観から気ままに語られるようになった。だが、そうはいっても、反省や思想的諸関係もまた登場せざるをえないような場合には、ひとは無意識的に、ありふれた推論や理屈づけといった軽蔑すべき仕方にしたがって、ふるまっているのである。――思弁的知の本性については、私の『論理学』(6)において詳細に展開しておいたところである。それゆえに、この要綱では、ここかしこで進行と方法とについての説明がつけ加えられるにすぎない。対象の性質が具体的で、それ自身きわめて多様なものであるので、すべての細部の個々一々において論理的筋道を指摘し、顕示するようなことはたしかに省かれている。しかし、それは、ひとつには、こうしたことは、学問的方法が熟知されていることが前提されるときには、余計なこととみなされうるからであり、またひとつには、全体が、全体の分肢の形成発展とともに、論理的精神にもとづいていることは、おのずと気づかれることだからである。私は、この論述がこの方面からも理解され、評価されることをとくに望みたい。というのも、この論述において問題になっているものは学問であり、そして学問においては、内容は本質的に形式と結びついているからである。

たしかに、ものごとをもっとも根本的に受け取るようにみえるひとびとからは、形式は何か外面的なものであって、ことがらにとってはどうでもよいものであり、肝心なのはことがらだけであるといったことが聞かれるかもしれない。さらに、著作家、ことに哲学的著作家の仕事とは、もろもろの真理を発見し、もろもろの真理を語ること、もろもろの真理や正しい諸概念を普及することであるとみなすことができるかもしれない。ところで、こうした仕事が実際にどのように営まれるのがつねであるかを観察するならば、一方では、同じ古くさい話が相変わらず蒸し返され、四方八方に伝えられているのをみることになるのである。――この仕事も、たとえそれが御苦労な余計事のようなものとみなされるとしても、つまり、「彼らにはモーセと預言者がいる。彼らはこのひとびとに聞けばよい[7]」といわれるようなものだとしても、人心の陶冶と覚醒のためのそれなりの効能はもつであろうが――。とりわけ、さまざまの機会に、こうした仕事において示される口調や自負には驚かされる。それは、まるで諸真理の熱心な普及が世間にこれまで欠けていたかのような、蒸し返された古い話が前代未聞の新しい真理をもたらしているかのような、そしてとりわけ、いつでも「いまの時代に」こそとくに銘記されなければならない話であるかのような口調や自負だからである。しかし、他方では、それらの諸真理のうち、一方の側から表明されたものが、同様に他方の側から提起されたものによって駆逐され、消し去られるのがみられる。そうなると、こうした諸真理のぶつかり合いのなかで、新しいとか古いとかではなく、永続的なものは何か、この永続的なものはいかにしてこの無定形に右往左往する観察のなかから獲得されるべきなのか、——学問による以外に、それが区別され、真なるものであると確証されることはないであろう。

いずれにせよ、法、人倫、国家に関する真理は、古いものであるとともに、公共の法律や公共の道徳、そして宗教のうちに公然と表明されて、熟知されるものとなっているのである。この真理は、思惟する精神がこうした手軽な仕方でそれを所有することに満足しない以上は、これを概念によっても把握し⑻、さらに、すでにそれ自体において理性的な内容に対して理性的な形式を獲得し、そうすることでその内容が自由な思惟のまえに正当化されて現れるようにすることを必要とするものだというほかはない。というのも、この自由な思惟は、たとえ、それが国家とかひとびとの意見の一致といった外面的な既成の権威によって支持されていようと、内面的な感情や心の権威また精神の直接的同意の証言によって支持されていようと、所与のもののもとにたちとどまるのではなく、自分のなかから出発し、そして、それによってまさに自分が最内奥において真理と一体であるのを知ることを要求するからである。

囚われない心情のもち主の純一な態度は、満腔の信頼に満ちた信念をもって公共において熟知されている真理を身につけ、そしてこの確固たる基盤のうえに、自分の行為の仕方や生きるうえでの確固たる姿勢を築き上げるものである。ところで、こうした純一な態度に対しては、すぐにもつぎのような誤って困難と思われている問題が現れる。それは、無限に相違する意見から、普遍的に承認され、普遍的に妥当しているものをどうやって区別し、取りだすのか、という問題である。そして、ひとは、とかく、こうした困惑をことがらに正しく真剣に取り組んでいる証拠と受け取りやすい。しかし、実際には、こうした困惑を大したことのように喧伝するひとびとは、樹をみて森をみない類いであって、そこに存在するものは彼らが自分でつくりだした困惑であり、難問であるにすぎない。そう、このような彼らの困惑とか難問こそ、むしろ彼らが普遍的に承認され、妥当していることとは別のもの、法的、人倫的なものの実体[9]とは別のものを望んでいることの証拠である。なぜなら、真に問題にすべきなのが、法的、人倫的なものの実体であって、自分の意見や存在の空無性や特殊性ではないとするならば、彼らは実体的な法、すなわち人倫や国家の命令のもとに身を持し、これに即して自分たちの生活を律するはずだからである。——しかし、もっと別の難問が、人間は思惟するものであり、思惟することのうちにみずからの自由と人倫の根拠をもとめるものだという側面から起こってくる。しかし、この思惟するという権利、思惟するという法がいかに高く、いかに神的なものであろうと、もしも、普遍的に承認されていることや普遍的に妥当していることから逸脱して、何か特殊的なものを自分で案出するような思惟だけが思惟として通用するものであり、このかぎりで思惟は自分を自由であると知るということになるとしたら、これも不正なものに逆転してしまうであろう。

あたかも思惟や精神の自由が、そもそも、もっぱら公共に広く承認されていることから逸脱したり、それどころかそれに敵対したりするところに示されるかのように考えることが、われわれの時代においては、国家との関係のなかで、牢固として根を下ろしてしまっているようにみえる。その結果、とりわけ国家についての哲学は、本質的にもうひとつの別の理論を、それも新しい風変わりな理論を案出し、これをあたえることをもって課題としているかのように思われる。こうした考えや、こうした考えに即した営為をみると、まるでいまだかつて国家とか国家体制といったものがこの世界に存在したことがなく、いまなお現存していないかのようであり、だからひとはいまから——そしてこのいまがどこまでもつづくのであるが——まったく新規にはじめなくてはならず、人倫的世界はもっぱらこうしたいまからの案出と、徹底的な究明と基礎づけをまっているかのように思わざるをえない。自然については、哲学は自然のあるがままに自然を認識しなければならず、賢者の石がどこかにあるにしても、それは自然自身のうちに隠されて存在しているのであって、自然はそれ自身において理性的であり、それゆえ、知は、自然のうちに現存しているこの現実的に理性的なものを、すなわち表面に示されるさまざまな形態や偶然的なものではなく、自然の永遠な調和を、自然に内在する法則と本質として探究し、これを概念において把握しなければならないということは、認められている。これに反して、人倫的世界すなわち国家――それは自己意識の場面で自己実現した理性であるのだが――は、この場面において実際に力と支配権とを獲得し、自己主張し、このうちに内在しているものがほかならぬ理性であるという幸運を享受してはならないとされている。精神的宇宙はむしろ偶然と恣意とにまかされているのであり、神にみはなされて存在するものだということである。その結果、こうした人倫的世界の無神論は、真なるものをこの世界のそとにみいだすのであるが、同時に、それでもこの世界に理性もまた存在すべきであるとされているために、真なるものはもっぱら課題にすぎないことになる。しかし、まさに、この点に、いかなる思惟にも自分なりのスタートを切る資格があり、それどころか、それがまた義務でもあるとされるゆえんがあることになる。とはいえ、それは決して賢者の石を探求するためではないというのである。なぜなら、われわれの時代の哲学活動のおかげで、こうした探求の労は免除されてしまっていて、誰でも、自分がたったり歩いたりするのと同じくらい確実に、この賢者の石を手中にしていると信じているからである。ところで、国家というこの現実に生きて、そこで自分の知や意欲が満足しているのをみいだすひとびと——こういうひとびとは多数いる。そう思われたり知られたりしている以上に多数いる。というのも、原則的には万人がそうだからである——だから、少なくとも意識的に自分の満足を国家のうちにもつひとびとといってもよいが、こういうひとびとが、さきの自称哲学のおこなう自分なりのスタートやその安請け合いを嘲笑して、それを、ある場合には面白おかしい、あるいは真面目くさった遊戯とも、ある場合には笑止千万な、あるいは危険な遊戯ともみなすことも当然起こるであろう。(11) 反省やうぬぼれというゆらぎやすい営為は、これらが受ける世間での評価や扱い同様、それだけで、それぞれの流儀で勝手にやらせて推移するのにまかせておけばよいことである。しかし、こうした喧騒に巻き込まれて、さまざまな軽蔑と不信のうちに身をおとしてしまっているものはほかならぬ哲学一般なのである。こうした軽蔑のなかでもっとも悪質なのは、すでに触れたように、誰でもたったり歩いたりするのと同じように哲学一般については通暁していて、酷評することもできると信じているものである。ほかの芸術や学問に対しては、誰でもがたちどころに自分のものにすることができると思い込むような最低の軽蔑が示されることはないであろうに。

＊[12] **補遺《二種類の法則》** 二種類の法則がある。自然の法則と法の法則[13]（法律）である。自然の法則は端的に存在し、あるがままに妥当している。自然の法則は、ひとが個々の事例においてこの法則に違反することができるとしても、何ら侵害をこうむらない。自然法則がいかなるものかを知るためには、われわれは自然について親しみ、学ばなければならない。なぜなら、これら自然の諸法則は正しいのであって、ただこれら諸法則についてのわれわれの表象にまちがう場合があるだけだからである。これら自然の諸法則の尺度は、われわれのそとにある。そして、われわれの認識活動はこれら諸法則に何もつけ加えず、これら諸法則を何ら促進しもしない。もっぱらこれら諸法則についてのわれわれの認識が拡大しうるだけである。法の知識も、一方では同様であるが、しかし他方ではそうではない。同様であるというのは、われわれは、法律が端的に現にあるがままに、法律について親しみ、学ぶからであって、その証拠に市民も多かれ少なかれこうした仕方で法律を身につけているのであり、実証法学の学者も、[14]市民に劣らず、あたえられたもののもとにとどまっているのである。他方、相違するというのは、法律の場合は、考察の精神が起こり、もろもろの法律が相互に異なるということが、すでに、法律は絶対的なものではないということに注意を喚起しているからである。法律は制定され

たもの、人間に由来するものなのである。だから、内面の声は必然的にこのものと衝突するか、さもなければ、これにしたがうかということになるのである。人間は、眼前に存在するものに満足せず、何が正しいものかについての尺度を自分のうちにもっていると主張する。人間は、外的権威の必然性と権力に服従することもできるが、しかし、それは決して自然の必然性に服従するのと同じようにではない。というのは、つねに彼の内面の声が、どうあるべきかについて彼に語りかけ、そして、通用しているものについて、それを真なるものとする確証も、逆に真ならざるものとする確証も自分のうちにみいだすからである。自然の場合、法則一般が存在するということが最高の真理である。しかし、法の法則の場合は、ことがらは、それが存在するから妥当するのではない。各人が、ことがらが彼自身の基準に合致すべきことを要求するのである。したがって、ここでは、存在するところのものと、存在すべきところのもののあいだに、いいかえれば、不変でありつづける即自的かつ対自的(15)に存在する法と、法として妥当すべきものの規定の恣意性とのあいだに抗争が起こりうる。このような分離と闘争とは、もっぱら精神の地盤のうえにのみいだされ、精神の長所はこれがために不和と不幸とに通じるところにあるようにみえることから、ひとはしばしば人生の恣意からでて自然の観察にたち戻るようにさせられ、自然に範を取らなければならないということになる。だが、即自的かつ対自的に存在する法と、恣意が法として通用させるものとが対立するのは、まさにそこに、法の根本的な認識を学びたいという欲求が控えているからである。人間は法において彼自身の理性とであわなければならないのである。だから、人間は法の理性的本性を考察しなければならない。そして、これこそが、実証法学がしばしば矛盾し合うものだけを問題にするのと対照的に、われわれの学問が問題とすることがらである。現代の世界は、これに加えてもうひとつ差し迫った欲求をもっている。というのも、かつての時代には、施行されている法律に対する尊敬と畏敬とがまだあったが、いまでは時代の教養は別の方向に向かってしまっているからである。つまり、思想がいっさいの妥当すべきものの頂点にたつにいたっている。あれこれの理論が現存するものに対して対抗し、しかも自分の方こそを即自的かつ対自的に正しいもの、そして必然的なもののようにみせようとしている。そこで、いまや、法の思想を認識し、これを概念によって把握することが特別に欲求されるものとなっているのである。思想が自分を本質的な形式にまで高めてしまっている以上、ひとは法も思想として把握することに努めなければならない。そして、このことは、もしも思想が法に優越すべきであるとされるようなときには、偶然的な私見に門戸を開くものとなるように思われる。しかし、真の思想は、決してことがらについての私見ではなく、ことがらそのものの概念である。ことがらそのものの概念は、われわれのもとに自然にやってくるものではない。万人が指をもち、絵筆と絵の具をもちうるからといって、万人が画家であるわけではない。思惟についても同様である。法の思想は誰でもがすぐに手にすることができるようなものではない。正しく思惟するとは、ことがらを知り認識することである。それゆえに、われわれの認識は学問的であらねばならない。

実際、われわれが、国家についてこのうえない思い上がりを示す最近の哲学から生じてくるのをみるのは、こうした主題について口を挟むことの好きな連中に対して、こんなことなら自分でも他人の助けを借りないですることができ、またそうすることで自分が哲学をもっている証拠を自分にあたえることができるという確信を正当化してやるようなものである。そうでなくとも、自分で哲学と自称している哲学は、はっきりと、真なるものそのものは認識されえないものであって、人倫的な諸対象、とりわけ国家とか統治とか憲法については、自分の心、心情、そして感激からおのずと湧き上がってくるものが真なるものだと公言しているのである。一体全体、こうした主題に関して、とりわけ若者の歓心を買うように語られなかったものなどあるだろうか。若者も若者で、好んで自分の口に合うものを語らせている。「主は愛し子にそれを眠りのうちにあたえ給う」[16]ということばが学問に適用され、そのことによって眠っている者は誰でも自分を愛し子のうちに数え入れてしまっているのである。そこで、眠っている者がこうして諸概念の眠りのうちに手に入れたものはといえば、それがまた眠りにふさわしい代物であることはいうまでもない。――哲学活動を自称しているこうした浅薄さの将帥のひとりであるフリース氏[17]*は、いまでは悪評高いものになったある公の祝祭の場所で、国家と国家体制を対象にした演説をおこない、つぎのような考えを表明してはばからなかった。すなわち「真正な共同精神が支配している国民であれば、公共的な問題に関わるいかなる仕事にとっても、その生命はしたから、民衆から到来することであろう。そして、民衆の教化育成や民衆への奉仕の個々の活動に対して、友愛の聖なる鎖によって固く結ばれた生きた諸団体が献身を惜しまないことであろう」などという考えをである。――浅薄さの真骨頂とは、思想や概念を発展させる代わりに、直接的な知覚や偶然的な思いつきのうえに学問を築こうとするところにある。また、それは、国家という、人倫的なもののそれ自身のうちでの豊かな分節化[18]、この人倫的なものがもつ理性の建築術、すなわち公共生活の諸圏およびこれら諸圏の権限のはっきりとした区分によって、またそれぞれの柱やアーチや支柱がおかれた割合の厳密さによって、全体の強度をこれら全体の諸分肢の調和からつくりだしている建築術、――さらにこれによってつくりだされた建築物、これらのものを「心、友愛、そして感激」[19]といったものの雑炊のうちにいっしょくたに溶かし込んでしまうところにある。こうした考えによれば、総じて世界はエピクロス[20]にとってそうであったのと同様になりかねない。実際はもちろんそうではないとしても、しかし、人倫的世界も臆見や恣意の主観的な偶然性にゆだねられてしまいかねないことになる。理性とその分別が数千年にもわたってつくり上げてきた労作であるものを感情のうえにたてるというこの単純な家庭薬によって、思惟する概念によって導かれた理性的洞察と認識の労苦のいっさいがまったく省かれてしまっている。このことに関して、ゲーテのメフィストフェレス——といえば、たしかな権威であろうが——は、おおよそつぎのように語っている。それは、すでに別なところで私が引用した台詞でもあるが、すなわち、

まったく、分別と学問とを軽蔑すればよい、
この人間の最高の天賦の才を——
そうすれば、悪魔に身をゆだねて
破滅まちがいなしだ。[21]

こうした見解がまた敬虔という形態さえも帯びるようになるということはすぐにわかることである。というのも、こうした騒々しい営みは、なりふりかまわず自分を権威づけることを試みてきたではないか。しかし、こうした営みは、敬神と聖書によって、人倫的秩序と法律の客観性とを軽蔑する最高の権限を自分にあたえることができると思い込んでいるのである。というのも、敬虔はまた、世界のうちにあってひとつの有機的な王国へと打ち開かれた真理[22]を、感情の単純な直観のうちにうまくくるみ込んでしまうものだからである。しかし、敬虔が正しい種類のものであれば、それは、内面からでて、理念の展開および啓示された富という白日のもとに姿をさらし、感情などといった形式を捨て去るのである。そして、自分の内面的な礼拝からでて、感情という主観的な形式を越えた即自的かつ対自的に存在する真理と法律に対する畏敬をもたらすはずである。

＊ フリース氏の学問の浅薄さについては、他の箇所で、私は証拠を挙げておいた。『論理学』(ニュルンベルク、一八一二年)、緒論、一七頁〔stw V, 47 参照〕。

あの浅薄さは、ある種の雄弁のうちで、いい気になってのさばっているのであるが、その雄弁には独特の形式で良心のやましさが表明されている。このさい、この良心の独特の形式について注目してもよいであろう。しかも、さしあたって注目されることは、この形式がもっとも没精神的であるところで、もっとも多く精神について語り、この形式がもっとも生気のない無味乾燥なところで、生とか生に導くといったことばを口にし、この形式が空虚なうぬぼれという究極のエゴイズムを示すところで、頻繁に民族といったことばを口にすることである。しかし、この形式が額につけている固有の刻印は、法律に対する憎悪である。法や人倫、そして法や人倫的なものからなる現実的世界が思想を通して把握され、これらに思想を通して理性的なものとしての形式が、つまり普遍性と規定性とがあたえられるということ、このことこそ法律を法律たらしめるゆえんなのであるが、まさにこれこそ、好みを優先させるあの感情や、法を主観的な信念のうちにたてるあの良心が、当然に自分にもっとも敵対的であるとみなすものである。義務や法律といった法の形式は、あの感情や良心にとっては、死せる冷たい活字として、そしてひとつの桎梏として受け取られるのである。というのは、あの感情や良心は、義務や法律としての法のうちには自分自身を認識せず、したがって、そこでは自分が自由ではないと認識するからである。なぜなら、法律はことがらの理性であり、そしてこの理性は感情に対してそれぞれの特殊性に甘んずることを許さないからである。法律は、それゆえに、本教科書の後方で注解されているように、まずもっていわゆる国民の偽りの兄弟(23)

や偽りの友がそれをもって篩《ふるい》にかけられ、取り除かれることになるシボーレト(24)(合いことば)なのである。

いまや、恣意という三百代言が哲学の名前を横領し、広範な公衆をして、あたかもこうした類いの営為が哲学であるかのように思い込ませることに成功しているために、国家の本性についてなお哲学的に語ることは、ほとんど不名誉なものになってしまっている。したがって、まっとうなひとびとが国家について哲学的に語られるのを聞くや否や、我慢できなくなるとしても、そのことで彼らを咎めることはできない。ましてや諸邦の政府がこうした哲学活動についに注意を向けるようになったとしても、驚いてはならない。というのも、とにかく、われわれのもとでは、哲学は、ギリシア人たちのもとでのように私的な技芸として仕込まれているのではなく、ひとつの公的な、公衆に関わる存在を、とりわけないしはもっぱら国家の官職のうちにもっているからである。諸邦の政府が、この専門分野に献身する学者たちに信頼を寄せていることを明示して、哲学の構築と内容とを完全に彼らに任せたとすれば――もっともあちこちにみられるのは、この学問そのものに対する信頼というより無関心であるといってもよく、この専門分野の教職も単に伝統として保存されてきたにすぎないようであるが(実際、私が知るかぎり、フランスでは少なくとも形而上学の講座は廃止されたようである)――、諸邦の政府は、かの信頼に対してしばしばひどい仕返しを受けるであろうし、あるいはひとがそこに無関心をみようとする別の場合は、国家の本性についての根本的認識の零落という結果が、この無関心の償いとみなされざるをえないであろう。さしあたっては、浅薄さが、表面的な秩序や安寧にもっともよく適合しているようにみえる。というのも、浅薄さはことがらの実体に触れるどころか、ことがらの実体を単に予感することにさえいたらないからである。したがって、もしも国家がいっそう深い教養と洞察をもとめる欲求をみずからのなかに抱かず、この欲求の充足を学問から期待しないとすれば、さしあたっては、この浅薄さが公安的な規制といった類いのものを受けるようなこともないであろう。しかし、この浅薄さは、おのずと、人倫的なもの、権利、義務一般に関して、この領域における浅薄さ〔の本質〕をなしている諸原則に、つまりわれわれがプラトンによってはっきりと知りえているソフィストたちの諸原則[25]――法たるものを、主観的な目的や臆見、主観的な感情や特異な信念のうえにたてる諸原則――に、内面的な人倫や誠実な良心の破壊および私人のあいだの愛や権利と同様に公共的秩序や国法の破壊がそこから導かれることになる諸原則にゆき着くのである。こうした諸現象が諸邦の政府にとってもたざるをえない意味は、たとえば、国家に向かって、国家は、諸活動の実体的な源泉である普遍的な諸原則を台無しにするものやその叛逆さえも、しかるべきもののように、保護し、思い通りにさせなければならないと要求するために、国家によってあたえられた信頼そのものや官職の権威をよりどころとする肩書きによっても、帳消しにされるわけではない。「神が官職をあたえ給う者には、神はまた分別をもあたえ給う」とは古い冗談であるが、われわれの時代、誰もこの冗談をまじめに主張しようとは思わないであろう。

哲学活動のやり方のもつ重要性が、あれこれの事情を通して諸邦の政府のもとでふたたびみなおされるようになってきているが、そこに哲学的研究が別の多くの方面に向けて要求してきたようにみえる保護と援助の契機が含まれていることは誤認されてはならない。それというのも、実証的な学問の専門分野の作品や、同様に宗教的な教化を狙った作品、さらに他の不特定のもろもろの文献のうちには、先に言及された哲学に対する軽蔑、すなわち、思想形成において完全に劣り、哲学とはまったく無縁であることがあきらかな連中が、それでいて哲学を自分たちのもとではとっくに片づけられたもののように取り扱うという軽蔑が示されるだけではなく、——さらにそこでは、はっきりと哲学が罵られ、哲学の内容である神や物的自然や精神的自然の概念把握による認識、真理の認識が、愚かな、それどころか罪深い越権行為であると宣言されているのが、そして理性が、ふたたび理性が、またもや繰り返しになるが、理性が告発を受け、蔑まれ、弾劾されているのが読みとられるからである。——あるいは、学問的であるべき営みに従事する大部分のひとびとのもとで、概念への否応なき要求がいかに煩わしいものになっているかということが少なくとも認識させられるからである。――こうした諸現象を眼のあたりにすると、あえていえば、誰だって、この側面からみて、伝統はもはや尊敬に値するものではなく、また哲学研究に寛容と公的存在を保証するほどに十分なものでもないと考えたくなるであろう。[26]*――われわれの時代に流行している、哲学反対のもろもろの熱弁や思い上がりは独特な光景を呈している。つまり、これら熱弁や思い上がりは、一方では、この哲学という学問がまさになり下がってしまっている浅薄さを通して自分の権利をえており、他方では恩知らずにも自分が反対しているまさにその同じ立場に根を下ろしているのである。なぜなら、自称哲学活動なるものは、真理の認識を愚かな試みとして宣言することで、ローマ皇帝の専制政治が貴族も奴隷も、有徳も悪徳も、名誉も不名誉も、知も無知も、同じものとしてしまったように、いっさいの思想もいっさいの題材も水平化してしまっているからであり、――その結果として、真なるものの諸概念、人倫的なもののもろもろの法則もまたもろもろの臆見や主観的な信念以上の何ものでもなく、そしてきわめて犯罪的な諸原則が信念として、人倫的なものの法則と同格におかれるようになってしまっているからである。同様にまた、どんな不毛な、そして特異な対象でも、またどんな無味乾燥な素材でも、思惟する人間すべての関心事や人倫的世界の紐帯をかたちづくるものと同格におかれてしまっているからである。

＊ 私には、ヨハンネス・フォン・ミュラー(27)の書簡(著作集〔テュービンゲン、一八一〇―一九年〕第八部、五六頁)のなかのつぎのような類似の見解が思いだされる。そこには、一八〇三年、ローマがフランス軍の支配下にあったときのこの都市の状態について、とくにつぎのように書かれていたからである。「公共的な教育施設について様子はどうかと尋ねられた一教授は、教育施設は、売春宿と同様に、大目にみられている(*On les tolère comme les bordels*)、と答えた」。――いわゆる理性の教説、すなわち論理学が相変わらず推奨されるのを耳にするのであるが、それは、論理学は無味乾燥で不毛の学問であるから、世人はそもそもそれほど論理学に没頭することはないであろう、あるいは、ときおりこれに没頭することがあるとしても、論理学において世人が手にするものは、もっぱら内容のない、したがって何もあたえもしないし、何も駄目にもしない定式にすぎないのだから、たとえ推奨したからといって、何の役にもたたないのと同様に、決して害にもならないといった信念によるのであろう。

そうであるならば、スコラ的知恵としていつまでも自分のなかに閉じこもって自分を紡ぎつづけることを望んだ哲学活動が、権利や義務の諸原則が真剣な問題であるような現実、これらの原則が明白に意識されているような現実との密接な関係のうちにおかれ、その結果として、この哲学活動が誰の眼にもあきらかな破綻をきたしたということは——実際には、このことは、すでに示したように、(28)ことがらの必然であるのだが——、学問にとってひとつの幸運とみなされてよい。まさに、この現実に対する哲学の地位こそは、もろもろの誤解にさらされているものである。そこで、念のため、以前に注意しておいたことに(29)たち帰ると、哲学は理性的なものの探究であるから、哲学はまさに現に存在しているものと現実的なものを把握するのであり、何処《いずこ》に存在すべきかは神のみが知るような彼岸的なもの——実際には、人間は、一面的で空虚な屁理屈のたどる誤謬のうちでなら、おそらくはこの彼岸的なものが何処にあるか語る術を心えてもいようが——を定立することではないのである。本文の論述において私が注意しておいたところであるが、(30)空虚な理想の代名詞とみなされるプラトンの『国家』(31)でさえ、本質的にはギリシア的人倫の本性以外の何ものも捉えてはいないのである。そこでこのギリシア的人倫を突き破って入り込んできたより深い原理、ギリシア的人倫にとっては直接的にはもっぱらいまだ満たされざる憧憬として、したがって、もっぱら人倫を破滅させるものとして現れた原理を意識したとき、プラトンは、この原理に対抗するための救いを、まさにこの憧憬からもとめざるをえなかったのである。しかし、プラトンは、高みからくるはずのこの救いを、さしあたってはギリシア的人倫の外面的で特殊な形式のうちにもっぱらもとめざるをえず、こうした外面的で特殊な形式を通してかの破滅を克服しようと腐心したので、そのことによって彼はギリシア的人倫のより深い衝動を、つまり自由で無限の人格性を、まさにそのもっとも深いところで傷つけてしまったのである。しかし、プラトンは、まさに彼のイデアを他から分かつ軸となる原理こそが、〔当時〕近づきつつある世界の変革〔キリスト教の誕生〕の中心をなした軸であるということによって、みずからを偉大な精神として証示したのである。

理性的なものは現実的であり、
そして現実的なものは理性的である。(32)

囚われない意識なら、どんな意識でも、哲学と同様に、この信念のうちにたっている。そして、哲学は、この信念から出発して、自然的宇宙の考察と同じく、精神的宇宙の考察に向かってゆく。反省や、感情が、はたまた主観的意識がいかなる形態をとるにしても、その形態が、現在を空虚なものだとみなして、現在を越えでて、知ったかぶりをすれば、こうした意識こそ空虚なもののうちにあるのである。というのは、この意識も現実性を現在のうちにもつしかないのであるから、この意識自身も空虚であるということになるからである。逆に、もしも理念〔イデー〕[33]が単なるひとつの観念、すなわち臆見における表象であるにすぎないものとみなされるならば、哲学は、これに反対して、理念を除いてほかには現実的なものは何もないという洞察をあたえるであろう。それゆえに、肝心なことは、時間的で過ぎ去りゆく外観を呈するもののうちに実体を、しかも内在的な実体を認識すること、つまり現在のうちにある永遠なものを認識することである。なぜなら、理性的なもの、それは理念と同義語であるが、この理性的なものは、みずからの現実性において、同時に外的存在のなかに入り込み、そうすることでもろもろの形式と現象と形態化の無限の富のなかに歩みでて、多彩な外被でもってみずからの核を包むからである。意識は、さしあたってはこの外被のうちに居を定めるのであるが、概念がはじめてこの外被を貫き通して内奥の脈動をみいだし、さらに外面的な形態化のうちにも同様にこの脈動が脈打っていることを感得するのである。しかし、この外面性のうちに本質が仮象として現出することによって、この外面性のうちに形成される無限に多様な諸関係、この無限の素材とこれの調合は、哲学の対象ではない。そうしたものを対象にしたら、哲学は哲学に関係のないもろもろの事物に紛れ込むことになるだろう。そうしたものについて良き忠告を授ける必要など哲学はもってはいない。プラトンが、乳母たちに、子どもを抱いてたっているだけでなく、つねに子どもを腕のうえで揺り動かせなどと勧める必要などなかったし[34]、同様にフィヒテが、旅券警察の完備を期するために、いわれるように、嫌疑者については、ただ単に旅券のなかに人相書きが添えられるだけでなく、肖像画が描かれるべきだというところまで、こしらえあげる[35]必要はなかったのである。このようなことを詳論することのなかには哲学のいかなる痕跡もみいだされない。そして、哲学は、こうした無数の対象を越えてもっとも自由なものとしてみずからを示さなければならないということに応じて、このようなとてつもない博識を捨て去ることができる。このことによって、学問はまた、何についても知っているふりをしたいという知ったかぶりに捉えられた虚栄心が、知りたいと思う諸事情や諸制度があまりにも多いためにこれらのうえに投げかける憎悪から、もっとも遠くにあることを、身をもって示すのである。――こうした憎悪は、小者が、もっぱらそれによってしか充足感に達しないがゆえに、せいぜい楽しみとするものなのであるが。

　こうして、この論述は、これが国家学を内容とするかぎりで、国家をそれ自身において理性的なものとして概念によって把握し、そして叙述しようとする試み以外のものであってはならない。哲学的著作として、この論述は、国家のあるべき姿において国家を構成すべしという課題からはもっともかけはなれていなければならない。この論述のうちに含まれている教訓は、国家に向かって、国家がいかにあるべきかを教えることを目ざしているのではなく、むしろ国家という人倫的宇宙がいかに認識されなければならないかを教えることを目ざしているのである。

ここがロドス島だ、ここで跳べ[36]。

Ἰδοὺ Ῥόδος, ἰδοὺ καὶ τὸ πήδημα.

Hic Rhodus, *hic* saltus.

現にあるところのものを概念によって把握すること、これが哲学の課題である。なぜならば、現にあるところのものは理性だからである。個人に関しては、各人はそもそもその時代の子である。そうして、哲学もまた思想のうちにみずからの時代を捉えている。いずれかの哲学が、それが生きている現在の世界を跳びでていると想うことは、ある個人が彼の生きる時代を跳び越え、ロドス島を跳びでていると想うのと同様に、愚かな妄想である。もしも個人の理論が実際に彼の生きる時代を跳びでて、世界をあるべきように建設したとすれば、たしかに世界は存在するであろうが、しかしそれはもっぱら彼の臆見のうちに――いっさいの任意なものが思いつかれる軟弱な場面のうちに――存在するにすぎない。

先の成句は、ごくわずかな変更を加えるならば、つぎのようになるであろう。

ここにバラ(ロゼ)がある、ここで踊れ。(37)

Hier ist die Rose, hier tanze.

自己意識的な精神としての理性と眼前に存在する現実としての理性とのあいだに横たわっているもの、前者を後者から分かち、後者のうちに満足をみいだささせないもの、それは概念にまで解放されていない抽象的なものという足枷である。理性を現在という十字架のうちのバラ(38)として認識すること、そうすることで現在を享受すること、この理性的な洞察こそは、概念によって把握することを、そして実体的なもののうちにあって主体的な自由を保持することと同様に、主体的な自由を保持しながら、特殊的、偶然的なもののうちにたつのではなく、即自的かつ対自的に存在するもののうちにたつことを内面的に要求されているひとびとに対して、哲学があたえる現実との和解である。

このことが、また、先に、より抽象的ないい方で形式と内容との統一として記したことのより具体的な意味をなすのである。というのは、形式とは、このさい、そのもっとも具体的な意義においては、概念によって把握する認識活動としての理性のことであり、そして内容とは自然的現実の実体的本質であるとともに、人倫的現実の実体的本質である理性のことだからである。そして、この両者の意識された同一性が哲学的理念である。——思想を通して正当化されないものは何ひとつ心情においても承認しないということは、偉大な自己主張、人間の名誉をかたちづくる自己主張である。——そして、この自己主張は最近の時代を特徴づけるものであり、もともとはプロテスタンティズムの固有の原理であった。ルターが感情と精神の証言のうちでの信仰としてはじめたもの、それは、より成熟した精神が、現在のただなかでみずからを自由にし、みずからをみいださんがために、概念において捉えようと努めている当のこととまったく同じである。中途半端な哲学は神から逸脱する——そして認識することを真理への漸進的な接近とするのも同じ中途半端に属する——が、真の哲学は神にいたる、ということばは有名なことばになっている。それは、国家についてもまったく同様である。冷たくもなく、熱くもなく、それゆえに救いから排除されるような漸進的接近などに理性は満足しないが、それと同様につぎのような冷めた絶望、すなわちこの移ろいゆく現世においては、何でもおそらく悪くゆくか、あるいはせいぜいほどほどにゆく程度であり、よりましなことなどないゆえに、この現実と和解するほかない、ということを容認するような冷めた絶望にも理性は満足しない。認識があたえるものは、現実とのより熱い平和である。

なお、世界がいかにあるべきであるかの教訓を語ることについていえば、そもそも哲学はつねに到来が遅すぎるのである。現実がその形成過程をおえ、みずからを完成させてしまったあとになって、はじめて、哲学が世界についての思想として時間のなかに現れるのである。このことは概念が教えるところであるが、また必ず歴史が示すところでもあって、現実が成熟するなかで、はじめて理念的なものが実在的なものに対峙するかたちで現れ、そして、この理念的なものがこの世界を実体において把握し、これを知性の王国の形態へと形成するのである。哲学がみずからの灰色を灰色で描くとき、生の形態はすっかり古びたものになってしまっているのであり、灰色に灰色を重ねてみてもその形態は若返らず、単に認識されるにすぎない(44)。ミネルヴァの梟(45)は、夕暮れの訪れとともに、ようやく飛びはじめるのである。

しかし、もうこの序文を閉じるべきときである。もともと序文には、それが序文であるかぎり、それをまえおきとしている著作の立場について、単に外面的に主観的に語ることだけがふさわしいことである。内容について哲学的に語られるべきであるとすれば、そのときにはその内容はもっぱら学問的、客観的な取り扱い方を受け入れるだけである。

このことは、著者にとっては、ことがらそのものの学問的な取り扱い以外の類いの反論が、もっぱら主観的な跋文や勝手な断言とみなされるものにすぎず、どうでもよいものとならざるをえないのと同様である。

ベルリンにて、一八二〇年六月二五日

緒論

一

哲学的法学は、法の理念を、すなわち法の概念とこの概念の実現とを対象にする。(1)

哲学は、理念を問題にすべきであって、それゆえに世間で単なる概念とよび慣わされているものを問題にすべきではない。むしろ哲学は、単なる概念といわれるものの一面性と真理でないこととをあきらかにするとともに、概念(ひとはしばしばそのようによばれているのを聞いてはいるが、単に抽象的な悟性規定にすぎないようなものではなく)こそ現実性をもつものであり、しかも概念がみずからに現実性それ自身をあたえるという仕方で現実性をもつものであることをあきらかにする。概念自身によって定立されたこの現実性ではないものは、すべて過ぎ去りゆく定在にすぎず、外面的な偶然性、臆見、本質を欠いた現象、真理でないもの、錯覚などである。概念がみずから現実化することで自分にあたえる形態化は、概念自身の認識にとって、単に概念として存在するという形式からは区別された、理念のもうひとつの本質的な契機である。

補遺《理念》　概念と概念の現存在とは、霊魂と身体のように、二つの側面であって、分かたれながら一体のものである。肉体も霊魂も同一の生命であり、それでいて両者は別々にあるものとしてよばれもするのである。身体のない霊魂は、決して生けるものではなく、逆も同様であろう。こうして、肉体がそれをつくりだした霊魂にしたがっているように、概念の定在は概念の肉体である。胚芽はまだ樹そのものではないが、自分のうちに樹を蔵し、樹の力全体を含んでいる。樹は全体として胚芽の単純な像に対応しているのである。もしも肉体が霊魂に対応していないとすれば、それはまったく惨めなことであろう。定在と概念との、つまり肉体と霊魂との統一が理念である。理念はただ単に調和であるだけでなく、完全な相互浸透である。何らかの仕方で理念でないものは、何ひとつ生きてはいない。法の理念は自由である。そして真に把握されるためには、その理念はそれの概念と概念の定在とにおいて認識されなければならない。〈ホトーより〉

二

法学は、哲学の一部門である。それゆえに、法学は対象の理性である理念を概念から発展させなければならない、ないしは同じことだが、ことがらそのものの固有な内在的発展を傍観しなければならない。哲学の一部門として、法学は、先行するものの結果であるとともに真理である一定の出発点をもつのであり、そしてこの先行するものがこの出発点のいわゆる証明をかたちづくることになる。それゆえに、法の概念は、その生成に関しては、法の学問の外部に属する。ここでは法の概念の演繹は前提されているのであって、この概念は所与のものとして受け入れられなければならない。(2)

補遺《哲学へのはじまり》　哲学はひとつの円環(3)をかたちづくる。哲学はとにかくはじまらなくてはならない以上、最初のもの、直接的なもの、結果ではない未証明なものをもつ。しかし、哲学が何からはじまるかは、そのはじまりがそれとは別の終点において結果として現れなければならない以上、そのままでは相対的なことである。哲学は、ひとつの連鎖ではあるが、この連鎖は虚空にかかるようなものではなく、また、無媒介にはじまるものでもない。この連鎖はみずからのうちにおいて円環をなすのである。〈グリースハイムより〉

諸学(4)の形式的な方法、つまり非哲学的な方法にしたがえば、定義が、少なくとも外面的な学問的体裁のために、まず最初に探され、もとめられる。いずれにしても、実証法学にとっては、こうした定義などは問題にならない。というのは、実証法学がとりわけ目ざしていることは、何が法にかなったことか、すなわち特別な法律的規定にどのようなものがあるか、を挙げることだからである。これがために、つぎのようにいわれて戒めとされているのである。「市民法においては、いっさいの定義は危険である」(*omnis definitio in iure civili periculosa.*)[5]。そして、実際問題として、ひとつの法の諸規定が内部において何ら連関をもたず、相互に矛盾したものになっていればいるほど、ますますこの法においてあれこれ定義することは可能ではなくなるだろう。というのは、定義となれば、むしろ普遍的な諸規定を内容にしなければならないが、しかし、こうした諸規定はただちに矛盾したものを、ここでは不法なものを、剝きだしの姿で眼にみえるようにするからである。たとえば、ローマ法では、人間についてのいかなる定義も可能ではないであろう。なぜなら、奴隷はこの定義のもとに包摂されることはなく、それどころか、奴隷の身分においては、むしろ人間の概念は損なわれているからである。同様に、所有や所有者の定義も、多くの関係にとっては、危険なものとして現れるであろう[6]。――しかし、定義の演繹は、だいたい、語源からおこなわれ、とりわけ定義がもろもろの特殊な場合から抽象され、そしてそのさいに人間の感情や表象が根底に据えられるという仕方でおこなわれる。そうであるから、定義の正しさは現に存在するもろもろの表象と一致するかどうかにおかれることになる。こうした方法では、学問的に唯一本質的なもの、つまり内容に関していえば、ことがら(ここでは法)のすべてにわたる必然性が、しかし形式に関していえば、概念の本性が、脇におかれてしまうのである。哲学的認識においては、むしろ概念の必然性こそ主要な関心事であり、そして結果として生成しおわった行程が概念の証明であり、演繹[である]。こうして概念の内容はそれだけで必然的なものであるから、つぎの歩みとしては、あれこれの表象や言語のうちに、この内容に対応するものを探しもとめることになる。しかし、この概念がそれだけでその真理においてあるあり方と、この概念が表象においてあるあり方とでは、そのあり方が相互に異なるだけではなく、形式と形態とに即しても相互に異ならざるをえない。とはいえ、表象がその内容からいってもまちがっていないとすれば、概念がその表象のうちに含まれているものとして、また概念の本性からして、表象のうちに現に存在するものとして示されうる。すなわち、その表象は概念の形式にまで高められうる。しかし、表象は、それ自身として必然的で真実な概念の何ら尺度にはならず、基準にもならない。むしろ表象の方がその真理を概念から受け取り、概念にもとづいて自分を是正し、そして認識しなければならないのである。――しかし、定義、推理、証明等々といった形式ばった手つづきを踏む上述の認識の仕方が、一方で〔今日〕多かれ少なかれ消失してしまっているとしても、理念一般を、したがって法の理念や法のさらなる諸規定の理念を、意識の事実として無媒介に取り上げ、そして主張し、そうすることで自然的な感情や、ある高揚した感情、自分の胸や、その感激を法の源泉にするということが、こうした認識の仕方が別なやり方で手にしている粗悪な代用品なのである。[7]もしもこうした方法があらゆる方法のなかでもっとも便利な方法であるとすれば、それはこの方法が同時にもっとも非哲学的な方法であるということである。――こうした見解はただ単に認識活動ばかりでなく、そのまま行為にも関係するという別な側面ももつが、こうした別の側面についてはここでは言及しない。はじめのたしかに形式的な方法というものが、それでも定義において概念の形式を、そして証明において認識活動の必然性の形式を要求するとすれば、〔これに代わる後者の〕直接的な意識や感情に訴えるやり方は主観性を、知の偶然性と恣意とを原理にするのである。――哲学の学問的手つづきがいかなるところになりたつかは、ここでは哲学的論理学によって前提されていなければならない。[8]

三

法は、(a)あるひとつの国家のなかで通用しているという形式によって、一般に実定的である。そして、この法律として制定されているという権威が、法の知識にとっての原理、実定法学にとっての原理である。(b)内容に即していえば、この法は、つぎの三つのことを通して実定的な要素を含んでいる。すなわち、(α)民族の特殊な国民性、民族の歴史的発展の段階、そして自然必然性に属するいっさいの諸関係の連関を通して、(β)ひとつの制定された法の体系が、諸対象や諸事例の特殊的にしてそとからあたえられた諸性状への普遍的概念の適用を含まざるをえないという必然性——つまり、もはや思弁的な思惟や概念の展開ではなく、悟性による包摂であるような適用を含まざるをえないという必然性——を通して、(γ)判決を下すために現実においてもとめられる末端的な諸規定を通して。[9]

実定法そして法律に対して、感情や傾向性や恣意が対立させられるときには、それらのものに権威を承認するのは少なくとも哲学ではありえない。——暴力や専制が実定法のひとつの構成要素となりうるということは、実定法にとっては偶然的なことであり、実定法の本性には関係のないことである。法がいかなる場所で実定的なものとならざるをえないかは、のちに二一一から二一四において示されるであろう。これらの諸節であきらかにされる諸規定にここで言及したのは、哲学的法の限界を示すためであり、哲学的法を体系的に展開するならば、そこから現実の国家が必要とするような実定法典が結果するはずであるというごとき、万が一[10]起こりうる考えやそれどころか要求さえも、ただちに取り除くためである。――自然法や哲学的法が実定法と異なるということ、このことを、両者は相互に対立していて、矛盾し合っているという方向に逆転させてしまうならば、それは大きな誤解であろう。前者が後者に対する関係は、むしろ『法学提要』が『法規全書』[11]に対する関係である。――本節冒頭において挙げられている実定法における歴史的要素に関しては、モンテスキューが以下のような真の歴史的見解を、真正な哲学的立場を呈示している。すなわち、それは、立法一般を、そして立法の特殊な諸規定を、他から切りはなして抽象的に考察するのではなく、むしろあるひとつの総体性の依存的な契機として、つまり国民や時代の性格を形成する他のいっさいの諸規定との連関のなかで考察するということである。立法とその特殊な諸規定は、この連関のなかで、その真実の意義を獲得するのであり、これにともなって正当化を獲得するのである[12]。――法の諸規定が時間のうちに現象するその出現と展開とを考察すること、この純粋に歴史的な努力も、これと同様に、これら諸規定を既存の法関係と比較することから生まれるこれら諸規定の悟性的帰結の認識も、それぞれその固有の領域においては、それなりの功績と価値とをもち、哲学的考察の埒外にあるが、それは、史的な根拠からの展開が、概念からの展開と混同されないかぎり、そして、歴史的な説明や正当化が、即自的かつ対自的に妥当する正当化の意義にまで拡大されないかぎりでのことである。[13] この区別は、はなはだ重要で、しっかりと守られなければならず、また同時にきわめて自明なものである。法規定は、周囲の事情や現行の法制度からは、完全に基礎づけられ、そして整合的なものとして示されても、それでも即自的かつ対自的には不正で、非理性的なものでありうる。たとえば、ローマの父権、ローマの夫婦関係といった諸制度から完全に整合的なものとして結果しているローマの私法の諸規定の多くがそうである。しかし、たとえ法規定が正しくて理性的であったとしても、法規定についてこのことを示すのは、ただ概念によってのみ真におこなわれうることであって、これら法規定の登場の歴史的なもの、つまりこれらの法規定の確定を導いたあれこれの事情や事例や要求や事件を挙げることとはまったく別のことである。こうした歴史的なことを挙げ、歴史的な近因や遠因から（実用的に）認識することをさして、世間ではしばしば説明することだとか、さらには好んで概念的に把握することだと称している。そのさい、このように歴史的なことを挙げることによって、世間のひとびとは法律や法制度を概念的に把握するために必要ないっさいのこと、あるいはむしろ本質的なことがおこなわれたかのように思い込んでいる。だが、真に本質的なこと、つまりことがらの概念は、こうした仕方によっては何ら語りだされてはいないのであるが。——また、しばしばローマ法の諸概念とか、ゲルマン法の諸概念とか、あれこれの法典において規定されているような法の諸概念について語られるが、しかし、そのさい、諸概念については何も語られておらず、もっぱらもろもろの普遍的な法規定、悟性命題、原則、法律などがみいだされるにすぎない。——法の歴史的な取り扱いと哲学的な取り扱いとのこの区別を無視することから、立場をずらし、真実の正当化への問いを、周囲の事情からの正当化や、それ自身としてはおよそ何の役にもたたない諸前提からの帰結などとすり替えてしまうことが起こるのであり、一般に絶対的なものの代わりに相対的なものをたて、ことがらの本性の代わりに外面的な諸現象をたてるということがおこなわれるのである。歴史的な正当化がもしも外面的な成立と概念からの成立とを取りちがえるならば、歴史的な正当化にとっては、それが目ざしていたのとは正反対のことを無意識のうちにおこなうという事態が生じているのである。というのも、ある制度の成立が、この制度を取り囲む特定の事情のもとで完全に目的にかなっており、必然的なものであったことが証明され、このことによって歴史的立場が要求することが果たされたとしても、もしもこのことがことがらそれ自身の普遍的な正当化とみなされるべきだとすれば、むしろ反対のことが帰結するからである。すなわち、こうした特定の事情がもはや現存しないのだから、その制度もこれにともなってそれが存在すべき意味と権利とを喪失してしまっているということになるのである。たとえば、修道院を維持するために、修道院が荒蕪の土地を開墾し、ひとびとを定住させたといった功績や、読み書きを教えたり、古文書を筆写したりすることなどを通して学芸の保存に尽くしたといった功績が主張されて、こうした功績が修道院を存続させるための根拠であり、目的であるとみなされているとすれば、この同じ根拠から、むしろ、修道院を取り囲む周囲の事情がすっかり変化してしまっている場合には、修道院はこのかぎりで少なくとも余計なものになっており、目的を失ってしまっている、ということが帰結するのである。――ところで、成立を歴史的に意義づけたり、成立の歴史的事情を挙げたりして、成立を歴史的に把握することと、同様に成立に関して、またことがらの概念に関して哲学的にみることとは、もともと異なった領域に属するものであるから、このかぎりで両者は相互に無関心の態度をとることができる。しかし、そうはいっても、両者は、また学問的なことがらにおいてさえ、つねにこうした平和な関係を保持するとはかぎらないのであって、そこで私はさらにこの両者の接触に関連するある事例を挙げることにしたい。それはたとえば［グスターフ・］フーゴー氏の『ローマ法制史の教科書』［一七九九年］に現れるような事例である。この事例を挙げることで、同時に、先に述べた対立の仕方がいっそうたち入って解明されることになるだろう。すなわち、フーゴー氏は、同書（第五版［一八一八年］五三節）において、「キケロは、哲学者たちを横目でちらっとみながら、十二表法を褒めたということ」、「しかし、哲学者ファウォリヌスは、それ以来すでに多くの偉大な哲学者たちが実定法を取り扱っているのとまったく同じ仕方で、十二表法を取り扱っていること」を挙げている。ところで同じ箇所で、フーゴー氏は、こうした取り扱いに対して、「なぜならファウォリヌスは、これらの哲学者たちが実定法を理解していないのと同じように、十二表法を理解していなかったからである」ということを理由に断固とした反駁をおこなっている。――ゲッリウスの『アッティカの夜』第二〇巻第一章［二二頁以下］には、哲学者ファウォリヌスが法学者セクストゥス・カエキリウスによって叱責される話がみえるが、この叱責は、さしあたっては、その内容からして単に実定的なものを正当化する永続的で真実な原理を述べている。カエキリウスはファウォリヌスに向かってきわめて適切につぎのように語るのである。「君もよく知っているように、法律によってあたえられる利益や救済は、時代の習俗や、国家体制のあり方にしたがって、また同様に、現在の利益や取り除かれるべき欠陥についての斟酌の仕方に応じてさまざまに移り変わるものです。そして、これらのものはひとつの状態にとどまることなく、むしろ天空や海面の姿形や外観と同じように、あれこれのできごとや偶然の嵐によって、変化すべく宿命づけられているのです。ストロの法案(18)より以上にひとびとを救済することのできるものに何がありましょうか……、ウォコニウスの平民条例(19)よりも有益なものに何がありましょうか……、そしてリキニウスの法律(20)と同じように必然的なものと評価できるものに何がありましょうか……。しかし、これらすべては国家が著しく裕福になることによって抹殺され、曖昧にされてしまったのです……」。これらの法律は、これらが周囲の事情のもとで意義と合目的性を具え、それによってのみ、歴史的価値を具えているかぎりで実定的であり、それゆえにまたこれらの法律は過ぎゆくものであるという本性をもつ。立法者と政府が当面の事情のためにおこなったことや、時代の諸関係のために制定したもののうちに示される英知は、それだけでひとつのことがらであり、かつ歴史の評価に属することである。こうした評価が哲学的見地によって支持されればされるほど、ますます深くその歴史によってこの英知は承認されることになるであろう。

——しかし、ファウォリヌスに対する十二表法のさらなる正当化の試みからもうひとつ例を挙げておきたい。というのは、このさい、カエキリウスは悟性と悟性による屁理屈の方法がもつ不滅の欺瞞をもちだしているからである。すなわち、悪しきことがらに対しても、これを弁護するもっともらしい理由を挙げて、これによってこの悪しきことがらを正当化したと思い込んでいるのである。期限が過ぎたのちは債権者に債務者を殺してもよいし、債務者を奴隷として売ってもよいという権利をあたえ、さらに債権者が多数の場合には、債務者の身体から肉を一片ずつ切り取り、債務者を自分たちのあいだで分けてしまってよいという権利をあたえ、しかも、そのさい、ひとりの債権者が多く切り取ろうと、あるいは少なく切り取ろうと、そこから何ら彼に権利上、不利益が生じるべきではないといった忌まわしい法律(こうした条項なら、シェイクスピアの『ヴェニスの商人』(21)のなかのシャイロックには好都合のもので、彼は感謝してこれを受け入れたことであろう)を弁護するために、カエキリウスは、この法律によって、誠実と信頼とがいっそう確保され[たのであり]、そしてまさにこの法律の忌まわしさのために、この法律が実際に適用されたことはなかったにちがいないというもっともらしい理由を挙げているのである。彼の無思想ぶりからは、まさにこうした規定によっては、誠実と信頼とを確保しようという意図も無効になってしまうという反省が落ちてしまっているばかりか、彼自身が、すぐにあとで、偽証に関する法律が、過度の刑罰のために、所期の効果を挙げえなかった一例を引いていることについての反省も落ちてしまっているのである。(22)——ところでフーゴー氏がファウォリヌスは法律というものを理解していないという場合、そのことによって何をいわんとしているのか、さっぱりわからない。どんな学童だって、法律を理解する力を十分もっているし、先に名を挙げたシャイロックだって、上述の彼にとってあんなにも有利な条項ならさだめしもっともよく理解したことであろう。——理解するということでフーゴー氏は、もっぱら、もっともらしい理由を挙げて、こうした法律のもとでみずからを納得させるような悟性の教養のことを考えていたにちがいない。——ついでながら、同じ箇所で、カエキリウスによって指摘されているファウォリヌスのもうひとつの無理解は、哲学者が恥じる必要なく認めることのできるものである。——すなわちそれは、輓馬《ばんば》(iumentum)とは、法律によれば、「幌馬車(arcera)とはちがって」、もっぱら病人を証人として裁判所に連れてくるために、病人のために提供されるものであり、馬ばかりではなく、有蓋車や車をも意味していたということである。(23)カエキリウスは、この法律的規定から、古代の法律の卓越性と厳密性についてさらに進んだ証明を引きだすことができた。すなわち、この古代の法律は、病気の証人を裁判所に連れてくるために、馬と車とを区別するだけでなく、車と車とのあいだにも、――カエキリウスが説明するように、――有蓋で内張りのされた車と、それほど坐り心地のよくない車との区別をするまで徹底していたというのである。こうなると、ひとは先に引き合いにだした法律の苛酷さと、こうした諸規定の些末さとのあいだの選択のうちにたたされよう。――しかし、こうしたことがらや、さらにこうしたことがらを物知りぶって説明することを些末なことと公言するのは、あれこれの物知りぶりに対する最大の無礼のひとつであろう。

しかし、フーゴー氏は、先に挙げた教科書のなかで、ローマ法との関連で理性的性格について言及するにいたっている。そのなかで私は奇異の感に打たれたが、それはつぎのような箇所であった。すなわち、同氏は、三八節と三九節において、国家の成立から十二表法までの期間を取り扱っているが、そこで「(ローマでは)ひとびとは、多くの必要に迫られて、労働することを余儀なくさせられたが、そのさい、彼らは今日われわれのもとでおこなわれているのと同じように、牽引や積載のために動物を補助として用いた。土地は、丘陵と渓谷とが入り組んでいて、都市は丘陵のうえにあった、等々」と語っている。――このような引証によって、モンテスキューの意向が満たされるはずだと思ったのかもしれないが、しかし、ひとがそこでモンテスキューの精神にであうことは困難であろう。――そして、このように語ったあとに、同氏は、四〇節では、なるほどたしかに「法的状態は、理性の最高の諸要求を満足させるにはほど遠いものであったこと」を挙げている（このことはまったく正しい。ローマの家族法や奴隷制などは、理性のきわめてわずかな要求でさえ満足させるものではないのだから）。しかし、これにつづく時期を取り扱うときには、フーゴー氏は、ローマ法が理性の最高の諸要求を満足させたのは、一体いかなる時期か、そもそも、ローマ法が理性の最高の諸要求を満足させたことがあるのかどうか、を述べるのを忘れてしまっている。それでも、学問としてローマ法が最高の完成をみた時期の古典的法学者については、二八九節において、「古典的法学者たちが哲学によって教養を積んでいたことは、すでに久しく注目されてきた」と述べ、しかし、「諸原則から整合的に結論を導きだすことにおいて数学者に匹敵し、概念を展開させる仕方にみられるきわめて目だつ特性において近時の形而上学の創始者に匹敵するに値するような著作家は、まさにローマの法学者を除いては誰もいない、ということをほとんどのひとが知ってはいない（フーゴー氏の教科書は多くの版を重ねているので、いまでは多くのひとびとが知っているのであるが）。(24)後者のことについては、古典的法学者とカントのもとにおいてみられるほど、三分法が多用されているところはどこにもない、という注目すべき事情が、これを証明してくれよう」と述べているのである。——ライプニッツ[25]によって称揚された論理的整合性は、たしかに数学や他の悟性的な諸学問にとってと同様に、法学にとっても本質的な特質ではある。しかし、そうであっても、こうした悟性的な整合性は、理性の要求を満足させるということとは、そして哲学的学問とは、何の関係もないのである[26]。それればかりか、ローマの法学者や法務官たちの不整合性が、彼らの偉大な徳目のひとつとして尊重されるべきこともたしかである。彼らは、不整合なことをあえて犯すことで、不正な忌まわしい諸制度を回避しているからである。他方、こうした不整合性の辻褄を合わせるために、彼らは如才なく[27]、空虚なことばの区別(たとえば、もともと相続遺産であったものを遺産占有(*Bonorum possessio*)と名づけるなど[28])を考えだしたり、それ自身戯言《たわごと》のような逃げ口上(そして、こうした戯言ぶりは、これまたひとつの不整合性であるのだが)を考えだしたりすることを余儀なくさせられているのである。こうして、たとえば、擬制、こじつけによって、娘は息子である[29](ハイネキウス[30]『古代ローマ法学図解』第一巻[フランクフルト刊、一七七一年]第二章二四節)というようにして、彼らは十二表法の文字を救済したのである。——ともあれ、古典的法学者が若干の三分法による区分をおこなっているからといって、——しかもフーゴー氏の著書の注解五に引用されているような諸例によって、——彼らがカントとともに並べられ、そしてこの種のものが何か概念の展開だなどと称されるのをみるのは滑稽なことである。

四

法の基盤は一般的にいって精神的なものであり、法のより正確な場所と出発点は自由なものである意志である。したがって、自由が法の実体と規定とをなすのであって、法体系は実現された自由の国であり、第二の自然として、精神自身から生みだされた精神の世界である。

補遺《自由、実践的態度と理論的態度》　意志の自由は、物理的自然を参照することによってもっともよく説明されうる。というのは、自由は、重さが物体の根本規定であるのと同様に、意志の根本規定だからである。物質は重い、という場合、ひとは、この述語を単に偶然的なものと思うかもしれない。しかし、この述語はそうではない。なぜなら、物質にして重さをもたないものは何も存在しないからである。物質はむしろ重さそのものである。重さが物体をつくりなしているのであり、物体なのである。自由と意志についても事情はまったく同様である。というのは、自由なものが意志だからである。自由を欠いた意志は空虚なことばであって、まさに自由はもっぱら意志として、主体として、現実的なのである。しかし、意志と思惟との連関について、以下のことが留意されなければならない。すなわち、精神は思惟一般であり、そして思惟によって人間は動物から区別される。しかし、そのさい、人間は一方で思惟し、他方で意欲するものだとか、人間は一方のポケットに思惟をもち、他方のポケットに意欲をもっているかのように考えてはならないということである。というのは、これは空虚な考えであろうからである。思惟と意志とのあいだの区別は、単に理論的態度と実践的態度とのあいだの区別にすぎないが、何か二つの能力があるわけではなく、意志は思惟の特殊なあり方である。すなわち、みずからを定在のうちに移し入れようとする思惟であり、みずからに定在をあたえようとする衝動としての思惟なのである。思惟と意志との区別は、つぎのようにも表現されうる。私は対象を思惟することによって、私は対象を思想にもたらし、そして対象から感性的なものを取り去る。私は、対象を、本質的に、そして直接的に、私のものであるものとなすのである。というのは、思惟においてはじめて私は私のもとにあり、概念把握することがはじめて対象を知り抜くことであり、対象はもはや私に対立しているものではなくなり、対象が私に対立してそれ自身でもっていたような固有なものを、私は対象から取り去ってしまっているからである。アダムがエヴァに向かって、汝は私の肉の肉であり、私の骨の骨である、と語るように、(31)精神は、これこそ私の精神の精神であって、これがもつよそよそしさは消え去ってしまっている、という。いかなる表象も一種の普遍化することであり、そして普遍化することは思惟に属する。あるものを普遍化するということは、そのものを思惟することである。自我は思惟であり、そして同様に普遍的なものである。私が自我というとき、そこでは私はいっさいの特殊性を、つまり、性格や素質や知識や年齢などを脱落させてしまっている。自我は完全に空虚で、点のような、単純なものであるが、しかしこの単純性において活動的なのである。世界の多彩な絵が私のまえに存在する。私はこの絵に対面してたち、そしてこうした態度において対立を廃棄して、(32)その内容を私のものとする。自我が世界を知っているとき、さらに厳密にいえば、自我が世界を概念によって把握したとき、自我は世界のうちにあって我が家にあるようにくつろぐのである。以上が、理論的態度である。これに対して、実践的態度は、思惟において、自我自身においてはじまり、まずは対立するものとして現れる。というのは、実践的態度はただちに分離をたてるからである。私は実践的で、活動的であることによって、すなわち私が行為することによって、私は私を規定する。そして私を規定するということは、まさに区別をたてることである。もっとも、私がたてるこの区別は、このときふたたび私の区別であり、諸規定は私に帰属する。そして私が駆りたてられている諸目的は私に所属している。たとえ私がこれらの諸規定や諸区別をそとにだすとしても、いいかえれば、これらの諸規定や諸区別をいわゆる外界のうちに定立するとしても、これらの諸規定や諸区別は依然として私のものである。これらの諸規定や諸区別は私がなし、私がつくったものであって、私の精神の痕跡を帯びているのである。ところで、以上が理論的態度と実践的態度との区別であるとすれば、いまや両者の関係が語られなければならない。理論的なものは、本質的に、実践的なもののうちに含まれている。すなわち、事態は、両者は別々であるという表象とは反対なのである。というのは、知性を欠いたいかなる意志をもひとはもちえないからである。逆に、意志は理論的なものを自分のうちにもっている。意志はみずからを規定する。そのさい、この規定は、さしあたっては、内面的なものであるが、私が意志している内容を私は表象し、その内容が私にとって対象になっているのである。動物は本能のままに行動し、内面的なものによって駆りたてられて、したがってまた実践的でもある。しかし、動物はいかなる意志をもたない。というのも、動物は自分が欲求しているものを表象してはいないからである。同様に、ひとは意志なくして理論的な態度を取ったり、思惟したりすることはできない。なぜなら、われわれは思惟することによって、まさに活動しているからである。思惟されたものの内容は、たしかに存在するものという形式を具える。しかし、この存在するものは媒介されたものであり、われわれの活動によって定立されたものである。こうして、思惟と意志、理論的態度と実践的態度というこれらの区別は、切りはなされえないのである。両者は、同一のものであって、思惟と意欲の各々の活動に、両者の契機がみいだされるのである。〈ホトーおよびグリースハイムより〉

意志の自由に関連して、以前よく用いられた認識活動の仕方が思いだされる。(33) すなわち、以前はよく、意志の表象を前提し、そしてこの意志の表象から意志の定義を引きだし、これを確定しようと試みたものであった。それから、以前の経験的心理学の仕方にしたがって、普通の意識のさまざまな感情や現象から、つまり後悔とか罪責感とかいったような、自由な意志からだけ説明されうるような感情や現象から、意志が自由であることの証明と称するものが導出されていた。しかし、もっと安易なのは、自由は意識の事実としてあたえられているのであって、この事実は信じられなければならないということに短兵急にすがろうとすることである。(34) 意志が自由であるということ、そもそも意志とは、自由とは何かということ、——これらのことの演繹は、すでに注意したように(二)、もっぱら全体の連関のなかにおいてのみおこなわれうるのである。こうした前提の根本的な特徴——すなわち精神はさしあたっては知性であるということ、そして知性が、その展開において、感情から表象を経て思惟へいたるまでに通過する諸規定は、みずからを意志として産出する道であり、したがって意志は、実践的精神一般として、知性のつぎなる真理であるということ、——これらのことについては、私は私の『哲学的諸学のエンチュクロペディー』(ハイデルベルク刊、一八一七年)の三六三節から三九九節において[35]叙述しておいたが、これらについてさらに敷衍したものをいつか著すことができればと希望している。こうしたことを敷衍することで、精神の本性についてのよりいっそう根本的な認識のために私なりの貢献を果たすこと、このことが私にとってますます切実な欲求となっているのは、同書の三六七節の注解[36]においてすでに注意を促しておいたように、ひとびとが普通心理学とよんでいる精神の教説にもまして、蔑《ないがし》ろにされて、劣悪な状態におかれている哲学的学問は容易にみつけられないからである。——この緒論の本節および以下の諸節において述べられる意志の概念の諸契機は、先に挙げた諸前提から帰結するものであるが、これらの諸契機については、それらを表象するために、各人の自己意識を引き合いにだすことができる。さしあたってのところ、誰でも、自分の心中において、何であれいっさいのものを捨象することができること、同様に自分自身を規定することができること、いかなる内容でも自分によって自分のなかにたてることができること、そしてもっとたち入った諸規定についても、自分の自己意識のうちにその例証をもつことができることを、みいだすであろう。

五

意志は(α)純粋な無規定性ないしは自我の自分のうちへの純粋な反省[37]という要素を含んでいる。この純粋な無規定性ないしは自分のうちへの純粋な反省においては、いかなる制限も、いかなる内容も、すなわち自然や、欲求や、欲望や衝動によって無媒介に生ずる内容も、あるいは何によってであれ、あたえられた特定のどんな内容も、すべてが解消されている。つまり、意志は絶対的抽象ないし絶対的普遍性という制限のない無限性であり、自分自身を思惟する純粋な思惟である。

思惟をひとつの特殊な独自の能力として、これまたひとつの独自の能力としての意志から区別して考察し、さらにそれだけでなく思惟を意志にとって、とくに善意志にとって、有害なものであるとさえみなすようなひとびとは、それだけではじめから意志の本性について何も知っていないことを暴露している。この注意は、同じこの意志という対象を問題にするたびに何度でもおこなわれなければならないだろう。[38]――ここに規定された意志の一側面――自我が自分をみいだすようなどんな規定も、あるいは自我が自分のうちにたてたようなどんな規定もすべて捨象することができるという絶対的可能性、制限としてのすべての内容からの逃避――が、意志がそこへとみずからを規定する当のものであり、あるいは、それが表象によってそれだけで自由として固執されるようなことになるとすれば、これは否定的な、ないしは悟性の自由である。――それは現実的な形態にまで高め[られ]、激情にまで高め[られた]空虚な自由である。この自由がもっぱら観想的なものにとどまる場合には、宗教的な場面で、インドの純粋瞑想的狂信となろうが、[39]しかし、この自由が現実に向かうときには、宗教的な場面においても、政治的な場面においても、いっさいの存立する社会的秩序を破壊し尽くす狂信となり、秩序維持の嫌疑のある諸個人を追放し、ふたたび台頭しようとするどんな組織をも壊滅することになる。[40]この否定的な意志は、何かを破壊することによってのみ、みずからが何ものかであるという感情をえている。この意志は、たしかに何かある肯定的な状態を、たとえば普遍的な平等の状態とか、あるいは普遍的な宗教生活の状態とかを望んでいるのだと思い込んでいる。しかし、この意志は、実際には、こうした状態の肯定的な現実性を欲してはいない。というのも、肯定的な現実性は、ただちに何らかの秩序を、つまり、もろもろの制度や個人の特殊化をもたらすからである。しかし、この特殊化と客観的な規定こそ、それらの破壊から、否定的な自由にその自己意識が生まれるゆえんのものなのである。こうして、否定的な自由がみずから望んでいると思っているものは、それ自身すでに抽象的な表象にすぎず、そしてこの表象の現実化は荒れ狂う破壊の狂乱であるにすぎないのである。

補遺《抽象的自由》 意志のこの要素のうちには、私はいっさいのものから私自身を解放することができる、いっさいの目的を放棄することができる、いっさいを捨象することができる、ということが存している(41)。人間のみがいっさいのものを、自分の生命さえも放擲することができる。人間は自殺を敢行することができるのである。動物はこうしたことをなしえない。動物はつねにもっぱら消極的なものにとどまるにすぎない。すなわち、自分にとって疎遠な規定のなかに生きて、動物はただこの規定になじむようになるだけである。人間は自分自身を思惟する純粋な思惟である。そして思惟することにおいてのみ、人間は自分に普遍性を付与する力である。すなわち、いっさいの特殊性、いっさいの規定されたあり方を抹消する力なのである。この否定的な自由、ないしこの悟性の自由は一面的である。しかし、この一面的なものは、つねに、それ自身のうちにひとつの本質的な規定を含んでいる。それゆえに、この一面的なものは投げ捨てられてはならない。だが、悟性の欠陥は、悟性が一面的な規定を唯一で最高の規定にまで高めてしまうところにある。自由のこのかたちは歴史的にもしばしば登場している。たとえば、インド人のもとでは、もっぱら自分が自分との単純な同一性の知のうちにいつまでも踏みとどまり、あたかも透明な光が純粋直観のうちに滞留するように、自分の内面性というこの空虚な空間のうちに滞留し、そして生活するためのいかなる活動、いかなる目的、いかなる想念も断念することが、最高のこととされている。こうすることで、人間は梵天〔ブラフマン〕[42]になるのである。有限な人間と梵天との区別はもはやなく、むしろいかなる差異もこの普遍性においては消失してしまっているのである。この自由のかたちは、政治的生活および宗教的生活の活動的な狂信のうちに、もっと具体的に現れる。たとえば、フランス革命の恐怖政治の時代がこれに属する。この時代、能力や権威のいっさいの区別は廃棄されるべきものであった。この時代は、あらゆる特殊なものに対して、打ち震え、それが何であれ反抗し、これを許さないという時代であった。なぜなら、狂信はひとつの抽象的なものを欲するだけで、いかなる分節化も欲しないからである。あれこれの区別が生まれそうになると、狂信はただちにこれを、何ものにも規定されない自分の無規定性に反するものであるとして、廃棄してしまうのである。このために、革命の最中に、人民も自分で諸制度をつくりはしたが、しかし、いかなる制度も平等の抽象的な自己意識に背くものであるという理由で、人民はこうした諸制度をふたたび破壊してしまったのである。〈ホトーおよびグリースハイムより〉

六

（β）同様に、自我は、区別のない無規定性から、区別すること、規定することへの、そしてある規定を内容および対象として定立することへの移行でもある。――この内容は、たち入ってみれば、自然によってあたえられたものとしてあるか、あるいは、精神の概念から産出されたものとしてあるであろう。このように、自分自身を一個の規定されたものとして定立することによって、自我は定在一般のなかへ歩み入る。――これが自我の有限性、もしくは特殊化という絶対的契機である。

規定というこの第二の契機は、第一の契機と同様に、否定性であり、揚棄することである。――すなわちそれは、第一の抽象的な否定性を揚棄するのである。――特殊的なものが一般に普遍的なもののうちに含まれているように、この第二の契機も、このために、すでに第一の契機のうちに含まれている。そして第二の契機は、第一の契機がすでに即自的にはそれであるところのものを定立するにすぎない。――すなわち、第一の契機は、第一の契機としてそれだけで取りだされるならば、真実の無限性ではなく、あるいは具体的な普遍性でもなく、概念でもない[43]。――そうではなくして、単に一個の規定されたものであり、一面的なものにすぎない。すなわち、第一の契機は、あらゆる規定性を捨象するものであるがゆえに、それ自身規定性なしには存在しない。そして一個の抽象的なもの、一面的なものとして存在するということが、この契機の規定性と欠陥と有限性とをなしているのである。――上述の二つの契機を区別し、規定するということは、フィヒテ哲学のうちに、同様にカント哲学等々のうちにもみいだされる。もっとも、フィヒテの叙述するところだけを取り上げるならば、自我は(フィヒテの知識学の第一原則においては)制限されざるものとして、完全にもっぱら肯定的なものとして受けとめられており(したがって、自我は悟性の普遍性と同一性である)、その結果、この抽象的な自我が、それだけで真なるものとされ、そして、そのためにさらに、制限が――否定的なもの一般が、それが所与のそとからの制限としてであれ、自我本来の活動としてであれ――(第二原則において)つけ加わってくるのである[44]。――自我のうちに内在する否定性と同様に、普遍的なものや同一的なもののうちに内在する否定性を把握することは、思弁哲学が果たさなければならなかった大きな前進であった。――この前進の必要性は、無限性と有限性との二元論をフィヒテが把握したような内在と抽象の形式においてさえ把握しようとしない連中にとっては、夢想だにしないことなのである。

補遺《意志の特殊化》　この第二の契機は、〔第一の契機に〕対立する契機として現れる。この契機は、その普遍的なあり方において把握されなければならない。この契機は自由に属するものではあるが、自由の全体をなしてはいない。ここでは、自我は区別のない無規定性からでて、区別することへ、ある規定性を、内容および対象として定立することへと移行する。私は単に意欲するのではなく、何かを意欲するのである。前節で説明されたように、抽象的に普遍的なものを意欲するにすぎない意志は、何も意欲してはいないのであり、したがって何ら意志ではないのである。意志が意欲する特殊的なものは、ひとつの制限である。というのも、意志が、意志であるためには、一般に自分を制限しなければならないからである。意志が何かを意欲するということは、制限であり、否定である。それゆえに、特殊化とは、通常、有限性とよばれるもののことである。普通には、反省は第一の契機、すなわち無規定的なものを、絶対的なもの、そしてより高次のものとみなし、これに対して、制限されたものを、この無規定性の単なる否定とみなす。(45)

しかし、この無規定性は、それ自身、規定されたものに対する、有限性に対する単なる否定にすぎない。自我は、この孤独であり、絶対的な否定性である。このかぎりで、規定されない意志は、もっぱら規定されたあり方のうちにとどまる意志と同様に一面的なのである。〈ホトーおよびグリースハイムより〉

七

(γ) 意志は、上述の(α)と(β)の二つの契機の統一である。——自分のうちに反照し、これによって普遍性にまで連れ戻された特殊性であり、——個別性である。それは、以下のような自我の自己規定である。すなわち、一個同一の自我のうちで、自分を自分自身の否定的なものとして、つまり規定され、制限されたものとして定立しながら、自分のもとに、すなわちその自分との同一性と普遍性のうちにとどまることであり、規定することにおいて、自分をもっぱら自分自身と結びつけているということである。——自我が自分自身への否定性の関係であるかぎりで、自我は自分を規定する。そして、このような自己関係として、自我は同様にこの規定性に捉われることなく、この規定性を、自分のそして観念的な規定性として、すなわち単なる可能性として知るのである。(46) 自我はこの可能性によって拘束されることはなく、自我がこの可能性のうちにあるのは、もっぱら自我がこの可能性のうちに自分を定立するからなのである。——以上が、意志の自由ということであり、この自由が意志の概念ないしは実体性をなし、意志の重さをなすのは、重さが物体の実体性をなすのと同様である。

それぞれの自己意識は自分を普遍的なものとして——いっさいの規定されたものを捨象することのできる可能性として——知るとともに、一定の規定された対象、内容、目的をもった特殊的なものとして知る。しかし、これら二つの契機は、なお抽象化にすぎない。具体的なもの、そして真なるもの(およそ真なるものはすべて具体的なものであるが)は、普遍性ではあるが、それは特殊的なものを対立物としてもちながらも、この特殊的なものが自分のうちに反照することによって普遍的なものと調停されているような普遍性である。——この統一が個別性である。[47] しかし、この個別性は、個別性ということでよく思い浮かべられるような一なるもの《アインス》としての直接性においてある個別性ではなく、その概念による個別性である(『哲学的諸学のエンチュクロペディー』一一二節から一一四節)。[48]——ないしは、この個別性は、本来的には、概念そのものにほかならない。かの最初の二つの契機、つまり、意志はいっさいのものを捨象することができるという契機と、意志はまた——自分によってであれ、他のものによってであれ——規定されているという契機は、それ自身としては真ならざる悟性‐契機であるから、たやすく認められ、理解される。しかし、第三の契機、真なるもの、思弁的なもの(49)(そしていっさいの真なるものは、それが概念によって把握されるかぎり、思弁的にしか思惟されえないのであるが)は、悟性がそこにたち入るのを拒むものである。悟性はそれでなくてもつねに概念を、理解しがたいものとよんでいるのである。思弁のこの最内奥、自分自身に関係する否定性としての無限性、いっさいの活動や生命や意識のこの究極的な原点を立証し、くわしく解明することは、純粋思弁哲学としての『論理学』に属する。——だから、ここでは単に、つぎのことに注意が向けられるだけでよい。それは、意志が普遍的であるとか、意志は自分を規定するとかいわれる場合、そこにはすでに意志が前提された主体ないし基体のように表現されているのであるが、しかし意志は自分を規定することに先だって、そしてこの規定を揚棄し、この規定の観念性があきらかになるのに先だって、ひとつのすでにでき上がったもの、そして普遍的なものであるのではなく、意志は自分を自分のうちで媒介するこの活動として、そして自分のうちへのこの還帰として、はじめて意志であるということである。

補遺《自由の具体的概念》　われわれが本来的に意志と名づけているものは、それ自身のうちに先の二つの契機を含んでいる。自我は、何よりもまず、こうしたものとして、純粋活動であり、自分のもとにある普遍的なものである。しかし、この普遍的なものは自分を規定する。そして、そのかぎりで、この普遍的なものはもはや自分のもとにあるのではなく、自分を他者として定立し、普遍的なものであることをやめる。ところで、第三の契機は、自我が自分の制限されたあり方のうちにあって、つまり、この他者のうちにあって、自分のもとにあるということである。自我は規定されながら、それにもかかわらず、自分のもとにとどまり、普遍的なものを確保することをやめないのである。この第三の契機こそ、自由の具体的概念である。これに対して、先の二つの契機は、まったく抽象的に、そして一面的にみいだされたものにすぎない。しかし、われわれはこの自由を、情念の形式において、たとえば友情や愛において、すでにもっているのである。友情や愛においては、われわれは一面的に自分のうちにあるのではなく、他者との関係において進んで自分を制限しているのであり、しかもこの制限することにおいて自分を自分自身として知るのである。規定されていながら、人間は自分が規定されているとは感じず、むしろ他者を他者として認めながら、そうすることにおいてはじめて自己感情をえているのである。こうして、自由は、何ものにも規定されていないというあり方のうちにも、規定されたあり方のうちにも存在するのではなくて、この両者なのである。自分を端的にこのものというひとつのことだけに制限する意志は、利己主義者がもつ意志であって、彼はこうした意志をもたないときには不自由だと思い込む。しかし、意志は、制限されたひとつのことに拘束されているのではなく、さらに先に進まなければならない。というのも、意志の本性は、このように一面的で拘束されていることではなくて、自由だからである。自由とは、ひとつの規定されたものを意欲しながら、それでいてこの規定されたあり方において自分のもとにとどまること、そしてふたたび普遍的なもののうちに還帰することである。〈ホトーより〉

八

その特殊化(六、(β))のいっそうたち入って規定されたものが、意志の諸形式の区別をかたちづくる。すなわち、(a)この意志の規定されたあり方が、主観的なものと、外面的で直接的な現存在としての客観的なものとの形式的な対立であるかぎりでは、この規定された意志はつぎのような自己意識としての形式的な意志である。すなわち、それは、外面的な世界を自分のまえにみいだすとともに、この規定されたあり方において、自分のうちに還帰する個別性としては、主観的な目的を、活動と手段とを媒介にして客観性のうちに移し入れようとする過程である。即自的かつ対自的に存在するような精神、すなわち、規定されたあり方が端的に精神自身のものであり、真実なものであるような精神においては(『哲学的諸学のエンチュクロペディー』三六三節)[51]、意識の関係はただ意志の現象の側面をなすにすぎない[52]。だから、この側面は、本書ではそれだけが単独に取り上げられて考察されることはない。

補遺《意志の目的が規定されていること》　意志が規定されていることの考察は、悟性に属するもので、さしあたっては思弁的なことではない。意志は、一般に、内容の意味においてばかりではなく、形式の意味においても規定されている。形式面でいえば、規定されているのは目的であり、目的の遂行である。すなわち、目的はさしあたってはもっぱら私の内面にあるもので、主観的なものである。しかし、目的はまた客観的なものにもならなくてはならず、単なる主観的なものという欠陥を脱却しなければならない。こういうと、なぜ目的はこうした欠陥であるのかと、問われるかもしれない。欠陥をもつものでも、もしもそれが同時に欠陥を越えでていないならば、そのものにとって欠陥は何ら欠陥ではない。われわれにとっては、動物は欠陥のあるものであるが、動物自身にとっては何ら欠陥ではない。目的も、それがやっと単にわれわれの目的にすぎないかぎり、われわれにとってひとつの欠陥である。というのも、自由や意志は、われわれにとって、主観的なものと客観的なものとの統一だからである。かくして、目的は客観的に定立されなければならない。このことによって、目的は新たな一面的規定のうちに入り込むのではなく、むしろこのことによってのみ目的はその実現にいたるのである。

〈ホトーより〉

九

(b)もろもろの意志規定が、意志自身の規定であり、一般的にいって、意志の自分のうちに反照された特殊化であるかぎり、これらの意志規定は内容である。意志の内容としてのこの内容は、意志にとっては、(a)において挙げられた意志の形式によれば、目的であり、そしてこれは、表象する意欲のうちにおける内面的ないしは主観的な目的であったり、主観的なものを客観性のうちに移し入れる活動の媒介によって、実現され、遂行された目的であったりする。

この内容、ないし区別された意志規定は、さしあたっては直接的である。こうして意志は、単に即自的に、すなわちわれわれにとって[53]自由であるにすぎない。いいかえれば、それは総じてその概念のうちにおける意志なのである。意志は自分自身を対象とすることによって、はじめてそれは、即自的にそれであるところのものに対自的にもなるので[54]ある。

一〇

有限性ということは、この規定によると、即自的に何かであるもの、いいかえれば、その概念によって何かであるものが、それが対自的にある場合のものとは異なったひとつの現存在あるいは現象であるというところになりたつ。たとえば、自然の抽象的な、相互に外的である関係は、即自的には空間であるが、しかし対自的には時間である。これについては、つぎの二重のことに注意する必要がある。第一は、真なるものはもっぱら理念だけであるから、ある対象や規定を、それが即自的にある通りに、いいかえれば、概念においてあるように捉えるにすぎない場合には、まだ、その対象をその真理において把握したことにはならない、ということである。第二には、あるものは、それが概念として、いいかえれば即自的にあるような場合でも、同じく現存在し、そしてこの現存在は(先の空間のように)対象のひとつの独自な形態であるということである。有限なもののうちに現存する、即自的にあることと対自的にあることとの分裂が、同時にその有限なものの単なる定在ないしは現象をなすのである。——(このことは、すぐに例が自然的意志において、つぎに形式的な法ないしは権利など[において]示される通りである)(55)。悟性は単なる即自存在にとどまり、そうすることで自由をこの即自存在にしたがってひとつの能力とよぶ。たしかに、この場合、自由は、単に可能性にすぎないのである。しかし、悟性は、この規定を絶対的で永続的な規定とみなし、自由と、それが意志するものとの関係、総じて自由の実在性との関係を、単にひとつのあたえられた素材への適用であり、この適用は何ら自由そのものの本質には属さないと解するだけである。悟性は、こうした仕方で、もっぱら抽象的なものを問題にするにすぎず、自由の理念や真理とは何ら関わりをもたないのである(56)。

補遺《自由の即自と対自》　ただ概念からみて意志であるにすぎない意志は、即自的には自由ではあるが、しかし同時にまた不自由でもある。というのは、意志は、真に規定された内容として、はじめて真に自由であろうからである。この場合には、意志は対自的に自由であり、自由を対象にしていて、自由なのである。単にやっとその概念からみてそのようなものであるにすぎないもの、単に即自的にそのようなものであるにすぎないものは、単に直接的にあるにすぎず、自然的にあるにすぎない。このことは、われわれが表象においても知っていることである。子どもは即自的には人間であり、まずは即自的に理性を具えるだけであり、まずは理性と自由の可能性であるにすぎない。だから単に概念からみて自由であるにすぎない。さて、まず即自的にあるにすぎないものは、その現実性においてあるのではない。即自的に理性的な人間は、対自的にも理性的となるためには、自分からそとへでてゆくとともに、自分を内面に向かって陶冶することによって、自分自身を産出することをやり遂げなくてはならない。〈グリースハイムより〉

一一

ただようやく即自的に自由なだけの意志は、直接的な意志であり、自然的な意志である。自分自身を規定する概念が意志のなかで定立する区別の諸規定は、直接的な意志においては直接的に現存する内容として現れる。——すなわち、もろもろの衝動、欲望、傾向性がそれであり、意志はこれらによって、自分が生来規定されていることをみいだす。この内容は、その展開された諸規定とともに、なるほどたしかに意志が理性的であることから由来するのであり、だから即自的には理性的であるが、しかし、直接性のこのような形式のうちに放置されたままでは、この内容はまだ理性であることの形式のうちにあるのではない。(57)この内容は、たしかに私にとっては総じて私のものではある。しかし、このような形式と先のような内容とは、まだ相違している。——意志は、かくしてそれ自身において有限な意志である。

経験的心理学は、こうした衝動や、傾向性や、これらにもとづく諸欲求を、経験のうちにみいだすままに、ないしはみいだすと思い込むままに、語り、記述し、そして、普通の仕方でもって、このあたえられた素材を分類することを試みる。これらの衝動が具える客観的なものとはいかなるものであるか、そしてこの客観的なものは、それが衝動としてある場合には非理性的であるという形式のうちにあるが、こうした形式なしに、その真理性においてはどのようにあるか、同時にこの客観的なものはその現存在においてどのように形態化されているか、これらについては以下において論じる(58)ことにしよう。

補遺《衝動と自由》 もろもろの衝動や欲望や傾向性は、動物でもこれをもっている。

しかし、動物はいかなる意志ももたず、何も外的なものがそうすることを妨げないならば、衝動にしたがわざるをえない。しかし、人間はまったく無規定的なものとして、もろもろの衝動のうえにたち、そしてこれらの衝動を自分のものとして規定し、定立することができる。衝動は自然に属する。しかし、私が衝動をこの私のうちに定立するということは、私の意志に依存するのであり、したがって、私の意志は、この衝動が自然に属しているということを引き合いにだすわけにはいかないのである。〈ホトーより〉

一二

この内容の体系は、この体系が意志のうちに直接にみいだされる様子からすれば、単にもろもろの衝動の集合と多様性としてあるにすぎない。これらの衝動のそれぞれは、総じて他の衝動とならぶ私の衝動であり、同時に、ひとつの普遍的なもの、無規定的なものであって、これは、多種多様な対象と満足の仕方とをもっている。意志が、こうした二重の無規定性のうちにあって、個別性の形式を自分にあたえること［において］（七）、意志は決定する意志となる。そして、総じて決定する意志としてのみ、意志は現実的な意志である。

あることを決定する、すなわちある内容も、他の内容も、いずれもさしあたっては単に可能的な内容でしかないという無規定性を廃棄する、と表現する代わりに、われわれのことば〔ドイツ語〕は、また決意するとも表現する。(59) というのは、意志そのものの無規定性は、中立的なものであるが、しかし無限に豊穣なものとして、いっさいの定在の始原胞芽であり、自分のうちにもろもろの規定と目的とを含んでいて、そしてこれらの規定や目的をもっぱら自分のなかだけから生みだすからである。

一三

決定することを通して、意志は特定の個人の意志として、また、そとに現れ、他のものに対して自分を区別する意志として、みずからを定立する。しかし、意識としてのこの有限性(八)のほかに、直接的な意志は、それの形式と内容との区別(一一)のために、形式的である。この直接的な意志には、単に抽象的に決定することとそのことだけが帰属するにすぎない。そして内容は、まだ、この意志の自由の内容ではなく、この意志の自由が生みだした作品ではない。

思惟するものとしての知性にとっては、対象と内容とは普遍的なものでありつづけ、知性自身が普遍的な活動としてふるまう。意志においては、普遍的なものは、同時に本質的に、個別性としての私のものという意義をもつ。そして直接的な、すなわち形式的な意志においては、普遍的なものは、まだこの意志の自由な普遍性によって満たされてはいない抽象的な個別性としての私のものという意義をもつ。それゆえに、知性の固有の有限性は意志においてはじまるのである。そして意志が今度は自分を思惟にまで高め、そして自分の目的に内在的な普遍性をあたえることによってのみ、意志は形式と内容との区別を揚棄して、自分を客観的で無限な意志にするのである。それゆえに、意志においては総じて人間は無限ではあるが、思惟においては人間は、あるいは理性さえも制限されていると考えるようなひとびと(60)は、思惟や意欲の本性についてほとんど何も知らないのである。思惟と意欲とがまだ区別されているかぎり、むしろ逆のことが真なのであって、思惟する理性は、意志としてはじめて、有限性に向かって決意することなのである。

補遺《意欲の現実性》　何ひとつ決定しない意志は、何ら現実的な意志ではない。無性格なひとは決して決定するにはいたらない。また、躊躇する理由が、ある種の心情の弱さのうちにある場合もある。この心情は、規定することにおいて自分が有限性に巻き込まれ、自分に制限をたて、無限性を放棄することになることを知っている。しかし、それは、自分の意図する総体性を断念することを望まない。こうした心情は、たとえどんなに美しい心情[61]のままにあることを意志するとしても、死せる心情である。大事を欲するものはみずからを制限することができなければならない、とゲーテはいっている[62]。人間が現実性のなかに足を踏み入れることができるのは、それがどんなに人間にとって辛いことであろうと、もっぱら決定することによってのみである。なぜなら、惰性は、自分のなかの、普遍的な可能性を暖めている抱卵状態から少しもそとへでようとはしないからである。しかし、可能性はまだ現実性ではない。だから、自分を確信している意志は、規定されたもののうちにあってもなお自分を失うことはないのである。〈ホトーより〉

一四

有限な意志は、もっぱら形式の面でのみ、自分のうちへ反照して、自分自身のもとにある無限な自我(五)である。そして、このような自我として、この意志は、内容である種々さまざまな衝動を、またこれらの衝動の現実化と満足のさらなる個別的な仕方をも越えでている。同時にまた、この自我は、もっぱら形式的にのみ無限なものとしては、自分の自然ないし本性と自分の外的な現実性の諸規定としての、この内容に縛りつけられている。しかし、規定されざる自我としては、この自我は、あれこれの特定の内容に縛りつけられてはいない（六、一一）。そのかぎりでは、同じ内容が、自我の自分のうちへの反省にとっては、私のものとしてあることも、またないこともありうるような単に可能的なものにすぎない。そして、このかぎりで自我は自分をこの内容にあるいは別の内容に規定する可能性であり、——自我にとってはこの側面からすれば外的なものであるさまざまな規定のもとで選択する可能性である(63)。

一五

意志の自由は、この規定からすれば、恣意である。——恣意のうちには、つぎの二つのことが含まれている。それは、いっさいのものを捨象する自由な反省と、内面的にあるいは外面的にあたえられた内容と素材への依存である。後者の、目的として即自的には必然的な内容は、同時に、前者の自由な反省に対しては、可能的な内容として規定されているのであるから、恣意は、意志として存在するようになった偶然性である(64)。

自由ということで思い浮かべられるもっとも普通の表象は、この恣意の表象である。——単に自然的な衝動によって規定されているにすぎないものとしての意志と、即自的かつ対自的に自由である意志とのあいだに反省によっておかれた中間物である。世間では、総じて自由とは自分がしたいと思っていることをすることができることだ、といわれるのをよく聞くが、こうした考え方は思想の教養をまったく欠いたものとして受け取られてよい。ここには、即自的かつ対自的に自由な意志や、法や人倫であるもの等々について、まだいかなる予感もみいだされないのである。反省、すなわち自己意識の形式的な普遍性と統一は、意志が自分の自由についていだく抽象的な確信ではあっても、まだ自由の真理ではない。というのも、反省は、まだ自分を内容と目的とさえしてはいないからであり、こうして主観的な側面はまだ対象的な側面とは異なっているからである。このために、またこの反省の自己規定の内容も依然として単に有限的なものにとどまるのである。恣意は、真理においてある意志であるどころか、矛盾としての意志である。——ヴォルフ形而上学の時代にとりわけおこなわれた論争、すなわち、意志は現実的に自由であるのかどうか、あるいは、意志が自由だという知は単なる錯覚にすぎないのかどうか、という論争にあって、ひとびとが目のあたりにしていたのは恣意であった(65)。決定論は、正当にも、かの抽象的な自己規定の確信に対して、内容を対置させた。これは眼前にみいだされた内容として、この確信のうちには含まれておらず、それゆえに確信には外部からやってくる内容であった。もっとも、このさい、外部といっても、それは、衝動や表象であり、一般的にいって、いかなる仕方においてであれ、内容が、自分を規定する活動そのものに固有のものではないように満たされた意識にすぎない。こうして、恣意のうちには自由な自己規定の形式的な要素が内在しているにすぎず、他の要素は、恣意にとってはあたえられたものであるから、たしかに恣意は、それが自由であるとされるならば、錯覚とよばれてよい。あらゆる反省哲学における自由は、カント哲学でも、カント哲学の完璧な浅薄化であるフリース哲学[でも]そうであるが、こうした形式的な自己活動以外の何ものでもないのである。(66)

補遺《恣意と自分だけの特異性》　私は、自分をあれこれと規定する可能性をもっている、いいかえれば、私は選択することができる。だから、私は恣意をもっている。そしてこのことがふつう自由とよばれているのである。私がもつ選択は、私がこのものあるいはあのものを私のものにすることができるという、意志の普遍性のうちに存している。この私のものは、特殊の内容として、私にふさわしいものではなく、私とは別のものであって、単に私のものでありうるという可能性のうちにあるにすぎない。同様に、私も自分をこのものと連結させる可能性にすぎない。それゆえに、選択は自我の無規定性と内容の規定性とのうちに存している。かくして、この内容のために、意志は、たとえ形式的には無限性の側面を即自的に具えているとしても、自由ではない。意志にはこれらの内容のいかなるものもふさわしくはなく、いかなる内容においても意志は真に自分自身をもつことはないのである。恣意のうちでは、内容が、私の意志の本性によって、私のものであると規定されているのではなく、偶然性によって規定されているということが含まれている。こうして私も同様にこの内容に依存しているのであり、そしてこのことが恣意のうちに横たわっている矛盾である。普通の人間は、恣意的に行為することが許されているとき、自分は自由であると信じている。しかし、まさに恣意のうちにこそ、彼が自由ではないということが存するのである。私が理性的なものを意志する場合、私は特殊的な個人として行為するのではなく、人倫一般の諸概念にしたがって行為する。倫理的な行為においては、私は私自身を主張しようとするのではなく、ことがらを妥当させようとするのである。しかし、人間は何か逆さまなことをおこなうことで、自分の特殊性を最大限に前面に押しだそうとする。理性的なものは、誰もが通行する天下の公道であって、そこでは誰ひとり突出することはない。偉大な芸術家たちが作品を完成すると、ひとは、作品たるものかくあらねばならない、と語ることができる。すなわち芸術家の特殊性は完全に姿を消し、そこにはわざとらしい技巧はいっさいみられないのである。フィディアスにはわざとらしい技巧はいっさい無縁であって、形態そのものが生きているのであり、姿を現しているのである。しかし、芸術家が下手であればあるほど、みえるものはますます彼自身であり、彼だけの特殊性であり、彼の恣意なのである。[67] もしも、自由を考察するにさいして、人間はあれこれを欲することができるという恣意にたちとどまるならば、このことはたしかに人間の自由ではあるのだが、しかし、彼が欲するその内容が所与の内容であるという考えを固持するならば、この所与の内容によって彼は規定されているのであって、まさにこの側面からして彼はもはや自由ではないのである。〈ホトーより〉

一六

決心において選ばれたもの（一四）を、意志は同様にふたたび放棄することができる（五）。しかし、この放棄したものの代わりに意志がたてる他のいかなる内容をも越え、つぎつぎと無限に進んでゆく可能性をもってしても、意志は有限性を越えるわけではない。なぜなら、そのような内容のいかなるものも、形式とは相違したもの、したがって有限なものであり、そして、規定性に対立したもの、無規定性、不決断、あるいはいっさいの内容の抽象〔捨象〕も、他の同様に一面的な契機にすぎないからである。

一七

恣意は矛盾であり(一五)、この矛盾は、もろもろの衝動や傾向性の弁証法(68)として、つぎのような現象をともなうことになる。それは、これらの衝動や傾向性が相互に妨害し合い、そのどれかひとつのものを満足させることは、他のものの満足をその下位に隷属させたり、犠牲にしたりすることを要求する、等々といった現象である。そして、衝動はもっぱら一方向に規定されており、したがって、それ自身のうちに尺度をもっていないのであるから、他の衝動の満足を下位に隷属させたり、犠牲にしたりするように規定することは、もっぱら恣意による偶然的な決定ということになる。もっとも、そのさい、恣意は、どの衝動においてより多くの満足がえられるかといった計算的な悟性によって決定する場合もあろうし、これ以外の他の任意の顧慮にもとづいて決定する場合もあるであろうが。

補遺《衝動間の抗争》　もろもろの衝動や傾向性が、さしあたっては意志の内容であり、そして反省のみがこの内容を越えでている。しかし、これらの衝動はそれ自身で駆りたてるようになり、相互に押し合いへし合いし、相互に妨害し合っていて、すべての衝動が満たされることを欲している。そこで私がこれらの衝動のなかのただひとつに身を任せ、他のすべてを蔑《ないがし》ろにするならば、私は破壊的なまでに制限を受けた状況のうちに身をおくことになるだろう。なぜならば、まさしくそうすることで、私はすべての衝動の一体系である私の普遍性を放棄したことになるからである。しかし、悟性が普通思いつく、あれこれの衝動を単に下位に従属させるといったことも何の助けにもならない。というのは、ここには段階づけるためのいかなる尺度もあたえられようがなく、したがって、そうした要求は通常は単調で退屈なきまり文句(69)におわるからである。〈ホトーより〉

一八

もろもろの衝動をいかに評価するかに関しては、右の弁証法はつぎのような現象をともなう。すなわち、一方では、内在的、したがって肯定的なものとして、直接的な意志の諸規定は善であり、それによって人間は本性からして善であるといわれる。しかし他方、これらの諸規定が自然的諸規定であり、したがって総じて精神の自由と概念とに対立する否定的なものであるかぎりで、これらの諸規定は根絶されなければならず、そのことによって人間は本性からして悪であるといわれる。このいずれの主張に与《くみ》するかを決定するものも、この立場においては、等しく主観的な恣意である(70)。

補遺《原罪の教説》　キリスト教の説く、人間は本性からして悪である、という教説は、人間を善とする他の教説よりもっと高次のところにたっている。このキリスト教の教説を哲学的に解釈(71)するならば、この教説はつぎのように捉えられなくてはならない。すなわち、人間は、精神として、自然的衝動によって規定されない立場をもつ自由な存在である。それゆえに、直接的で形成陶冶されていない状態のうちにある人間は、人間が本来あるべきではない状態のうちに、そこから人間が解放されなければならない状態のうちにあるのである。原罪の教説は、およそこれを抜きにしてはキリスト教は自由の宗教ではなくなってしまうであろうが、このような意義をもっているのである。〈ホトーより〉

一九

もろもろの衝動の純化をもとめる要求のうちには、[72]つぎのような一般的な考え方が控えている。それは、衝動が、自然によって直接的に規定されているという形式からも、内容の主観的で偶然的なものからも解放されて、その実体的な本質のうちへ還元される、ということである。この漠然とした要求のもつ真実な点は、もろもろの衝動が意志規定の理性的な体系として存在すべきだということである。もろもろの衝動をこのように概念から把握すること、これが法の学問の内容である。

この学問の内容は、その個々の契機、たとえば、法、所有、道徳、家族、国家などのすべてに応じて、人間は自然本性からして法への衝動をもつとか、また所有への、道徳への衝動をもつとか、さらにまた性愛の衝動、社交性への衝動、等々をもつ、といった形式において呈示されることができよう。[73]もしもこうした経験的心理学の形式の代わりに、より高尚な仕方の哲学的な形態をもちたいと望むのであれば、この形態は、先に注意を促しておいたように[74]近年において哲学とみなされてしまい、現在も哲学として通用しているものにしたがって、人間は、法や所有や国家などを欲することを自分の意識の事実として、自分のうちにみいだすと表明することによって、きわめて廉価に手に入れることができるだろう。もっとあとでは、(75)ここでもろもろの衝動の形態で現れているものと同じ内容の別の形式、すなわち、もろもろの義務の形式が登場してくるであろう。

二〇

もろもろの衝動に関係する反省は、衝動を思い浮かべ、評価し、また衝動と衝動とを相互に比較したり、つぎには衝動とこれを満たす手段や、その結果などとを比較したり、さらには衝動と満足の総量――つまり幸福(76)――とを比較するものとして、形式的な普遍性をこのような素材にもたらし、そしてこうした外面的な仕方によって、この素材をその粗野で野蛮な状態から純化するのである。このように思惟の普遍性を涵養することが、教養としての形成陶冶(77)のもつ絶対的な価値である(一八七参照)。

補遺《幸福》 幸福のうちでは、思想がすでに、もろもろの衝動がもつ自然的暴力のうえに威力をふるっている。というのは、思想は、刹那的なものに満足せず、幸福の全体をもとめるからである。幸福の全体は、普遍的なものを妥当させるものがまた教養というものであるかぎり、教養と結びついている。しかし、幸福の理想のうちには、二つの契機が存している。まず、もろもろの特殊的なものいっさいよりも高次の普遍的なものである。しかしつぎに、この普遍的なものの内容は、これまた単に一般的な享受にすぎないからして、ここにもう一度個別的なもの、特殊的なもの、かくして有限なものがたち現れることで、衝動に復帰することにならざるをえない。幸福の内容は各人の主観性と感覚のうちにある以上、この普遍的な目的は、それ自身特殊的であり、そのうちにはまだ内容と形式との真の統一は存在してはいない。〈ホトーより〉

二一

しかし、この形式的で、それだけでは何ら規定されてはいず、その規定性をかの素材においてみいだすような普遍性の真理は、自分自身を規定する普遍性であり、意志であり、自由である。このような意志は普遍性を、無限な形式としての自分自身を、自分の内容、対象、目的となし、そのことによって、意志はただ単に即自的に自由であるばかりではなく、同様に対自的にも自由な意志であり、——真実の理念である。(78)(79)

意志の自己意識は、欲求、衝動としては、感性的である。それは、感性的なものが総じて外面性を、それゆえ自己意識の自己外存在を示すからである。反省する意志は二つの契機をもつ。すなわち、この感性的なものと、思惟する普遍性とである。即自的かつ対自的に存在する意志は、意志としての意志そのものを、したがってその純粋な普遍性における自分を自分の対象としている。この普遍性とは、まさしく、自然性の直接性と、反省によって生みだされもするが、同じように自然性にもまつわりつかれている特殊性とが、そこにおいて揚棄されているということにほかならない。しかし、この揚棄すること、そして普遍的なものへと高めることが、思惟の活動といわれるものである。自分の対象、内容、そして目的を、この普遍性にまで純化し、高める自己意識は、このことを、意志においてみずからを貫徹する思惟[80]としておこなうのである。ここが、意志がもっぱら思惟する知性として真実な自由な意志であるということがあきらかになる点である。奴隷は、自分の本質、自分の無限性、自由を知らない。奴隷は、みずからを本質としては知らない。――奴隷が自分をそのように知らないということは、すなわち、奴隷がみずからを思惟しないということである。思惟することによって、自分を本質として把握し、そのことによってまさに自分を偶然的なものや真ならざるものから切りはなすこの自己意識が、法と道徳といっさいの人倫との原理をなすのである。哲学的に、法や道徳や人倫について語ろうとしながら、しかもそこで、思惟を排除して、感情に、心や胸中に、感激に訴えようとする連中は、そのことによって、思想と学問とが陥っているもっとも深刻な軽蔑された状態を語りだしているのである。というのは、このような場合、学問そのものでさえもみずからに関して絶望し、極度の無力感に陥ってしまい、野蛮と無思想とを自分の原理となしているのであり、そしてせいぜい学問にできることといえば、人間からいっさいの真理と価値と尊厳とを奪うことであろうからである。

補遺《真の意志》　哲学における真理とは、概念が実在性と一致していることである。たとえていってみれば、身体が実在性であり、霊魂が概念である。だが、霊魂と身体とは、相互に適合しなければならない。死せる人間は、それゆえにまだ現存在ではあるが、しかし、もはや真実の現存在ではなく、概念のない定在である。そのために、死せる肉体は腐敗するのである。こうして、真実の意志とは、意志が意志しているもの、つまり意志の内容が意志と一致しているということ、したがって、自由が自由を欲しているということである。〈ホトーより〉

二二

即自的かつ対自的に存在する意志は、真に無限である。というのは、この意志の対象がこの意志自身だからであり、したがって、対象は意志にとって他のものでも、制限でもなくして、意志は対象においてむしろただ自分自身のうちにのみ還帰しているからである。さらに、この意志は、単なる可能性、素質、能力(potentia)なのではなく、現実的に無限なもの(infinitum actu)である。というのは、概念の定在、あるいは概念の対象的な外面性は、内面的なものそのものだからである。

それゆえに、自由な意志が即自的かつ対自的に自由な意志であるという規定を抜きにして、この意志についてただそのものとしてのみ語るならば、単に自由の素質について、ないしは自然的で有限な意志(一一)について語っているにすぎない。そして、まさにそれゆえに、そのことばと思い込みにかかわらず、自由な意志について語ってはいないのである。——悟性は無限なものを単に否定的なもの、それゆえに彼岸的なものとして把握するにすぎないから、それは、無限なものを自分から遠くへと押しやり、自分にとって疎遠なものとして自分から遠ざければ遠ざけるほど、ますますこの無限なものに敬意を表することになると思っている。真に無限なものは、自由な意志において現実性と現在とをもつ。——すなわち、自由な意志そのものが、この、自分自身のうちに現在する理念なのである。

補遺《意志の無限性》　無限性をひとつの円環のかたちでイメージすることは正当である。というのは、直線はどこまでもかぎりなくまっすぐに進行していて、自分自身のうちへの還帰を真の無限性のようにはもつことがない単に否定的な、悪無限性しか表さないからである。自由な意志は、真に無限である。というのは、この意志は単に可能性や素質にとどまるのではなく、この意志の外面的な定在が、意志の内面性であり、意志自身だからである。〈ホトーより〉

二三

もっぱらこの自由においてのみ、意志は端的に自分のもとにある。[81] なぜなら、この意志は自分自身以外の何ものにも関係せず、したがってまた、この意志のもとでは、何かある他のものへの依存の関係がいっさい、脱落しているからである。——この意志は真であり、あるいはむしろ真理そのものである。なぜなら、この意志が規定するということ〔の真の意味〕は、この意志が、自分の定在において、すなわち自分に対立するものとしてありつつ、自分の概念にかなうものであるという点に存するからである。いいかえれば、純粋な概念が自分自身の直観をみずからの目的とし、実在性としているからである(82)。

二四

この意志は普遍的である。なぜなら、この意志のうちでは、いっさいの制限や特殊な個別性は揚棄されているからである。これらの制限や特殊な個別性は、もっぱら概念とその対象ないし内容との相違のうちに、別の形式でいえば、概念の主観的な対自存在と——概念の即自存在とのあいだの相違、概念の排他的で、決定する個別性と——概念の普遍性そのものとの相違のうちにあるにすぎないのである。

普遍性のさまざまな規定は論理学(『哲学的諸学のエンチュクロペディー』一一八節から一二六節参照)(83)のうちにあたえられている。普遍性というこの表現で、真っ先に思いつかれるのは、抽象的で外面的な普遍性である。しかし、ここで規定されているような即自的かつ対自的に存在する普遍性という場合には、反省の普遍性が、すなわち共通性あるいはよせ集められた全体といったものが考えられてはならないし、なおまた、個別的なもののそとで別の側にある抽象的な普遍性や、抽象的な悟性的同一性（六注解）が考えられてもならない。それ自身において具体的で、したがって、対自的に存在する普遍性は、自己意識の実体であり、内在的な類ないしは内在的な理念である。――すなわち、自分の対象のうえに拡がってゆき、自分の規定を貫通しながら、この規定において自分と同一である普遍的なものとしての自由な意志の概念である。――即自的かつ対自的に存在する普遍的なものは、総じて理性的なものとよばれるのであり、それはもっぱらこうした思弁的な仕方でのみ把握されうるのである。(84)

二五

主観的なものは、意志一般に関していえば、意志の自己意識の側面であり、意志の即自的に存在する概念からは区別された個別性の側面（七）である。それゆえ、意志の主観性とは、つぎのようなものをいう。（α）自己意識の純粋な形式、自己意識の自分自身との絶対的な統一である。そこでは自己意識が自我＝自我として端的に内的であり、抽象的な、自分への準拠である。――真理から区別された純粋な自己確信である。(β) 恣意と、任意な諸目的の偶然的な内容としての意志の特殊性である。(γ) 総じて、意欲されたものが、その内容が何であろうと、まだやっと自己意識に属する内容にすぎず、実現されてはいない目的であるかぎりでの一面的な形式(八)である。

二六

意志は、(α) それが自分自身を自分の規定とし、したがって自分の概念にかない、真実であるかぎり、端的に客観的な意志である。(β) しかし、この客観的な意志は、自己意識の無限な形式を欠くものとしては、自分の客体のうちに、ないしは、その内容のいかんを問わず自分の状態のうちに、埋没してしまっている意志である。――すなわち子どもの意志、習俗に盲従している意志、(85) 奴隷の意志、迷信的な意志、等々である。(γ) 最後に、客観性は主観的な意志規定に対立する一面的な形式であり、したがって外面的な現存在としての定在の直接性である。この意味では、意志は、自分のもろもろの目的を実現することを通して、はじめて自分にとって客観的になるのである。

主観性と客観性というこれらの論理的な規定を、ここでとくに詳述したのは、これらの論理的な規定が以下においてしばしば用いられるので、これらについて、つぎのことにはっきりと注意を促すためである。それは、これらの規定には、他のもろもろの区別や相対立する反省諸規定と同じように、その有限性のゆえに、したがってその弁証法的な本性のゆえに、みずからと反対のもののうちに移行するということが起きる、ということである。もっとも、対立のそのような別々の規定にとっては、両者の同一性はまだ内なるものとしてあるので、それぞれの規定の意味は、表象や悟性にとっては固定したものにとどまっている。これに対して、意志においては、こうした諸対立は、抽象的であるとされると同時に、具体的なものとしてのみ知られうる意志の諸規定でもあるとされ、したがって、おのずと、対立する両者の同一性に、そして両者の意味の取りちがえにといたる。――もっとも、この意味の取りちがえは、悟性にただ無意識に起こるのである。――こうして、意志は、それ自身のうちに存在する自由として、主観性そのものである。したがって、この主観性は意志の概念であり、それゆえ意志の客観性である。しかし、意志の主観性は、客観性との対立においては、有限性である。とはいえ、まさにこの対立において、意志は自分のもとにあるのではなく、客体と絡み合っているのであり、主観的ではないということにおいても同じく意志の有限性が存するのである、云々。――それゆえに、以下において、意志の主観的なものとか客観的なものとかが、いかなる意味をもたなければならないかは、これらの用語の位置を全体との関係において含んでいる連関から、そのつどあきらかにされなければならない。

補遺《客観的意志と主観的意志》　普通には、主観的なものと客観的なものとは、相互に固定的に対立していると信じられている。しかし、これはそうではないのであって、両者はむしろ相互に移行し合うのである。というのは、両者は、肯定的と否定的というような抽象的な規定では何らなく、すでにより具体的な意味を獲得しているからである。さしあたって、主観的という表現をみてみると、ある特定の主体のものでしかない目的が主観的とよばれうる。この意味で、さまになっていないきわめて拙劣な芸術作品は、単に主観的でしかない作品である。しかし、さらにこの表現はまた意志の内容にも向けられ、このときにはおおよそ恣意的なものと同義である。主観的な内容とは、単に主観にしか属さない内容である。こうして、たとえば、下劣な行為は単に主観的でしかない行為である。しかし、つぎに、もっぱら自分だけを対象として、その他のいっさいの内容を捨象する力をもつあの純粋で空虚な自我も、同じように主観的とよばれうる。それゆえ、主観性は、一方ではまったく特殊な意味をもつが、他方においてはきわめて正当な意味をもつ。というのは、私が承認しなければならないいっさいのものは、私のものとなり、そして私のうちにおいて妥当すべきであるという課題をもっているからである。いっさいのものを純粋自我のこの単純な源泉のうちに総括して、これを呑み尽くそうとすることは、まさに主観性の無限の強欲である。客観的なものも、主観的なものに劣らず、さまざまに理解されうる。われわれは、客観的なものということで、われわれが自分に対して対象としたもののいっさいを理解する。このとき、われわれが自分に対置させるものが、現実的に存在しているものであろうと、単なる思想であろうと、それは関係がない。しかし、同様に、客観的なものということで、また、目的がそのなかで実現されるべき定在の直接性ということが理解されている。この場合は、目的そのものがどんなに特殊であり、主観的であったとしても、この目的が現象するとき、われわれは、それをたしかに客観的とよぶのである。しかし、また、そのなかに真理が存する意志も、客観的な意志である。こうして、神の意志、人倫的意志は客観的な意志である。最後に、自分の客体のうちにまったく埋没している意志もまた、客観的とよばれうる。主観的な自由なしに信頼のうちに安らっている子どもの意志や、まだ自分が自由であることを知らず、そのために意志なき意志である奴隷の意志が、そうである。この意味では、自分にとって疎遠な権威に引き回されて行為し、まだ自分のうちへの無限の還帰をなしおえ

ていない意志は、どんな意志でも客観的である。〈ホトーより〉

二七

自由な精神（二一）の絶対的な規定、あるいは、そうよびたければ、自由な精神の絶対的な衝動といってもよいが、それは、意志が即自的にあるものである理念として対自的にあるために、精神の自由が精神にとって対象になるということである。――すなわち、それは、精神の自由が精神自身の理性的な体系としてあるという意味においても、また、この理性的な体系が直接的な現実であるという意味においても、この自由が客観的になるということである（二六）。――意志の理念の抽象的な概念は、総じて自由な意志たらんとする自由な意志である。[86]

二八

主観性と客観性との矛盾を揚棄して、自分の目的を主観性の規定から客観性の規定のうちに移し入れ、そして客観性のうちにありながら同時に自分のもとにあるという意志の活動は、客観性が単に直接的な現実として存在するにすぎない意識の形式的なあり方（八）とは別であって、理念の実体的な内容（二一）の本質的な展開である。すなわち、この展開において、概念は、さしあたってはそれ自身として抽象的な理念を、この理念の体系の総体性に向けて、つまり、実体的なものとして、単なる主観的な目的とその実現という対立には左右されずに、この両形式における同一なものであるこの総体性に向けて、規定するのである。

二九

およそ定在が自由な意志の定在であるということ、このことが法である。[87]——したがって、法は総じて自由であり、理念として存在する。

カントの規定（カントの法論の緒論）においては、そしてもっと一般に広く受け入れられている規定においても、「私の自由ないしは恣意が、各人の恣意と普遍的な法則にしたがって共存できるように、私の自由ないしは恣意を制限する」ということが主要な契機となっている。[88]こうした規定は、一方では、単に制限するという否定的な規定を含むにすぎず、他方では、肯定的なもの、普遍法則ないしはいわゆる理性法則、あるひとの恣意と他のひとの恣意との合致は、周知の形式的な同一性と矛盾律に帰着するにすぎない。右に挙げられた法の定義は、ルソー[89]以来とくに広まったひとつの見解を含んでいる。それは、意志といっても即自的かつ対自的に存在する理性的な意志としてではなく、精神といっても真の精神としてではなく、特殊的な個人としての精神が、そして個人特有の恣意のかたちでの個人の意志としての意志が、実体的な基礎であり、第一のものでなくてはならないということである[90]。この原理がいったん認められると、理性的なものは、もちろんただこうした自由に制限を加えるものとして現れてこざるをえず、同様にまた、内在的に理性的なものとしてではなく、もっぱら外面的で、形式的な普遍的なものとして現れてこざるをえない。右の見解は、思弁的な思想をまったく欠いており、また哲学的概念によって拒否されているのであるが、しかしまた、ひとびとの頭脳のなかに、そして現実において、もろもろの恐ろしい現象を生みだしもした。この現象の恐ろしさは、これらの現象がもとづいていた思想の浅薄さにふさわしいものなのである[91]。

三〇

法は、何か総じて神聖なものであるが、それは、もっぱら法が絶対的概念の定在であり、自己意識的な自由の定在であるからである。——しかし、自由の概念の展開の相違から、法（そしてさらには義務[92]）の形式主義が生じる。より形式的な、すなわち、より抽象的で、それゆえにより制限された法に対して、精神がみずからの理念のうちに含まれているさらにたち入った諸契機を自分のうちで規定し、現実化しているような、この精神の領域と段階は、より具体的で、それ自身においてより豊かで、より真実に普遍的なものとして、まさにそれゆえにまたより高次の法をもっている。

自由の理念の展開の各段階は、それぞれ固有の法をもっている。なぜなら、各段階は、自由の、その固有の諸規定のひとつにおける定在だからである。道徳や人倫と法との対立ということが語られる場合には、法ということばで、単に最初の、抽象的な人格性の形式的な法だけが理解されているのである。道徳、人倫、国家利益はそれぞれ固有の法である。なぜなら、これらの形態のいずれもが自由の規定であり、自由の定在であるからである。これらが相互に衝突するのも、これらが、法であるという同じ線上に並びたつかぎりにおいてである。もしも精神の道徳的立場がひとつの法でないならば、つまり、自由の諸形式のひとつにおける自由でないならば、道徳が人格性の法や、ほかの法と衝突することはまったくありえないであろう。なぜなら、およそ法は、精神の最高の規定である自由の概念を含んでいるのであり、この自由の概念と比べるならば、爾余のものはすべて実体のないものだからである。しかし、衝突は同時にまた別の契機をも含んでいる。それは、衝突は制限を加えるものであり、これによってひとつの法は他の法に従属してもいるという契機である。世界精神の法だけが無制限に絶対的なものである。

三一

学問における、概念が自分自身からみずからを展開し、そうすることで自分の諸規定をもっぱら内在的に発展させ、産出するという方法は、すなわち、さまざまな諸関係が存在しているということをまず断言し、しかるのちに、そのような、ほかのところから取り上げられた素材に普遍的なものを適用することによっておこなわれるのではない進行は、ここでもまた[93]論理学によって前提されている。

普遍的なもののさまざまな特殊化を解消するだけではなくて、こうした特殊化をまた産出するものとしての、概念の運動する原理を、私は弁証法と名づけている。——したがって、これは、感情など総じて直接的な意識にあたえられた対象や命題などを解体し、混乱させ、あちらこちらへと引っ張り回して、もっぱらその反対を導きだすことだけをこととするような意味における弁証法ではない。——つまりプラトンにおいてもしばしば現れているような否定的な仕方のものではない[94]。弁証法は、ある観念の反対をその究極の成果とみなしたり、古代の懐疑論のように大胆にある観念の矛盾をその究極の成果とみなしたり、あるいはまた、弱々しい仕方で真理へ漸進するといった現代式の中途半端なものをその究極の成果とみなすこともありうる[95]。概念のより高次の弁証法は、規定をただ単に制限や反対物として産出し、把握するのではなく、規定から積極的な内容や成果を産出し、把握するのであり、そしてこのことによってのみ規定は展開し、内在的に発展するものとなるのである。このとき、この弁証法は、主観的な思惟の外面的な活動ではなく、有機的にその枝葉や果実をあれこれ生みだす、内容固有の魂なのである。理念の理性の固有な活動としての、理念のこの展開を、主観的なものとしての思惟は、自分の方から何かをつけ加えるということをせずに、ひたすら傍観するのである。あるものを理性的に考察するということは、対象にそとから理性をもち込んで、これによって対象を加工することをいうのではない。対象はそれ自身で理性的なのである。ここでは、現実性があたえられ、現存在する世界として産出されるのは、自由においてある精神、自己意識的な理性の最高の頂点である。学問は、もっぱら、ことがらの理性のこの固有の仕事を意識にもたらすことを任務とするにすぎない。

三二

概念の展開におけるもろもろの規定は、一方では、それ自身もろもろの概念であるが、他方では、概念が本質的には理念として存在するところから、それらの規定は定在の形式をとって存在する。それゆえに、みずからを生みだしてゆくもろもろの概念の系列は、同時にもろもろの形態の系列である。概念の展開におけるもろもろの規定は、学問においては、このように考察されなければならない。

より思弁的な意味では、ある概念の定在の仕方とその概念の規定性とは同一である。ただし、注意すべきなのは、よりいっそう規定された形式をその成果として生みだすようなもろもろの契機は、理念の学問的な展開においては、概念のもろもろの規定として、この概念に先行するが、しかし形態としての時間的な展開にあっては、概念に先行しないということである。こうして、たとえば、家族として規定されているような理念は、概念のもろもろの規定を前提としているのであって、以下で、その諸規定の成果として、この理念は叙述されることになるであろう。しかし、この内的な諸前提は、またそれぞれに所有権、契約、道徳などという形態としてすでに現存しているのであり、このことが展開の別の側面をなしているのである。展開の諸契機が固有の仕方で形態化されたこうした定在に到達するのは、もっぱらより高次に完成された文化形成の段階においてのことなのである。

補遺《概念の、学問における展開と定在する諸形態における展開》　理念は、始元にあっては単に最初の抽象的な概念にすぎないから、みずからを自分のうちでさらにたち入って規定しなければならない。しかし、この始元にある抽象的な概念は、決して放棄されるのではなく、もっぱら自分のうちでいっそう豊かになるにすぎない。したがって、最終的な規定がもっとも豊かな規定であるということになる。このことによって、以前にあっては単に即自的に存在するにすぎなかったもろもろの規定が、それぞれ自由な自立性を獲得するようになるのであるが、しかしそれは、概念がいっさいのものを総括する魂[96]であり、この魂がもっぱら内在的なやり方によってそれ自身のもろもろの区別に達するという仕方でおこなわれる。それゆえに、概念が何か新しいものを獲得するとはいえないのであって、最終的な規定は最初の規定とふたたび一致して統一されるのである。

たとえ概念がその定在においてはばらばらに割れているようにみえても、これはまさに仮象にすぎないのであり、そして仮象であることは、進行中に証示されるのである。というのも、すべての個別的なものは、最終的には、普遍的なものの概念のうちにふたたび還帰するからである。もろもろの経験科学にあっては、通常、表象のうちにみいだされたものが分析される。それからつぎに、個別的なものを共通するものに連れもどしたとき、この共通するものが概念とよばれる。しかし、われわれはこのような手つづきを踏まない。というのも、われわれはもっぱら、概念がそれ自身をいかに規定してゆくかを傍観しようとするだけであって、われわれの思い込みや思惟からは何ひとつつけ加えまいと自制するからである。ところで、このような仕方でわれわれが手にするものは、もろもろの思想の系列と定在するもろもろの形態という別の系列であるが、このもろもろの形態においては、これらが現実のうちに現象する時間の順序はときに概念の順序とは異なることが起こりうる。だから、たとえば、所有が家族よりまえに定在していたということはできないが、それにもかかわらず所有は家族に先だって論じられるのである。そういうと、ここに、どうしてわれわれは最高のものから、つまり具体的に真なるものからはじめないのか、という問いが提起されるかもしれない。答えはつぎのようになろう。すなわち、われわれがまさに真なるものを成果という形式のうちにみようとするかからであり、これがためにはまず抽象的な概念そのものを把握することが本質的に必要だからである。したがって、現実に存在するもの、つまり概念の具現した形態は、それがたとえ現実そのものにおいては最初のものであっても、われわれにとっては後続のものであり、あとの段階に属するものである。われわれの進行は、もろもろの抽象的な形式がそれだけで存立するものではなく、それが真ならざる形式であることをみずから証示するようになる進行なのである。〈ホトーより〉

区分

三三

即自的かつ対自的に自由な意志の理念の展開の段階行程にしたがって、意志は、

Ａ　直接的である。それゆえに、意志の概念は抽象的であり、つまり人格性である。そして意志の定在は直接的で外的な物件である。——これが、抽象的な法の圏域であり、あるいは形式的な法の圏域である。

Ｂ　外的な定在から自分のうちに反省することで、普遍的なものに対して主観的な個別性として規定された意志である。――この普遍的なものは、一方では内面的なものとして善であり、他方では外面的なものとして現存する世界である。そしてこの両者は、ただ相互によって媒介されているものとしての理念の両側面である。すなわち、その分裂のうちに、あるいは特殊的な現存在のうちにある理念、つまり、世界の法との、そして理念の、とはいえただ即自的に存在するにすぎない理念の法との関係における主観的な意志の法である。――これが、道徳の圏域である。

Ｃ　これら二つの抽象的な契機の統一であり、真理である。――善の思惟された理念は自分のうちに反照した意志と外的な世界とにおいて実現されている。――その結果、実体としての自由は、主観的な意志としてと同様に、現実性および必然性としても現存在している。――この即自的かつ対自的に普遍的な現存在における理念――これが、人倫である。

しかし、人倫的な実体は同様に、

(a)自然的精神――家族であり、

(b)分裂と現象においてある人倫的実体――市民社会であり、

(c)特殊的意志の自由な自立性のうちにありながら同様に普遍的で客観的な自由と

して、国家である。――こうした現実的で有機的な精神は、（α）ある民族の精神であり、（β）各々の特殊な民族精神のあいだの関係を通じて、（γ）世界史のうちで、普遍的な世界精神としてみずからを実現し、開示する。この世界精神の法こそが、最高の法である。

あることがらないしは内容が、最初に、その概念に即して定立された場合、いいかえれば、即自的に存在する姿において定立された場合、そのことがらや内容が直接性あるいは存在の形態をもつということは、思弁的論理学から前提されている。概念という形式において対自的に存在する概念は、これとは別であって、もはや直接的なものではない。――同様に、ここでの区分を規定する原理も前提されている。(98) この区分は、本書の各部分の史的な列記による予告ともみなされよう。というのも、さまざまな段階は、理念の展開の諸契機として、内容の本性そのものから生じざるをえないからである。哲学的区分は、総じて、外面的な分類、つまりあるひとつの、ないしは複数の採用された区分根拠にもとづいて、現存する素材をそとから分類するようなものではない。そうではなくて、概念そのものの内在的な分化なのである。――道徳と人倫とは、普通には同義語として通用しているが、本書では本質的に相違した意味において取り上げられている。(99) もっとも、普通の考えも、両者を区別しているように思われる。カントの用語法はとりわけ道徳という表現を用いているが、カント哲学の実践的な諸原理は徹底的にこの道徳の概念に制限され、それも人倫の立場を不可能なものにするだけでなく、実際人倫をはっきりと無に帰し、憤慨させさえもするのである。しかし、たとえ道徳と人倫とが語源的には同義語(100)であるとしても、このことは、これらの何といっても相違していることばを、相違した概念のために用いることを妨げはしないであろう。

補遺《自由の実現の段階順序》　われわれは、ここで法について語るのであるが、その場合、われわれは普通このことばのもとで理解されているような市民法だけを念頭においているのではない。道徳、人倫、そして世界史も、同様にこの法というものに属するのである。なぜならば、概念がもろもろの思想を真理に即して総括するからである。自由意志は、抽象的なものにとどまらないために、さしあたって自分に定在をあたえなくてはならない。そしてこの定在の最初の感性的な素材がもろもろの物件、すなわち外的な物である。自由のこの最初のあり方が、われわれが所有として知ることになるはずのあり方であり、形式的で抽象的な法の圏域である。この圏域には、また契約としての媒介された形態における所有も、そして毀損された法も犯罪や刑罰として、属するのである。ここでわれわれがもつ自由は、われわれが人格とよぶものであり、すなわち自由で、しかも対自的に自由であって、そしてもろもろの物件において自分に定在をあたえる主体のことである。しかし、定在のこの単なる直接性は、自由にとってふさわしいものではない。そして、この規定の否定が道徳の圏域である。私はもはやこの直接的な物件において自由であるにすぎないのではなく、この直接性が揚棄されたあり方においてもまた自由である。すなわち、私自身において、主体的なもののうちで自由である。この圏域においては、外面的なことはどうでもよいこととされてしまうので、私の洞察や意図、そして私の目的が問題となる。ここで普遍的な目的である善は、しかし、ただ単に私の内面的なものにとどまっていてはならず、実現されなければならない。すなわち、主体的な意志は、自分の内面的なもの、つまり自分の目的が外的な定在を獲得することを、したがって善が外的な現存在において完遂されるべきことを要求する。道徳は、これに先だつ形式的な法の契機とともに、二つながら抽象化であって、人倫がはじめて両者の真理なのである。かくして人倫は、概念においてある意志と、個人の、すなわち主体の意志との統一である。人倫の最初の定在は、ふたたび自然的なもの、愛と感情の形式においてある自然的なもの、すなわち家族である。ここでは個人は自分の頑なな人格性を揚棄して、その意識もろともひとつの全体のなかにあるのである。しかし、これにつづく段階においてみられるのは、本来の人倫そして実体的統一の喪失態である。家族は崩壊し、そして、家族の成員は相互に自立した者として関係し合う。いまやおたがいがもつさまざまな欲求の紐帯だけが彼らを絡み合わせるにすぎないからである。この市民社会の段階はしばしば国家とみなされてきた。しかし、国家はようやく第三の段階であり、個人の自立性と普遍的な実体性とのとてつもなく大きな統合がみられる人倫、そして精神である。したがって、国家の法は他の諸段階に比してはるかに高い。それは、もっとも具体的に形態化された自由であって、これはただ世界精神の最高の絶対的な真理のもとに服属するにすぎない。

第一部　抽象法

三四

即自的かつ対自的に自由な意志も、この意志がその抽象的概念においてある場合には、直接性〔無媒介性〕という規定のうちにある。この直接性という規定からすれば、この即自的かつ対自的に自由な意志は実在性に対して否定的で、もっぱら抽象的に自分と関わるにすぎない意志の現実性であり、――一個の主体の、自分のうちにある個別的な意志である。意志の特殊性の契機からすれば、この意志はさらにもろもろの規定された目的からなる広汎な内容をもち、また同時に、排他的な個別性として、この内容を外的で直接に眼前にみいだされる世界として、みずからのまえにもっている。

補遺《意志の抽象性と直接性》　即自的かつ対自的に自由な意志も、この意志がその抽象的概念においてある場合には直接性の規定のうちにあると語られるとき、このことばのもとでつぎのことが理解されなければならない。すなわち、意志の完成された理念とは、概念が完全にみずからを実現した状態であり、そして、この状態においては、概念の定在は概念自身の展開以外の何ものでもないということである。しかし、はじめにあっては、概念は抽象的である、つまりいっさいの諸規定はなるほどたしかに概念のうちに含まれてはいるが、しかしそれは単に含まれているにすぎない。これらの諸規定は、単に即自的なものにすぎず、まだ自分自身において総体性にまで展開してはいない。私が、私は自由であるという場合、自我はまだいかなる対立も欠いた自己内存在であるが、これに対して道徳的なものにおいてはすでにひとつの対立[1]がある。というのは、そこでは私は個別的意志として存在するが、善はそれがたとえ私自身のうちにあるとしても普遍的なものだからである。ここでは、こうして意志はすでにそれ自身において個別性と普遍性とのもろもろの区別項をもち、それによって規定されている。しかし、はじめにおいては、このような区別は現存しない。というのも、最初の抽象的な統一のうちには、なおいかなる進行もいかなる媒介も存在しないからである。こうして意志は直接性の形式、存在の形式のうちにあるのである。ところで、ここで獲得されなければならないはずの本質的な洞察は、この最初の無規定性自身が、規定性であるということである。というのは、この無規定性は、意志と意志の内容とのあいだに何の区別も存在しないということのうちになりたつのであるが、しかし、この無規定性自身、規定されたものに対立させられたものとして、ひとつの規定されたものであるという規定のうちに陥るからである。抽象的同一性とは、ここでこの規定性をなすものにほかならないのである。このことによって、意志は個別的意志――人格となるのである。〈ホトーより〉

三五

この対自的に自由な意志の普遍性は、形式的な普遍性、つまり自己意識的ではあっても、その他の点ではみずからの個別性において無内容で単純な自己関係である。――このかぎりで主体は人格である。(2)(3)人格性のうちには、私がこのものとしてあらゆる面において（内面的な恣意や衝動や欲望においても、直接的で外面的な定在に即しても）完全に規定され、有限でありながら、それでいてまったく純粋な自己関係であるということ、そして有限性のうちにありながら私を無限なもの、普遍的なもの、自由なものとして知っているということが属している。

人格性がまずはじまるのは、主体が、ただ単に、具体的で何らかの仕方で規定された自我としての自分について自己意識一般をもつことによるのではなく、むしろ、いっさいの具体的な制限や妥当性が否定されていて通用しないような、完全に抽象的な自我としての自分についての自己意識をもつかぎりにおいてである。それゆえに、人格性のうちには、自分を対象として知るということ、それも、思惟によって単純な無限性のうちへと高められ、そのことによってみずからと純粋に同一となった対象として知るということが属している。諸個人や諸民族は、彼らがみずからについてのこの純粋な思惟と知にまだ到達していないかぎり、まだいかなる人格性も有していない。即自的かつ対自的に存在する精神が現象する精神から区別されるのは、まさにつぎの点においてである。すなわちそれは、現象する精神は自己意識つまり自己についての意識にほかならないが、しかしそれもただ自然的意志およびそれのいまだ外的な諸対立にしたがってそうであるにすぎないというまさにその規定において(『精神の現象学』、一八〇七年、バンベルクおよびヴュルツブルク刊、一〇一頁以下と、『哲学的諸学のエンチュクロペディー』三四四節)[4]、この現象する精神が、抽象的でしかも自由な自我としての自分を対象と目的とし、そのことで人格となるという点においてである。

補遺《人格の概念の高さと低さ》 対自的に存在する意志、すなわち抽象的な意志が、人格である。人間の最高のことは、人格であることである。しかし、それにもかかわらず、単なる抽象化としての人格は、すでにその表現において、貶《おとし》められるべきものである。人格は主体とは本質的に異なる。というのは、いかなる生けるものも総じて主体であるゆえに、主体とは単に人格性の可能性にすぎないからである。だから、人格は主体ではあっても、こうした主体性が対自的なものに、つまり自覚されたものになっている主体である。というのは、人格においては、私は端的に私に対して、つまり対自的に存在するからである。人格は、純粋な対自存在における自由の個別性である。このような人格として、私は私が自分自身において自由であることを知り、こうしていっさいのものを捨象することができる。なぜならば、私のまえには純粋な人格性以外の何ものも存在しないからである。しかも、それでいて、私はこのものとして完全に規定されたものでもある。私はかくかくの年齢であろうし、しかじかの背丈であろうし、この空間にいるだろうし、そのほか特殊性として数え上げることができる何ものかでありうるからである。こうしてあるひとの人格は高いものであると同時に、まったく低いものでもある。人格のうちには、この無限的なものと端的に有限的なものとの統一が、規定された限界と徹底的に限界を欠いたものとの統一が属している。このような矛盾、自然的なものがみずからのうちにもつことはなく、また受け入れることもできないようなこの矛盾に耐えることができるところに、人格の高さがある。〈ホトーより〉

三六

1　人格性は、総じて法的能力を含み、そして抽象的で、それゆえに形式的な法の概念と法のそれ自身抽象的な基盤をなす。それゆえに、この法の命令は、こうである。一個の人格であれ、そしてもろもろの他人を人格として尊重せよ。

三七

2　意志の特殊性は、たしかに意志としての意識全体の契機ではある(三四)。しかし、それは抽象的な人格性そのもののうちにはまだ含まれていない。それゆえに、意志の特殊性は、たしかに現存はするが、しかし、人格性すなわち自由の規定からはなお区別されたもの、欲望、欲求、衝動、偶然的な好悪などとして現存するにすぎない。——それゆえに、形式的な法(5)において問題となるのは、特殊的な関心、私の利益や私の幸福ではない。——同じく私の意志の特殊的な規定根拠、つまり洞察や意図でもないのである。

補遺《権能としての形式的法》　特殊性が人格のうちではまだ自由として現存していないのであるから、特殊性に関わるようなものは、いっさい、ここではどうでもよいものである。だからといって、誰かが自分の形式的な法、権利以外には何ら関心を払わないとしたら、これは偏狭な心や心情のもち主にしばしばみられる、まったくのわがままになりかねないものである。というのは、高尚な心ならば、問題となっていることがらがなおそのほかの側面としてもっているものを顧慮するのに対して、粗野な人間はもっとも頑固に自分の法、権利を主張するからである。こうして抽象的な法は、ただはじめにあっては単なる可能性にすぎないのであり、そのかぎりで諸関係の全範囲に対して形式的なものである。それゆえに、法の規定は、ひとつの権能をあたえはするが、しかし、私が私の法、権利を追求することは絶対的に必然的であるわけではない。私の法、権利は全関係の一側面にすぎないからである。すなわち、可能性は存在ではあるが、存在しないこともありうるという意味をもつ存在なのである。〈ホトーより〉

三八

具体的な行為や道徳的および人倫的な諸関係との関係でいえば、これらのいっそう進んだ内容と対比して、抽象的な法は単に可能性にすぎず、それゆえに、この法の規定は、単に許可ないしは権能にすぎない。この法の必然性は、この法の抽象性という根拠にもとづいて、人格性とそれから帰結するものを侵害しないという否定的なものにかぎられる。それゆえに、法的禁令が存在するだけであって、法の命令の肯定的な形式も、その形式の究極的な内容に即すれば、禁止を根底においているのである。

三九

3　人格の、決定を下す直接的な個別性は、眼前にみいだされる自然に対して関係する。かくして意志の人格性は主体的なものとしてこの自然に対立する。しかし、自分のうちで無限にして普遍的なものであるこの人格性にとっては、単に主体的であるという制限は矛盾し、無意味である。人格性はこの制限を廃棄して、自分に実在性をあたえようとする、あるいは同じことであるが、かの自然的な定在を自分自身の定在として定立しようとする活動をするものである。

四〇

法は、まず第一に、自由が直接的な仕方でみずからにあたえる直接的な定在、すなわち、

（a）占有である。[6]これは、自分のものという意味の所有である。[7]――ここでは、自由は抽象的意志一般の自由、いいかえれば、まさにそれによって、ただ自分を自分にのみ関係づける一個の個別的な人格の自由である。

（b）人格は自分を自分から区別することで他の人格に関係する。しかも、どちらの人格も、ただ所有者として、たがいに定在をもっている。両者の即自的に存在する同一性は、一方の所有が他方の所有へと、共通の意志により、両者ともに権利を保持したままで――すなわち契約において――移行することによって、現存在を獲得する。[8]

（c）意志、すなわち（a）自分との関係のうちにあって、他の人格（b）から区別されるのではなく、自分自身のうちで区別されるものとしての意志、こうした意志は、即自的かつ対自的に存在する意志としての自分とは異なり、この自分と対立する特殊的意志としては、不法と犯罪である。[9]

法を、ひとともののの法と、訴訟の法とに区分するのは(10)、他の多くの同じような区分と同様に、さしあたっては当面する非有機的なばらばらの多くの素材を、外面的にせよ、ひとつの秩序にもたらそうとする目的をもっている。この区分の場合には、とりわけ家族や国家といった実体的な諸関係を前提にする法と、単なる抽象的な人格性に関係する法とを、ごちゃごちゃに混同してしまうという混乱がつきものである。カントをはじめ多くのひとびとによって好まれてきた、法を、物件法と人格法と物件的人格法の三種の法に区分する仕方は(11)、こうした混乱に属する。ローマ法の基礎になっている、ひとの法とものの法への区分のうちにみられる偏見と概念の欠如とについて詳細に展開することは(訴訟法は司法に関することであり、したがってここでの分類には属さない)、あまりにも煩瑣にわたることであろう。これまでのところでもあきらかなことは、人格性だけが物件に対する法上の権利をあたえるのであり、したがって、人格上の法、権利が、本質的には物件法であるということ、――そして、このさいの物件とは、総じて自由にとって外的なもの、私の肉体も私の生命もそこに属する外的なものという一般的な意味におけるものであるということである。ものの法は、人格性そのものの法なのである。しかし、ローマ法でひとの法とよばれるものについていえば、そこでは人間は何らかの地位、身分(*status*)を具えているとみなされることによってはじめて人格でありうるのである（ハイネキウス『市民法要綱』［一七二八年］七五節）[12]。したがって、ローマ法では人格性そのものさえもが、奴隷と対比させられたうえでの、単なる地位、身分や状態でしかないのである。だからローマ法でひとの法とよばれるものの内容は、奴隷――おそらく子どもも実質的には奴隷のうちに含まれたであろうが――に対する法と法的無権利つまり公民権消失(capitis diminutio)の状態を除けば、家族諸関係に関わるものである。カントにいたっては、家族諸関係は物件的人格法となっている[13]。――それゆえに、ローマ法でのひとの法は、人格であるかぎりでの人格の法ではなくして、特定の人格の法にすぎないのである。――家族関係が、むしろ、人格性の放棄をその実体的な基礎としていることについてはのちにあきらかになるであろう。ところで、特別に規定された人格の法の方を人格性の普遍的な法に優先するものとして取り扱うことは、どうみても転倒したものにみえるだろう。――カントのもとでは人格法は、私が何かをあたえ、何かを給付するという契約から生じる法である。――それは、ローマ法における、債権(*obligatio*)[14]から生じるものへの権利(*ius ad rem*)である。契約にもとづいて給付しなければならないのはただ人格のみである。それと同様に、このような給付に対する法的権利を取得するのもただ人格のみである。しかし、それゆえにこそ、このような法、権利を人格法とよぶことはできないであろう。いかなる種類の法も権利もただ人格にのみ帰属する。そして客観的には、契約にもとづく法的権利は、人格に対する法的権利ではなくして、人格にとって外的なもの、すなわち人格によって譲渡されるべきあるもの、つねに物件に対する法的権利にすぎないのである(15)。

第一章　所　有

四一

人格は、理念として存在するためには、自分にみずからの自由にとっての外的な圏域をあたえなければならない。人格は、即自的かつ対自的に存在する無限の意志が、最初のまだまったく抽象的な規定においてあるものであるがゆえに、このような無限の意志からは区別されて、この意志の自由の圏域をつくりだしうるものの方も同様に、この無限な意志とはまずは直接的に相違したもの、そしてこの意志からまずは直接的に分離可能なものとして規定されている。

補遺《所有の理性的本性》　所有の理性的な点は、もろもろの欲求の充足のうちにあるのではなく、人格性の単なる主観性が揚棄されるところにある。所有において、はじめて、人格は理性として存在するのである。たとえこの私の自由の最初の実在性が外的な物件のうちにあり、したがって粗悪な実在性であるとしても、抽象的な人格性は、まさにその直接性においては、直接性という規定のうちにある定在以外はもちえないのである。〈ホトーより〉

四二

自由な精神と直接的に異なるものは、この精神にとっても、それ自体としても、総じて外的なものであり、——物件、自由ならざるもの、非人格的なもの、法も権利も欠いたものである。

物件のドイツ語ザッヘ(Sache)は、客観的なものということば(das Objektive)と同じように、相対立する意義を具えている。ひとつは、それが問題のことがら(ザッヘ)だ、問題は事実(ザッヘ)であって、ひとではないと語られる場合のことで、実体的なものという意義をもつ。もうひとつは、人格(つまり特殊的な主観などではない)に対抗して語られる場合で、このときには物件(ザッヘ)は実体的なものの反対物であり、その規定からしてもっぱら外的なものにすぎない。——単なる意識からはたしかに区別されなければならない自由な精神にとって、外的なものは、即自的かつ対自的に外的なものである。それゆえに、自然の概念規定は、自然それ自身において外的なものであるということになる。

補遺《外的なもの》 物件から主体性が失われているとき、物件はただ単に主体に対して外的なものであるにとどまらず、それ自身に対しても外的なものである。空間と時間とは、こうした仕方で外的である。私は、感性的なものとしては、自分自身で外的であり、空間的および時間的に存在する。私は感性的直観をもっているので、私は、そのもの自身に対して外的であるものについての直観をもつのである。動物も直観することはできる。しかし、動物の霊魂は霊魂を、すなわち自分自身を対象とはせず、外的なものを対象とするだけである。〈ホトーより〉

四三

人格は、直接的な概念として、したがってまた本質的に個別的な人格［として］、自然的な現存在をもっている。それは、一面ではこの個別的な人格自身においてある現存在であり、他面ではこの人格が関わる外的世界としての現存在である。——まだそれ自身最初の直接性のうちにあるこの人格のもとでは、直接的に生じる諸物件のみが問題となるのであって、意志の媒介を通して生じうるような諸規定が問題になるのではない。

精神的な技量、学問、芸術、さらに宗教的なもの(説教、ミサ、祈禱、聖別された諸物への祝福)ですらも、また発明品なども、契約の諸対象や、売買という仕方等々で承認された諸物件と同一視される。しかし、芸術家や学者などが自分の芸術や学問を法律的に占有しているのかどうか、説教をおこなったり、ミサを読誦したりする能力などを法律的に占有しているのかどうか、いいかえるならば、こうした諸対象が物件であるかどうかは、疑問が付されてしかるべき問題であろう。おそらく、こうしたもろもろの技量や知識や能力などを物件とよぶことには、ひとは躊躇を覚えることであろう。というのは、こうした占有物については、一方では、物件として取り扱われ、契約もなされるが、しかし他方では、こうした占有物は内面的で精神的なものであるから、こうした占有物を法律的に性質決定するとなると悟性は困惑に陥らざるをえないからである。悟性にとっては、(ちょうど、あるものが無限か、それとも有限か、という対立関係と同様に)あるものは物件か、それとも物件でないか、という対立しか念頭にはないからである。もろもろの知識や学問や才能などが、自由な精神に固有なものであり、自由な精神に内面的なものであって、外的なものではないことはいうまでもないが、しかし同様に、自由な精神は、これらのものに外化を通して外的な定在をあたえることができるのであり、これらのものを譲渡することもできるのであり(16)（六五以下をみよ）、そのことによって、これらのものも物件の規定のもとにおかれるのである。こうして、これらのものは最初にあっては直接的なものではないが、みずからの内面的なものを直接性と外面性にまで貶める精神の媒介によってはじめて直接的なものになるのである。——ローマ法の不法な非人倫的な規定によれば、子どもたちも父親にとっての物件であった。したがって、父親は自分の子どもたちを法律的には占有しながら、それでいて、いうまでもないことだが、子どもたちを愛するという人倫的な関係にもあったのである（たとえ、この人倫的関係がかの不法によってははだ弱体のものにならざるをえなかったとしても）。そこには、物件であって、物件ではないという、二つの規定のはなはだ不法な一体化がみられたのである。——抽象的な法は、人格を単に人格として対象とするとともに、定在に、また人格の自由の圏域に属する特殊的なものを、それが人格から分離可能であり、直接的に異なったものであるかぎり、対象とする、——このさい、この分離可能とか、異なったものということが、この特殊的なものの本質的な規定をなしていることもあれば、その特殊的なものがこうした規定を主体的な意志の媒介によってはじめて獲得することもあるのだが――。この抽象的な法においては、精神的なもろもろの技量や学問などは、もっぱらこれらの法律的な占有という側面において考察されるにすぎない。すなわち、教養や研究や習熟などを通して獲得され、精神の内面的所有となった、肉体や精神にとっての占有物は、ここでは取り扱われないのである。もっとも、こうした精神的な所有物の外面性への移行、すなわちこの外面性において、それが法律的に合法的な所有物の規定のもとに属することになる移行については、譲渡の場面ではじめて論じられるはずである。

四四

人格はどんな物件のうちにも自分の意志をおき、これによってその物件が私のものとなるという法的権利を自分の実体的な目的としている。というのも、物件はそれ自身のうちにそのような目的をもたず、その物件の規定と霊魂に関しては私の意志をそれとして受け取るからである。――これがいっさいの物件に対して人間がもつ絶対的な取得権、(17)である。

直接的で個別的な物や、非人格的なものに、自立性とか、真にそれだけで自己充足している存在という意味での実在性を帰属させるような自称哲学[18]や、同様に、精神は真理を認識することができず、物自体がいかなるものかを知りえない、ということを断言するような自称哲学[19]は、これらの諸物に対する自由な意志のふるまいによってすぐさま反駁される。意識や直観や表象にとって、いわゆるそとにある物が自立性の仮象をもつとすれば、これに対して、自由意志は観念論[20]であり、こうした現実性の真理である。

補遺《意志の観念論》　いっさいの諸物を人間は自分のものとして所有することができるが、それは人間が自由意志であり、このようなものとして即自的かつ対自的に存在するのに対して、人間に対立して存在するものは、こうした特質をもっていないからである。こうして、いかなる人間も自分の意志を物件とする権利、ないしは物件を自分の意志とする権利をもっている。いいかえるならば、いかなる人間も物件を揚棄[21]して自分の物件につくり変える権利をもっている。なぜならば、外面性としての物件は、いかなる自己目的ももたず、自分自身へのその無限な関係ではなく、それ自身にとって外的なものだからである。生きもの(動物)もまたこうした外的なものであるかぎりで、それ自身ひとつの物件である。ただ意志のみが無限なものであり、他のいっさいのものに対して絶対的なものであるのに反して、他のものはそれ自身としては単に相対的なものにすぎないのである。取得して自分のものにするということは、根底においては物件に対する私の意志の優位をもっぱら顕示することであり、物件が即自的かつ対自的に存在するものではなく、自己目的ではないことを明示することにほかならない。この顕示は、物件が直接にもっていたのとは異なった目的を私が物件のうちにおくことによって生じる。私は生きものにも、この生きものが私の所有物であるかぎりで、この生きものがもっていたのとは異なる霊魂をあたえる。つまり私はその生きものに私の霊魂をあたえるのである。自由な意志は、こうして、あるがままの諸物を即自的かつ対自的に存在するものとは考えない観念論である。他方それに対して、実在論は、たとえ諸物がもっぱら有限性の形式において存在するとしても、それらを絶対的なものとして説明する。しかし、動物にしてすでにこうした実在論的な哲学をもってはいない。なぜならば、動物は諸物を食い尽くし、それによってこれらの物が絶対的に自立しているわけではないことを証明しているからである。〈ホトーより〉

四五

私が何ものかを私自身の外的な支配力のうちにもつということが占有を形成するのと同様に、私が何ものかを自然的な欲求やもろもろの衝動や恣意にもとづいて私のものにするという特殊的側面が、占有の特殊な関心となる。しかし、自由な意志としての私が、占有において私にとって対象的となり、そうなることでまたはじめて現実的な意志となるという側面が、占有における真実にして合法的なものであり、所有の規定をなすのである。

所有物をもつということは、欲求が第一のものとされるときには、それとの関係で欲求を充足する手段であるようにみえる。しかし、所有の真なる位置は、自由という見地からして、所有が自由の最初の定在として、本質的な目的それ自身であるということである。

四六

私の意志が、人格的な意志として、したがって個別者の意志として、所有物において私にとって客観的となるのであるから、所有物は私的所有という性格を具える。そして、その本性上個別化されて占有されることのできるような共同の所有物は、即自的には解体可能な共同性という規定をもつ。その共同性に私の分けまえをゆだねたままにするか否かの問題は、それだけとしてみれば、恣意のことがらである。

自然の元素的な諸対象の利用は、その本性からいって、私的な占有としてばらばらにされるわけにはゆかない。[22]——ローマのもろもろの農業法は、土地の占有に関し共同性と私的所有制とのあいだの闘争を含んでいる。この私的所有制は、他者の法的権利を犠牲にするものであったにもかかわらず、より理性的な契機として、優位を占めざるをえなかった。[23]——家族信託遺贈による所有は、人格性の権利、したがって私的所有の権利と対立するような契機を含んでいる。[24]しかし、私的所有に関する諸規定が、法のより高い領域である共同体や国家のもとに従属させられなければならないということもありうる。たとえば、いわゆる法人の所有や死手譲渡[25]における所有の場合の私[26]

的所有に関しては、そうである。こうしたことは例外とはいえ、偶然や私的な恣意や私的な利益に基礎づけられることはできず、もっぱら国家という理性的な有機体のうちで基礎づけられるのである。――プラトンの国家の理念は、私的所有が許されないという人格に対する不法を普遍的な原理として含んでいる。財の共同と私的所有の原理の追放をともなう、人間同士の敬虔な、あるいは友愛に満ちた、そしてそれ自身強制的な面すらある兄弟的な連帯という考えは、精神の自由や法の本性を誤認して、その本性をそれにふさわしく規定された諸契機のなかで正しく捉えないような志操のもち主には容易に思い浮かぶ考えである。道徳的ないしは宗教的な観点についていえば、エピクロスは、彼の友人たちが財の共同からなる同盟をつくろうと計画したとき、こうしたことは不信を証明するものであり、相互に信頼し合わないひとびとは友人ではないからという理由によって、この計画を中止させたということである（ディオゲネス・ラエルティオス『哲学者列伝』第一〇巻六）。

補遺《私的所有》　所有においては私の意志は人格的なものである。ところで、人格とは一個のこのものである。こうして所有はこの意志の人格的なものである。私が私の意志に所有を通して定在をあたえるのであるから、所有物もまた、このもの、私のものであるという規定をもたざるをえない。このことは、私的所有の必然性についての重要な教説である。あれこれの例外が国家によってつくられることがあるとしても、しかし、こうした例外をつくることのできるのはもっぱら国家だけである。もっとも、他方では、国家によって、しばしば、ことにわれわれの時代においては、私的所有が回復されている。たとえば、多くの国家は、共同体は究極的に所有に関して人格がもつようないかなる権利ももつことはできないという理由によって、修道院を正当にも廃止してしまっているのである。

四七

人格としては、私自身、直接的に個別者である。このことは、そのさらなる規定においては、さしあたり、私が、この有機的な肉体、すなわち内容的には私の普遍的で非分割的な外的定在であり、さらにたち入って規定されるすべての定在の実在的な可能性である有機的な肉体のうちで生きているということを意味する。しかし、同時に、人格としては、私は私の生命と肉体とを、そうすることが私の意志であるかぎりにおいてのみ、他の物件同様にもつ[27]のである。

私が対自的にすなわち自覚的に存在する概念としてではなく、直接的な概念として現存在するという側面にしたがうならば、私が生きており、有機的な肉体をもつということは、生命の概念に、そして霊魂としての精神の概念に基礎をもっている。――いいかえれば、自然哲学（『哲学的諸学のエンチュクロペディー』[28]二五九節以下、一六一節、一六四節、および二九八節参照）および人間学（同書、三一八節）から取られた諸契機に基礎をもっている。

私はこの四肢と生命とを私が意志するかぎりでのみもつ。動物は自分の手足や体の一部を傷つけて自分を不具にしたり、自殺したりすることはできないが、人間はできるのである。

補遺《動物の無権利》　動物はなるほど自分を占有してはいる。動物の肉体はその魂の占有するところとなっている。しかし、動物はそのことを意志してはいない以上、いかなる権利も生命に対してもってはいない。

四八

肉体が直接的な定在であるかぎり、肉体は精神にふさわしくない。精神によって意志をあたえられた器官であり、活性化された精神の手段であるためには、肉体は、まず最初に精神によって占有されなければならない（五七）。——しかし、他人にとっては、私は本質的に私が直接的にもつ肉体において自由な存在なのである。

私は自由な存在として肉体において生きているという理由からだけでも、この生きた定在は、役畜と取りちがえられることがあってはならない。私が生きているかぎり、私の霊魂（概念、そしてもっと高い段階でいえば自由な存在）と肉体とは切りはなされない。肉体は自由の定在である。そして、私は肉体において感じるのである。それゆえに、肉体が粗略に取り扱われ、人格の現存在が他人の暴力に服属させられても、物自体である霊魂には関係なく、それが侵されたわけでもないというように霊魂と肉体の区別をするのは、もっぱら理念を欠いた詭弁的な悟性なのである。私は私の現存在から自分のうちへと引きこもり、私の現存在を外的なものにすることができる——個々の感覚を私から遠ざけておいて、鎖のなかにあっても自由であることができる。

しかし、これは私の意志であって、他人にとっては、私は依然として私の肉体のうちにあるのである。定在において自由なものとしてのみ私は他人にとって自由である、ということは同一命題である（私の『論理学』第一巻四九頁以下をみよ）[29]。他人によって私の肉体に加えられた暴力は、私に加えられた暴力なのである。

私は感じることができる。それゆえに、私の肉体に触れたり、暴力を加えたりすることは、ただちに、つまり現実的に、そして現在において、私の気もちを害するのである。まさに、このことが、人格に対する侮蔑と私の外的な所有物に対する毀損とのあいだの区別をなすのである。私の所有物においては、私の意志はこうした直接的な現在と現実性のうちにはないのである。

四九

外的な諸物との関係において、私が所有物を占有するということは、理性的なことである。しかし、特殊的なものという側面は、主観的なもろもろの目的や欲求や恣意や才能、それに外的な周囲の事情など（四五）を包含している。そして、占有は、単なる占有としては、このような特殊的側面に依存している。しかし、こうした特殊的側面は、抽象的な人格性というこの圏域においては、まだ自由と同一ではない。[30] だから、私が何をどれだけ占有するかは、法的にはまったく偶然なことである。

人格性ということにおいては、複数の人格は、まだそれらのあいだに区別が生じていない場面において複数の人格について語ろうとするならば、平等である。しかし、このことは空虚な同語反復的な命題である。というのも、人格は抽象的なものとして、まさに何らまだ特殊化されておらず、規定された区別のうちに据えられたものではないからである。――平等は悟性の抽象的な同一性であって、反省的な思惟[31]や、それと並んでおよそ凡庸な精神が、統一と区別の関係に直面するとき、ただちに思いつくものである。この場面において平等といえば、抽象的な人格が抽象的な人格として具える平等であろう。したがって、占有に関するいっさいのこと、すなわち不平等の地盤は、まさにこの抽象的人格のそとに属することになろう。――土地の分配に関して、あるいはそのほかの現存する資産の分配に関して、平等をもとめる要求がこれまでもしばしばなされてきた。しかし、こうした要求は空虚で表面的な悟性のなすところであって、この悟性の空虚なこと、表面的なことは、このような特殊性には、外的な自然偶然性が属するだけではなく、無限の特殊性と差異性のうちにあるとともに有機体にまで発展した理性のうちにもある精神的本性の全範囲もまた属するだけに、いっそう甚だしいのである。[32]――占有や資産の不平等な分配について、自然の不公正をあげつらうわけにはゆかない。自然は自由なものではなく、それゆえに公正であることも不公正であることもないからである。すべての人間は自分の欲求を充足するためにそれなりの生計を維持しなければならないということは、一方では、道徳的な願望であり、また、このように無規定に語られると、たしかに善意からでた願望ではあるが、しかし単に善意から発したものが一般にそうであるように、何ら客観的なものではない願望である。他方では、生計は占有とは別のことであって、[33]別の圏域、つまり市民社会に属するのである。[34]

補遺《財の平等》　ひとが財の配分に関して導入したいと思っているかもしれない平等は、資産が勤勉に依存するところから、どっちみち短時日でふたたび壊されることになるだろう。ともかく、実行させられないことは、実行されるべきではない。というのも、人間はもちろん平等ではあるが、それは単に人格としてであって、つまり占有の源泉に関してのことにすぎない。この点からすれば、誰でも自分の所有物をもたなければならない。したがって、平等について語るとすれば、考察されなければならないのは、この平等である。しかし、特殊性の規定、つまり私がどれほどのものを占有するかの問いは、この平等のそとに属する。だから、この点で、正義は各自の所有が平等であるべきことを要求している、と主張することは誤りである。というのは、正義は単に、各自は自分の所有物をもたなければならない、ということを要求しているにすぎないからである。そしてむしろ、特殊性とは不平等がその場所をえるところのものである。そこで平等をいうのはかえって不法ということになるだろう。人間はしばしば他人の財を切望するということは、まったくその通りである。しかし、このことはまさしく不法である。というのは、法は、特殊性に関しては無関心にとどまるものだからである。〈ホトーより〉

五〇

物件が時間的にたまたま最初にこの物件を占有取得[35]した者に属するということは、第二番目の者はすでに他人の所有物であるものを占有することはできないのであるから、ただちに自明な、いわずもがなの規定である。

補遺《最初の占有獲得》　これまでの諸規定は、主に、人格は所有物のうちに定在をもたなければならない、という命題に関わるものであった。ところで、最初の占有獲得者がまた所有者でもあるということは、これまでいわれてきたことから帰結されることである。最初の者が合法的な所有者であるということは、彼が最初の者であるからではなく、彼が自由な意志だからである。というのも、彼が最初の者であるということは、他人が彼のあとにやってきてはじめていえることだからである。〈ホトーより〉

五一

所有物が人格性の定在であるためには、ある物が私のものであるはずであるという私の内面での表象と意志だけでは十分ではなく、これに加えて占有獲得が必要とされる。(36) このことによって私の意欲が獲得する定在は、他人によって認められうるということをうちに含んでいる。――私が占有取得しうる物件が無主物であるということは、（五〇における と同様に）あたりまえで、消極的な条件である。いいかえれば、それは、むしろ他人との予想された関係に関わっているのである。

補遺《占有の宣言》　人格が自分の意志を物件のうちにおくということは、まだやっと所有の概念であって、これにつづく段階が、この概念を実在化するのである。あるものを私のものであると語る私の内面的な意志活動は、他人によってもまた認められなければならない。私がある物件を私の物件とするということは、私がその物件に私の物件だということの述語をあたえることであるが、この述語は外面的な形式において物件に現れなければならず、ただ単に私の内面的な意志のうちにとどまるものであってはならない。子どもたちのあいだでは、他人の占有獲得に反対して、自分の方が先に欲していたということを強調することがよくある。しかし、大人の場合、こうした意欲だけでは十分ではない。というのも、主観性の形式が取り除かれ、客観性にまで仕上げられなければならないからである。

五二

占有獲得は、物件の質料を私の所有物となす。質料は、対自的に、すなわちそれだけで物件に固有のものというわけではないからである。

質料は、私に抵抗する(そして、質料とはもっぱら私に抵抗するということにすぎない)。すなわち質料は、その抽象的にそれだけで存在するという対自存在を私に示すが、単に抽象的な精神としての、すなわち感性的な精神としての私に示すにすぎない（逆に、感性的な表象の方は、精神の感性的な存在を具体的なものとみなし、理性的なものを抽象的なものとみなす）。しかし、意志と所有に関しては、質料がそれだけで存在するというこの対自存在は何ら真理をもつものではない。自然物を自分のものにすることができるという普遍的な法、権利は、外的なおこないとしての占有獲得を通して現実化されるのであるが、この占有獲得は、身体的な強さや、狡智や、技量といった、総じてひとがある何ものかを肉体によって手に入れるさいに媒介となるものの諸制約を免れない。自然物の質的差異に応じて、自然物の獲得と占有取得は、無限に多様な意味をもつとともに、無限の制限と偶然性とをもつことになる。ともかく、類[37]や自然の元素的なものそのものは、人格的個別性の対象ではない。人格的個別性の対象となり、獲得されうるためには、これらのものはまず個別化（空気の一息とか、水一呑みに）されなければならない。外的な類そのものと自然の元素的なものを占有取得することができないということに関しては、外面的物理的に不可能であるということが究極のこととみなされてはならず、意志としての人格がみずからを個別性として規定すると同時に、人格としての人格が直接的な個別性であるということ、それによってまた、直接的な個別性として、個別性としての外的諸事物に関わるということが、究極のこととみなされなければならない（**一三**注解、**四三**）。——それゆえに、獲得や外面的な占有は、多かれ少なかれ、かぎりなく無規定で不完全なものとなる。しかし、質料はつねに本質的な形式〔形相〕[38]抜きにはありえず、本質的な形式によってのみ質料はある何ものかである。私がこの形式をわがものにすればするほど、それだけいっそう私は物件を現実的に占有するようになるのである。食品を飲食して食べ尽くすということは、食品が食べ尽くされるに先だって食品として具えていた質的な自然本性のうちに浸透し、これを変化させることである。もろもろの技量を身に具えるように私の有機的な肉体を鍛えることは、私の精神を陶冶することと同じく、いずれの場合も多かれ少なかれ完璧な占有取得であり、浸透である。精神こそ私がもっとも完璧にわがものとすることのできるものである。しかし、このような占有獲得の現実性は、自由な意志によって完成されることになる所有そのものとは異なっている。たとえ外的な関係としての占有のうちにはなお外面性がのこっているとしても、この自由な意志に対抗して、物件は自分固有のものを自分だけで保持してはいないのである。所有物となっていても私のそとにあり、物件に固有なものでありつづけるといわれもする、もろもろの特質を欠いた質料という空虚な抽象物を思想は克服しなければならないのである。

補遺《占有の形式と質料》　フィヒテは、私が質料に形式をあたえたとき、この形式をあたえられた質料もまた私のものであるかどうか、という問いを提起している[39]。フィヒテにしたがえば、私が黄金から杯を製作した場合、他人が黄金を取ることは、これによってそのひとが私の労働を侵害しないかぎり、そのひとの自由に任されるということにならざるをえない。しかし、たとえ表象のうちでは分離可能なことでも、実際にはこうした区別をすることは空虚な屁理屈である。というのは、私が畑を占有して、これを耕作しているとき、ただ単に私が鋤《す》いた畝だけが私の所有物ではなくして、もっとそれ以上の、すなわちこの畝に必要な土地も私の所有物だからである。すなわち、私はこの質料を、全体を占有取得しようと意志するのである。したがって、質料はもち主なきままにとどまるのではなく、また質料それ自身にとどまるのでもない。というのも、たとえ質料は私が対象にあたえた形式のそとにとどまるとしても、その形式はまさに物件が私のものでなくてはならないという印だからである。したがって、質料もいつまでも私の意志のそとに、私が意欲したもののそとにとどまりはしない。それゆえに、そこには他人によって占有取得されるかもしれないようなものは何もありはしないのである。〈グリースハイムより〉

五三

所有は、意志の物件に対する関係のうちで、より詳細な規定をもつ。すなわち、この関係は、(α)意志が、肯定的なものとしての物件のうちに自分の定在をもつかぎりで、直接的に占有取得である。(β)物件が意志にとって否定的なものであるかぎりで、意志は否定されるべきものとしての物件のうちに自分の定在をもつ。——これが使用である。(γ)意志が物件から自分のうちに反照〔還帰〕する場合。——これが譲渡である。——これらのそれぞれは物件に対する意志の肯定判断であり、否定判断であり、無限判断である。(40)

A 占有取得

五四

占有取得は、ひとつは直接に肉体でもって獲得することであり、ひとつは形成することであり、ひとつは単に標識をつけることである。(41)

補遺《占有取得の仕方》 これらの占有取得の仕方は、個別性の規定から普遍性の規定への進行を含んでいる。肉体による獲得は、個別的な物件についておこなわれうるにすぎない。これに対して、標識をつけることは、表象による占有取得である。このさいには、私は物件について表象しながら関わり、そして単に私が肉体によって占有取得しうる部分だけではなく、物件がその全体において私のものであると考えている。〈グリースハイムより〉

五五

（α）肉体による獲得は、感性的な側面からすれば、私がこの占有のうちに直接に現存し、これによって私の意志がまた直接に認められるものともなっているのだから、もっとも完璧な仕方である。しかし、この肉体による占有取得は、総じて単に主観的にして、一時的なものであり、それが覆うもろもろの対象の範囲からいっても、また同じくもろもろの対象の質的な本性からいっても、きわめて制限されたものでしかない。——私があるものを占有するにあたり、それと別にすでに私自身のものとなっている物件とのあいだに生じうる連関、あるいはそのほか何かが偶然な仕方で入り込む連関によって、——さらにはもろもろのほかの媒介によって、この占有取得の範囲は若干は拡大される。

機械的な諸力や武器、もろもろの道具は、私の支配力の範囲を拡大してくれる。——一方では、私の土地が岸を濡らす海や川に面しているとか、私の不動産に狩猟や牧場やそのほかの利用に役だつ土地が隣接しているとか、私の耕地にはもろもろの石やほかの鉱床が眠っているとか、私の所有地のうちにまたは地下に財宝があるといった諸連関、あるいは堆積地[42]の類いや漂着物といったいわゆる自然追加物の一部のように、時間の経過のうちではじめて偶然に生ずる諸連関、こうした諸連関は、占有者が他人と比べてはるかに容易に、部分的には排他的といってもよいほどに物を占有取得し、利用できる可能性であるが、他方では、つけ加わったものは、これが付加されたた当の物件の非自立的な偶有性[43]とみなすことができる。——もっとも、このさい、自分の家畜の胎児(*Foetura*)となると、なるほど私の財産への追加ではあるが、しかし、これは、有機的な関係としては、私がすでに占有しているほかの物件への外面的付加ではないから、先に追加物といわれたものとまったく別の種類のものである——。総じて、概念や生命の働きを紐帯としないものは外的な結合でしかない。したがって、これらの関連は、それらに対する賛成根拠や反対根拠を呈示したり、考量したりする悟性の手にゆだねられるのであり、これらの関係がいかほどまでに本質的であるかあるいは非本質的であるかにしたがって決定を下す実定法の立法にゆだねられるのである。

補遺《肉体による占有取得》　占有取得は、まったく個別化された性質のものである。すなわち、私は私の肉体によって触れるもの以上を占有取得しない。しかし、すぐにそこから帰結することであるが、外的な諸物は私がつかむことのできる以上の拡がりをもっている。だから、私があるものを占有するとき、そのものには別のものがまた結びついてくるのである。私は手によって占有取得をおこなうが、しかし手の届く範囲は拡大されうるのである。手は、いかなる動物ももたないこうした偉大な器官であって、私が手でもってつかむものは、それ自身手段となって、これを用いることで私はさらにつかむ範囲を拡げるのである。私があるものを占有するとき、悟性はすぐさま直接占有されているものだけではなく、これと連関しているものも自分のものだと思うようになる。ここで、これを確定するのは実定法でなくてはならない。というのも、概念からはこれ以上何も引きだせないからである。〈グリースハイムより〉

五六

（β）形成することによって、あるものが私のものであるという規定は、一個の対自的に存立する外面性をもつようになり、そして、その規定は、この空間とこの時間における私という現在に、および私の知と意欲という現在に制限されていることをやめるのである。

占有取得が主観的なものと客観的なものとをそのうちで統合するものであるかぎり、形成することは理念にもっともふさわしい占有取得である。(44) だが、そのほかの点では、もろもろの対象の質的な自然本性や主観のいだく目的の相違によって、形成することは無限に異なっている。——ここには、有機的なものを形成することも属している。有機的なものにおいては、私がそれに手を加えたものは、いつまでも外面的なものとしてとどまるのではなく、有機的なものに同化される。土地の耕作、植物の栽培、動物の馴化、飼育、保護がそうである。さらに、元素的自然の素材や諸力を利用できるように仲介する設備や、計画的にひとつの素材が他の素材に働きかけることができるようにしたものなども、そうである。

補遺《形成すること》　この形成することは、経験的にはきわめて多様な形態をとりうる。私が耕作する農地は、耕作することを通して形成される。非有機的なものに関しては、形成することはつねに直接的であるとはかぎらない。たとえば、私が風車をつくる場合、私は空気を形成したりはしない。しかし、私は空気の利用に役だつような形式をつくりだす。そして、私が空気そのものを形成してはいないという理由でもって、私から空気が奪い去られてはならないのである。また、私が野生動物を保護することも、ひとつの形成する仕方であるとみなされる。というのは、これも対象の保存を顧慮しての行動だからである。もっとも、動物を調教することの方が、より直接的で、より多く私に由来する形成であることはいうまでもない。〈ホトーより〉

五七

人間は、その直接的な現存在にしたがえば、それ自身において自然的なものであり、みずからの概念にとって外的なものである。人間は、自分自身の肉体と精神とを陶冶することではじめて、また本質的には彼の自己意識が自分のことを自由なものとして把握するようになってはじめて、自分を占有取得し、自分自身の所有物となり、他人に対抗するものとなる。逆にいえば、この占有取得は、人間が自分の概念にしたがって(可能性、能力、素質として)あるあり方を現実性のうちに移し入れることであり、このことによって、このあり方ははじめて彼のものとなるとともに、また対象として、単なる自己意識から区別され、そのことによって物件の形式を獲得することができるようになる(四三注解参照)。

あれこれ主張して奴隷制を正当化すること(身体的な力の相違にもとづくものだとか、戦争捕虜だからとか、生命を助けて保護してやることだからとか、食物をあたえ、教育を施すことだからとか、慈善行為だからとか、本人が同意しているからとか等々、奴隷制について詳細になされる根拠づけによる)は、支配の単に主人であること一般としての正当化や、奴隷と主人の法についてのいっさいの史的見解と同じように、人間を自然的な存在一般として、人間の概念にふさわしくない人間の現存在(これには恣意も属する)に即して捉える立場にもとづいている。これに対して、奴隷制を絶対的に不正なものであるとする主張は、精神としての人間の概念に、人間は即自的には自由なものだという人間の概念に固執するものであって、人間を本性上自由なものと捉えることでは、つまり同じことだが、概念そのものをその直接性において捉え、理念を真なるものとして捉えていないことにおいては、一面的である。(45) この二つの主張のあいだの二律背反は、(46) すべての二律背反と同じように、形式的な思惟にもとづいている。形式的な思惟は、ひとつの理念の二つの契機を分離して、各契機にそれだけとして、したがって理念にふさわしくない非真理の状態で固執し、それらを主張するのである。自由な精神がまさしく自由な精神であるのは、それが、単なる概念、いいかえれば即自的なものとしてあるのではなく、この自分自身の形式主義を、したがって直接的な自然的な現存在を揚棄して、自分にもっぱらそれ固有の現存在を、つまり自由な現存在としての現存在をあたえるものだからである（二一）。それゆえに、先の二律背反にあって、自由の概念を主張する側は、たとえ真理にいたるための出発点にすぎないとしても絶対的な出発点を含んでいるという長所はもっている。これに反して、概念を欠いた現存在のもとにとどまる別の側は、理性であることと法との観点をまったく含んでいない。法や法学がそこからはじまることになる自由な意志の立場は、すでに、真ならざる立場、すなわち、人間は自然的存在としては、またただ即自的にのみ存在する概念としては、奴隷にもなりうるとするような立場を乗り越えている。(47) こうした過去にみられた真ならざる現象は、まだやっと意識の立場にあるにすぎない精神に関わるものである。まさにそこで、自由についての概念と自由についてのまだ直接的な意識との弁証法が、承認の闘争を、主人と奴隷との関係を引き起こすのである（『精神の現象学』一一五頁以下、『哲学的諸学のエンチュクロペディー』三五二節以下[48]）。しかし、法の内容である客観的精神自身が単にその主観的な概念においてもはや理解されるようなことはないということ、したがって、人間は即自的かつ対自的に奴隷たるべく規定されているのではないということが単なる当為としてもはや理解されるようなことはないということ、これは、自由の理念は真実にはもっぱら国家としてのみ存在するということが認識されてはじめて可能となるのである。

補遺《奴隷制》 人間が即自的かつ対自的に自由であるという側面に固執することによって、ひとは奴隷制を弾劾することになる。しかし、誰かが奴隷であるということが彼自身の意志のうちに起因するのと同様に、ある民族が隷従させられることが民族の意志に起因することもある。したがって、奴隷にしたり、隷従させたりする人間たちの不法だけでなく、奴隷になる者や抑圧される者自身の不法というものもある。奴隷制は、人間が自然性から真実に人倫的な状態へ移行する段階に属するものであり、不法なことがまだ正しいこととされた世界に属するものである。この世界では、不法なことが通用し、このために不法なことが必然的にその場所をえてもいるのである[49]。〈ホトーより〉

五八

（γ）それだけとしては現実的ではなく、私の意志を単に表象として示すにすぎない占有取得は、物件に標識をつけることである。標識の意義は、私は私の意志をこの物件のうちにおき入れたということでなくてはならない。この占有取得は、対象の範囲からいっても、意義からいっても、きわめて無規定である。

補遺《占有の標示》　標示による占有取得は、すべての占有取得のうちでもっとも完全なものである。というのは、他の占有取得の仕方も、多かれ少なかれ、即自的には標識をつける効果をもつものだからである。私が物件を獲得したり、形成したりするとき、これがもつ意義も窮極的には標識をつけることにあり、しかも、他人を排除し、私が私の意志を物件のうちにおき入れたということを示すために、他人に向かって標識をつけることにあるのである。すなわち標識の概念は、物件はそれがあるがままのものとしては通用せず、物件が表すべき、これに込められた意義において通用するということである。たとえば、帽子の徽章は、たとえその色が国民と何の連関ももたず、しかも色自身を表すのではなく、国民を表すものであるとしても、ある国家の市民であることを意味するのである。人間は標識をつけたり、それによって獲得しえたりするということで、まさしく諸物に対するみずからの支配を示すのである。〈ホトーより〉

B　物件の使用

五九

占有取得を通して、物件は私のものであるという述語を獲得する。そこで意志は物件に対して肯定的な関係をもつことになる。この同一性において、物件は、同様に、否定的なものとしても定立され、他方この規定においては、私の意志は、特殊的な意志、つまり欲求、嗜好等となる。しかし、私の欲求は、ひとつの意志の特殊性として自分を充足させる肯定的なものであり、物件は、それ自体としては否定的なものとしてもっぱら欲求に対して存在し、それに奉仕するにすぎない。——使用は、物件を変化させたり、無化したり、費消したりすることを通して、私の欲求を実現することである。これによって、物件の、それが自己を欠いたものであるという本性があきらかになるのであり、こうして物件はその規定を満たすのである。

使用が所有の実在的な側面であり現実性であるということは、使用されていない所有物を死せる、もち主のない物とみなし、これを非合法に奪取して自分のものにするにさいして、それが所有者によって少しも使用されてこなかったことを理由に挙げるような発想によって思いつかれることである。――しかし、所有者の意志こそが、それによってある物件が所有者のものになる当のものであり、最初の実体的な基礎であって、使用といったさらなる規定は、この所有者の意志という普遍的な基礎のあとにつづく現象にすぎず、特殊的な方式でしかない。

補遺《使用》　私が標識をつけることで物件一般を普遍的な仕方で占有取得するとすれば、使用のうちにはよりいっそう普遍的な関係が控えている。というのは、このときには物件はその特殊性において承認されるのではなく、私によって否定されるのだからである。物件は私の欲求を充足する手段にまで貶められているのである。私と物件とがであうとき、私と物件が一体になるためには、一方がその性質を失わなくてはならない。しかし、私は生きているのであり、意欲し、そして真に肯定的な存在である。これに対して、物件の方は自然的なものである。だから物件が消滅しなければならない。そして私は自分を保存するのである。このことは、総じて有機的なものの長所と理性であるといってよい。〈ホトーおよびグリースハイムより〉

六〇

直接的に物件を獲得してこれを利用することは、それだけでは、個別的な占有取得である。しかし、その利用が永続的な欲求にもとづくものであって、つねに更新される生産物の繰り返しの利用であり、またこの更新を維持するために若干制限されもするかぎり、あれこれの事情は、その直接的な個別的な獲得を一個の標識にする。この標識は、直接的個別的な獲得が、普遍的な占有取得という意義を、したがって、こうした生産物の元素的基礎や有機的な基礎あるいはその他の諸条件の占有取得という意義をもつことを示しているのである。

六一

私の所有物である物件の実体は、それだけでは、物件の外面性、すなわち物件の非実体性である。——物件は私に対抗してそれ自身で最終目的であるようなものではない（四二）。——そして、実現されたこの外面性が、私が物件についてなす使用であり、利用である。だから、全面的な使用とか利用というのは、物件の全範囲におよぶのであって、したがって、全面的な使用が私に帰属するならば、私がその物件の所有者ということになる。この物件については、使用の全範囲を越えて、他人の所有物でありうるようなものは何ひとつのこってはいないのである。

補遺《使用と所有》　使用と所有との関係は、実体と偶有性との関係、内的なものと外的なものとの関係、さらに力と力の外化との関係と同じである。後者の力は、もっぱら力がみずからを外化するかぎりで存在するのである。畑地は収穫を挙げるかぎりで、畑地なのである。だから畑地を使用できる人間は、畑地全体の所有者であって、この対象そのものにもうひとつ別の所有を承認するがごときは空虚な抽象化なのである。〈グリースハイムより〉

六二

したがって、私に部分的な使用や一時的な使用だけが帰属すると同様に、私に部分的な占有や一時的な占有(物件を使用する部分的ないし一時的な可能性としての占有)だけが帰属する場合、このような使用や占有は物件そのものの所有からは区別される。使用の全範囲が私のものでありながら、それでいて抽象的な所有権は他人に属するといったことがもしもあるとすれば、そのときには物件は私の物件として私の意志によって完全に浸透されていながら(前節および五二)、同時にその物件のうちには私にとって浸透しがたいもの、ある他人の意志、しかも空虚な意志が存在するということになるだろう。——すなわち、私が物件のなかで肯定的な意志として私にとって客観的なものとなりながら、同時に客観的とはなっていないということになるだろう。——これは絶対的に矛盾した関係である。——それゆえに、所有は本質的に自由で完全な所有である。

使用の全範囲に対する権利と抽象的な所有とを区別することは、空虚な悟性に属することである。この空虚な悟性にとっては、理念、すなわちここでは所有ないしは人格的意志一般とその実在性との統一は、真なるものではなく、この二つの契機は相互に分離されて、それぞれが真なるものとみなされるのである。それゆえに、使用の全範囲に対する権利と抽象的な所有権とを区別することは、現実的な関係としては、空虚な物件支配という関係であるが、こうした関係は、（もしも狂気ということが、主観の表象と主観の現実性とが同一の人間のなかで直接的に矛盾している場合についてだけ語られるのではないとしたら）人格性の狂気とよばれてもよいであろう。なぜなら、この場合には、同じ私のものといわれるものが、同一客体において、直接無媒介に、一方では、私の個別的で排他的な意志であるとされるとともに、他方では、ある他人の個別的で排他的な意志であるはずだとされるからである。――『法学提要』(*Institutiones*)第二巻第四章では、つぎのようにいわれている。「用益権とは、他人の物件をその実体を損じることなく、使用し、そこから収益を引きだす権利である」(Ususfructus est ius *alienis* rebus utendifruendi salva rerum *substantia.*)。さらに同じ箇所で、「用益権からつねに切りはなされている所有権がおよそ無用のものになってしまわないように、用益権は一定の事情のもとにおいて取り消され、所有権に返還されることを法は好ましいと決めている」(ne tamen in universum *inutiles* essent proprietates *semper* abscendente usufructu, *placuit*, certis modis extingui usumfructum et ad proprietatem reverti.)――「法は好ましいと決めている」(*Placuit*)とは、まるで、ある選好や決定が、この種の規定によって、はじめて、あの使用権と所有権との空虚な区別に対して意味をあたえているかのようないい方である。「用益権からつねに切りはなされている所有権」(proprietas *semper* abscendente usufructu)とは、単に「無用なもの」(inutilis)であるだけでなく、もはやいかなる「所有権」(proprietas)でもないであろう。——所有そのものについての他の区別、たとえば手中物(res mancipi)と非手中物(res nec mancipi)の区別[50]とか、ローマ市民法上の所有権(dominium Quiritarium)と法務官裁定による所有権(dominium Bonitarium)の区別[51]などの類いを説明することは、この場所に属さない。こうした区別は所有の概念規定には関係せず、単にこの所有権に関する史実的な細部だからである。——しかし、直接的所有(dominium directum)と用益的所有(dominium utile)との諸関係[52]や、永代借地契約や、采邑地とその永代借地料およびその他の借地料、小作料、名義書換料などとのよりたち入った諸関係は、一方では、その負担が償却されない場合などには、多様に規定されながら、上述の区別を含むが、他方では、この負担が用益的所有と結びつけられていて、そのことによって直接的所有が同時に用益的所有となることがあるかぎりでは、この区別を含まない。もし、それらの諸関係がこのまったくの抽象における区別以外のものを含まないとすれば、こうした諸関係のうちでは二人の主人(domini)が相対するのではなく、一人の所有者と一人の空虚な主人とが相対するというのが本来の姿であるということになるだろう。しかし、負担が理由となって、これらの諸関係のうちに二人の所有者がいるということになっている。とはいえ、この二人の所有者は共同的所有の関係のうちにあるのではない。こうした共同的所有の関係に、二人の所有者がいるという前者の関係が移行するのは容易であるが。――実はこの移行はすでに、二人の所有者がいるという前者の関係においてはじまっている。すなわち、直接的所有のうちに収益が数え入れられ、収益が直接的所有の本質的な側面とみなされるようになり、その結果、おそらく高貴なものとみなされていた所有物に対する支配という計算不可能なものが利益に座を譲るようになるとき、この移行ははじまっているのである。ここでは利益が理性的なものとなるのである(53)。

人格の自由がキリスト教を通して開花しはじめ、小さな部分であるとしても、ともかく人類の一部において普遍的な原理となってからおよそ一五〇〇年になる。しかし、所有の自由がここかしこで原理として承認されるようになったのはつい昨今のことであるということができよう。――臆見の性急さに反して――精神がその自己意識において進展するためにいかに長い時間を必要とするかを示す、世界史からの一例であるといえよう。

六三

使用される物件は、質と量の両面で規定された個別的な物件であり、そして特定の需要との関係のうちにたっている。しかし、物件の特定な有用性は、同時に量的に規定されたものとして、同じく有用性をもつ他の物件と比較可能である。同様に、この物件がかなえる特定の需要は、同時に需要一般であり、この点で、需要の特定性にしたがって同じく他の需要と比較可能であり、そして、これに準じて、物件もまた、他の需要にとって役だつ物件と比較可能である。この物件の普遍性は、その単純な規定性が、物件のもつ特定の質を度外視するという仕方で物件の特有性から由来したもの(54)であり、この普遍性が物件の価値である。この価値において物件の真実の実体性が規定され、かつ意識の対象となる(55)。物件の完全な所有者として、私は物件の使用の所有者であるとともに、物件の価値の所有者でもある。

封土保有者は、彼の所有において、彼が単に物件の使用の所有者にすぎず、物件の価値の所有者であってはならない(56)という区別をもっている。

補遺《価値》　質的なものはここでは量的なものの形式のうちに消失する。すなわち、私が需要について語るとき、需要は多種多様な物件がそのもとに包括される標題であって、多種多様な物件の共通項をなすものであり、私があれこれの物件を評価できるゆえんのものである。したがって、ここでは、思想は、物件の特定の質から、こうした規定性の無差別性、つまり量へと進行する。同様のことは数学においても起こっている。たとえば、私が円とは何か、楕円とか放物線とは何かを定義する場合、われわれは、これらが特定のそれぞれに異なったものとしてみいだされることを知っている。それにもかかわらず、このさまざまな曲線の区別は単に量的にのみ規定される。すなわち、もろもろの係数という、単に経験的な大きさにのみ関係する量的区別だけが問題となるように規定されるのである。所有においては、質的規定性に由来する量的規定性が価値である。ここでは、質的なものは量に対して定量[57]をあたえるものとなり、そして、定量をあたえるものとして、廃棄されるとともに保存される。価値の概念が考察される場合、物件そのものは単に標識とみなされるにすぎず、そして、物件は物件そのものとして通用するのではなく、物件が値するところのものとして通用する。たとえば、為替はその紙としての本性を表すのではなく、別の普遍的なもの、つまり価値の標識にすぎない。物件の価値は需要との関係においてはきわめて多種多様なものでありうる。しかし、ひとが価値の特定なものをではなく、抽象的なものを表現しようと望むならば、この抽象的なものは貨幣である。貨幣はいっさいの事物を代表する。しかし、貨幣は需要そのものを表すのではなく、単に需要に代わる標識にすぎないから、貨幣そのものは、他方また、貨幣がただ抽象的なものとしてのみ表現する特定な価値によって制禦される。ひとが物件の価値の所有者とはならずに、同時に物件の所有者になることは一般的には可能である。家財を売却したり、抵当に入れたりすることのできない家族は、価値の主人ではない。しかし、物件の所有者であって価値の所有者ではないという、所有のこの形式は所有の概念に合致しないために、こうしたもろもろの制限(封土地、信託遺贈)は多く消滅しつつある。〈ホトーより〉

六四

占有にあたえられた形式と、標識とは、それだけでは外面的な状態であり、意志の主観的な現存を欠いている。意志の主観的な現存だけが、これらの形式と標識との意義と価値とをなしている。しかし、使用であれ、利用であれ、あるいは意志のそれ以外の表明であれ、意志のこの主観的な現存は時間に属する。そして、この時間という観点からみれば、客観性とは、この表明の持続のことである。この表明の持続なしには、物件は意志と占有の現実性からみはなされたものとして無主物となる。それゆえに、私は時効[58]によって所有を失ったり、あるいは獲得したりするのである。

時効は、それゆえ、ただ単に厳密な法に逆らう外面的な顧慮から、すなわち、古い請求権によって所有の保全のうちに係争や混乱が入り込むことを避けるという顧慮から、法のうちに導入されただけではない。それだけではなく、時効は所有の実在性の規定に、すなわち、あるものを所有するという意志は表明されなければならないという必然性にもとづくのである。――公共的記念物は国民の所有するものであり、もっと本来的にいえば、利用という点からして総じて芸術作品がそうであるように、公共的記念物は、そのなかに追憶と名誉の魂が内在することによって、生きた自立的な目的として通用することになるのである。だから、逆にこの魂が去ってしまうと、公共的記念物もこの側面からみて国民にとって無主物となり、トルコにおけるギリシアやエジプトの芸術作品がそうであるように、偶然的な私的占有物となる。[59]――著作家の家族がこの著作家の諸作品に対してもつ私的所有権も、うえで述べたのと似たような根拠にもとづいて、時効にかかる。つまり著作家の諸作品も、これらの作品が(先の公共的記念物とは逆な仕方で)一般的な所有に移行し、そして、諸作品が物件として特定の利用に供せられることによって偶然的な私的所有に移行するという意味で、無主物となるのである。——墓地として奉献されたり、あるいはまた、永遠にわたって不使用のままに奉献されたりしただけの土地は、空虚で現存を欠いた恣意を内容にするもので、こうした恣意が毀損されたからといって現実的なものは何ひとつ毀損されないし、それゆえに、この恣意が尊重されることもまた保証されはしない。

補遺《時効》　時効は、私が物件を私のものとみなすことをやめてしまっているという推測にもとづく。というのは、あるものが私のものとしてありつづけるためには、私の意志の持続がもとめられ、そして、この意志の持続は使用や保存のうちに示されるからである。——公共的記念物の価値の喪失は、宗教改革において、しばしば、ミサ寄進[60]のうちに示された。古い信仰告白の精神、すなわちミサ寄進を支える精神は飛び去ってしまい、それゆえに、ミサ寄進は所有物として占有取得されることができるようになったのである。〈ホトーより〉

C　所有物の放棄

六五

私の所有物が私の所有物であるのは、もっぱら私が私の意志をこのもののうちに込めるかぎりであるから、私の所有物を私は放棄することができる。[61]——その結果、私は総じて私の物件を私によって無主物となしたり（derelinquiere）、ないしは私の物件を他人の意志による占有にゆだねたりする。——ただし、そうすることができるのは、当該の物件がその本性上外的なものであるかぎりにおいてである。

補遺《放棄》　時効は、意志が直接的に言明されることなくなされる放棄であるとすれば、真の放棄は、私は物件をもはや私のものとみなそうとはしないという意志の言明である。このこと全体は、放棄は真の占有獲得であるというように捉えることもできる。[62]直接的な占有取得は所有の最初の契機である。同様に、使用することによっても所有は獲得される。そこで第三の契機は、両者の統一、放棄〔譲渡〕を通しての占有獲得である。

〈ホトーより〉

六六

したがって、私のもっとも固有な人格および私の自己意識の普遍的な本質をなすような財や、あるいはむしろ実体的な諸規定、すなわち、私の人格性一般、私の普遍的な意志の自由、人倫、宗教は、これらに対する権利に時効がないのと同様に、譲渡されえない。[63]

精神が、その概念にしたがって、つまり即自的にあるところのものが、また、定在のうちに、対自的にもあるということ（したがって、人格であり、所有能力があり、人倫や宗教をもつということ）――この理念は、それ自身、精神の概念である（自己原因（*causa sui*）として、すなわち自由な原因として、精神は「その本性がもっぱら現存在するものとしてしか捉えられないもの」（*cuius natura non potest concipi nisi existens*）である。スピノザ『エチカ』第一部　定義一[64]）。精神は、ただ自分自身によって、そして、その定在の自然的な直接性からの自分のうちへの無限の還帰としてのみ、みずからがあるところのものであるという、まさしくこの概念のうちに、精神が単に即自的にそうであるだけであって、対自的にもそうであるのではない（**五七**）という、また逆に、精神が単に対自的にそうであるだけであって、即自的にそうであるのではない（意志の場合にあっては悪）という対立の可能性が存している。——そして、この点に、人格性やその実体的存在の放棄の可能性が——このさいの放棄が無意識的な仕方で生じるか、はっきり表明された仕方で生じるかはともかくとして——存するのである。——人格性の放棄の例は、奴隷や農奴の身分であること、所有物を占有できないこと、所有の自由のないこと、などである。叡智的理性であること、道徳、人倫、宗教の放棄は、迷信に陥ったり、（あるひとがはっきりと強盗や殺人などや、犯罪の可能性に引き込まれる場合）私がどんな行為をなすべきか、あるいは良心が命じるところや宗教的真理がいかなるものかなどを私に向かって規定し、指図するような権威と全権とを他人にゆだねたりしてしまう場合に起こる。——こうした譲渡できないものに対する権利は時効にかからない。というのは、私が私の人格性や実体的な本質を占有取得し、私を権利能力や帰責能力のある者にし、道徳的な存在、宗教的な存在たらしめる行為は、これらの規定が他人の占有になる可能性をあたえるにすぎない外面性から、まさしくこれらを免れさせるからである。外面性のこの廃棄とともに、時間規定や、私の以前の同意や承諾からえられるいっさいの根拠も脱落する。私の私自身のうちへのこの還帰は、私が私を理念として、つまり法的かつ道徳的人格として現存在させるゆえんのものであり、これまでの関係を廃棄し、また私と他人が私の概念や理性に加えた不法、つまり自己意識の無限の現存在を外的なものとして取り扱わせたり、取り扱ったりしたという不法を廃棄するのである。——私のうちへのこの還帰は、私が自分自身で占有しなかったもの、そして、私が占有するや否や、本質的に私のものとしてのみ現存在し、外的なものとしては現存在しないものである私の権利能力や人倫や信心を、他人にあたえて占有させてきたという矛盾を暴露するのである。

補遺《譲渡できない権利》　奴隷がみずからを解放する絶対的な権利をもつことや、誰かが自分の人倫を放棄して強盗や殺人を請け負った場合、これが即自的かつ対自的に無効であり、誰でもこうした契約は撤回する権限をもつことは、ことがらの本性に根ざしたことである。自分の信心を自分の聴罪司祭である聖職者にゆだねてしまうことも同じ事情にある。というのは、こうした内面的な問題は自分一人でもって始末すべきものだからである。その一部分でも他人の手にゆだねられたような信心はいかなる信心でもない。というのも、精神は唯一者であり、そして精神は私のうちに住まうべきだからである。即自的かつ対自的存在の統合は私に属さなくてはならない。〈ホトーより〉

六七

私の特殊的な身体的そして精神的諸技能やもろもろの活動可能性からなる個々の生産物と、それの他人による時間的に制限された使用とを私は他人に譲渡することができる。なぜなら、こうした制限によって、これらの技能や可能性は私の総体性と普遍性とに対する外面的な関係を保持することになるからである。(65)もし、労働を通して具体的なものとなっている私の全時間と、私の生産物の総体を譲渡するようなことがあるとすれば、このときには、私はこうした時間や生産物にあって実体的なもの、つまり私の普遍的な活動や現実性を、ひいては私の人格性を他人の所有にゆだねることになってしまうであろう。

このことは、上記の**六一**における物件の実体とその利用とのあいだの関係と同じ関係である。物件の利用が、それが制限されているかぎりにおいてのみ物件の実体からは区別されるように、私の諸力の使用も、それが量的に制限されているかぎりにおいてのみ、諸力そのものから、したがって私から区別されるにすぎないのである。――力の外化の総体が力そのものであり、――偶有性の総体が実体であり、――特殊化の総体、が普遍的なものなのである。

補遺《奴隷制と雇用関係》　ここに分析された区別は、奴隷と今日の奉公人や日雇い労働者とのあいだの区別である。アテーナイの奴隷は、おそらく、一般にわれわれの時代の使用人よりはるかに簡単な仕事やより精神的な労働をあたえられていたことであろうが、それでも彼の活動の全範囲が主人に譲渡されていたがために、彼は奴隷であった。
〈ホトーより〉

六八

精神的な制作のもつ固有なものは、その外化、表現の方式を通して、ただちに、他人によっても同様につくりだされうる物件の外面性に転換しうる。その結果、それを獲得することによって、新たな所有者は、この作品によって伝達された思想や技術的な発明を自分のものにすることができるようになる。このように自分のものにすることができる可能性が、ことによっては(著作作品の場合)獲得の唯一の規定と価値をなす。しかし、それだけでなく、新たな所有者は、同時に、同じように自分を外化、表現したり、同様の物件を数多くつくりだしたりする普遍的な方式をも占有するようになる。

芸術作品の場合、思想を外的な素材のうちに造形化する形式は、物としても、制作する個人自身にいちじるしく固有なものであり、したがって、この形式の模倣も本質的に模倣者に独自の精神的かつ技術的技能の産物であるほどである。著作作品の場合にあっては、それが外的な物件となる形式は、技術的な装置の発明の場合と同様に、機械的な種類のものである――なぜなら、著作作品の場合、思想はただ一連の個別化された抽象的な記号においていい表され、具体的な造形美術品のうちにいい表されるのではないからであり、技術的な装置の発明の場合は、思想がそもそも機械的な内容をもつからである。――そして、こうした物件を物件として生産する方式は、普通の熟練に属する。――ところで、芸術作品と手工業者の熟練技能による生産という両極端のあいだには多くの移行段階があり、これらの段階は前者あるいは後者の性格を、より多く具えていたり、より少なく具えていたりするのである。

六九

個別的なものとしての見本による、このような制作品の獲得者は、それの全使用と価値とを占有することになるから、彼は個別的なものとしての制作品のより完全にして自由な所有者である。それとは異なり、著作の原作者や技術的装置の発明家は、同種の制作品や物件を大量生産するための普遍的な方式の所有者にとどまっているのであって、原作者や発明家は、そういうものとしての普遍的な方式をそのまま譲渡したのではなく、自分固有の外化、表現として、この方式を自分の手もとに保有することができるのである。

著作家や発明家の権利の実体的なものは、さしあたり、つぎの点にもとめられるべきではない。すなわち、それは、彼が個別の見本を手ばなすにあたり、そのことによって、その制作品を今後は物件として同様に量産することができるという可能性が他人の占有に帰することになるのだが、しかし、その可能性は他人の所有とはならずに、依然として著作家と発明家の所有にとどまるということを恣意的に条件にすることである。第一の問題は、物件の所有と、物件とともにあたえられる同様に物件を制作することができる可能性との分離が、概念において許されるかどうか、またこの分離が、完全で自由な所有(六二)を廃棄しないかどうか、ということである。——この完全で自由な所有にもとづくと、この物件の量産の可能性を自分で保持するか、それともひとつの価値として譲渡するか、それともこの可能性に自分では何の価値もおかず、当の物件とともにこの可能性をも手ばなしてしまうかということが、最初の知的生産者の恣意に帰することになる——。すなわち、物件を量産することができるという可能性は、物件において、物件をただ単に占有物であるばかりでなく、資産(後述の一七〇以下をみよ)たらしめる側面であるという独特の性格をもっている。その場合、資産というものは、物件についてなされる外的な使用の特殊な仕方のうちになりたつのであるが、この外的使用は、物件が直接それへ向けて規定される使用とは異なり、これからは切りはなしうるのである(資産の使用は、家畜の繁殖(*foetura*)のような、いわゆる自然的付加物(*accessio naturalis*)ではない)。ところで、この占有物と資産との区別は、本性的に分割可能なもの、つまり外的使用に属するのであるから、使用のある部分を譲渡しても、別の部分を手もとにとどめておくことは、何の使用(*utile*)もしないでもち主であることを保持することとは異なるのである。——もろもろの学問や芸術の、もっぱら消極的ではあるが、もっとも基本的な奨励策は、これに従事するひとびとを剽窃から守り、また彼らの所有物への保護を彼らにあたえることである。これは、商工業のもっとも基本的で重要な振興策が、商工業を街道における略奪から守ることであったのと同様である。——それにしても、精神的産物は、他のもろもろの個人によって理解され、彼らの表象や記憶や思惟などに同化されることを目ざすものであるから、彼らが学んだこと(学ぶとは、ただ単に記憶でもってことばを暗記することにとどまらず、——他人の思想は思惟を通してのみ理解されうるのであり、このような追思惟も学ぶことだから)を同じく〔新たに〕譲渡されうる物件となすことになる、彼らの表現は、何らかの独自の形式をつねにもちやすい。その結果、これらの個人はこの形式から生じる資産を自分の所有とみなすことができるのであり、またこの形式にもとづいてそのような生産をおこなう権利を自分のために主張することができるのである。学問一般の伝播および、とりわけ特定の教育活動は、その使命と義務からして、実証的な諸科学や教会の教説や法律学などの場合にとくにはっきりしているように、確立されたり、総じてすでに外化表現されたり、そとから受け入れられたりした思想の繰り返しである。同じことは教育活動や諸学問の伝播普及を目的とする著作についてもいえる。ところで、繰り返し外化、表現されるなかで生じてくる形式が、現存する学問的な富や、とくに自分たちの精神的な所産をなお外面的に所有しているような他のひとびとの思想を、再生産する個人の特有の精神的所有に転化させ、そのことによって、彼にこれらの学問的富や思想をまた自分の外面的な所有物とする権利をどの程度まであたえるのか、あるいはあたえないのか、——どの程度まで、こうした繰り返しが、著作家の作品の場合、剽窃になるのか、これらのことは綿密な規定によって示されるものではなく、したがって、これらを権利としても法律としても確定することはできない。それゆえに、剽窃は名誉に関することがらであり、名誉によって抑制されなければならないであろう。——したがって、海賊版を防止する著作権法は、著作家や出版社の所有権を保護するという目的を、たしかに画定されてはいるが、しかしきわめて制限された範囲で満たすのである。(66) 意図的にある形式のちょっとした部分を変えるとか、優れた学問や他人の業績である包括的な理論にちょっとした変更を加えることは容易なことであるという事情、また理解したものを講述するにさいして、原作者のことば通りにしたがうことはもともと不可能なことであるという事情は、このような繰り返しを必要とする特別な目的のほかにも、それだけで無限に雑多な変更をもたらすのであり、そして、こうした変更は、他人の所有物に多かれ少なかれ表面的なものではあるが自分の所有という刻印を押すこととなる。このことは、何百にもおよぶ摘要、抜粋、叢書などや算術書、幾何学書、信心書などに示されている通りであり、また批評雑誌、文芸年鑑、百科事典などのいずれの着想も、ただちに同じようにに同一の標題あるいはわずかに変えられた標題のもとに繰り返され、しかも何かしら独自のものだと主張されているところに示されている通りである。——こうした事情によって、著作家や発明的企業家には、彼の作品や着想が彼に約束する利益が無に帰せしめられたり、あるいは共倒れにさせられたり、あるいはひとえに台無しにさせられるということが容易に生じるのである。——しかし、剽窃を防止する名誉の効果について付言すれば、剽窃とか、それどころか学問的盗用といったことばがもはや聞かれないということは、目だつことである。——それは、名誉が、剽窃を追放するのに効果を上げているということなのであろうか、あるいは、剽窃が名誉を汚す行為でなくなってしまい、剽窃を憎む感情が消失してしまったということなのであろうか、あるいは、ちょっとした思いつきや外面的な形式の変更が独創的なものであり、自主的な思惟の生産活動として過大に評価されるようになって、このために剽窃などに思いもいたさないようになってしまったということなのであろうか、いずれにしてもである。

七〇

外的活動の包括的な総体性すなわち生命は、それ自身このものであるとともに直接的なものである人格性に対して何ら外面的なものではない。生命を放棄したり、犠牲に供したりすることは、むしろこの人格性が定在することとの反対である。それゆえに、私は総じて生命を放棄するいかなる権利ももっていないが、人倫的理念だけは、そのもとでこの直接的に個別的な人格性が即自的には没落し去っているもの、また人格性の現実的な力であるものとして、生命の放棄の権利をもつ。そこで、生命そのものが直接的なものであると同時に、死もまた生命の直接的否定性であるので、死は、そとから、自然的なできごととして、あるいは、理念に身を捧げて、みなれぬ手から受け取られなくてはならないということになる。

補遺《自殺》　個々の人格は、いうまでもなく、人倫的な全体に献身しなくてはならない従属者である。それゆえに、国家が生命を要求するときには、個人は生命を犠牲に供しなくてはならない。しかし、人間には自分自身で自分の生命を奪うことが許されているだろうか。ひとは自殺をさしあたり勇気ある行為とみなすことができるかもしれない。しかし、それは仕立屋や女中の悪しき勇気としてである。また、自殺は、内面の分裂が招いた結果として、一個の不幸としてもみなされる。しかし、肝心な問いは、私が自殺する権利をもっているかということである。答えは、私は、個人としては私の生命の主人ではないということである。というのも、それ自身直接的にこのものである人格性に対して、活動の包括的な総体性である生命は外面的なものではないからである。だから、誰かが、人格が自分の生命におよぼす権利について語るとすれば、それは矛盾したことであろう。というのも、それは、人格は自分におよぼす権利をもつというに等しいことだからである。しかし、人格はこうした権利をもってはいない。というのは、人格は自分のうえにたって、自分を裁くことはできないからである。ヘラクレスが焼身自殺し、[67]ブルートゥスが自刃するとき、[68]こうした行為は自分の人格性に反対する英雄のふるまいである。しかし、単なる自殺する権利が問題とされるならば、このような権利は英雄に対しても否認されなければならない。

所有から契約への移行

七一

定在は規定された存在として、本質的に他のものに対する存在である(上記の**四八**注解をみよ)。所有物は、それが外的な物件として一個の定在であるという側面からすれば、他のもろもろの外面性に対して存在するのであり、この外面性が具える必然性と偶然性との連関のうちにある。しかし、意志の定在としては、所有物は他のものに対する存在であるといっても、もっぱら他の人格の意志に対する存在である。この意志と意志との関係は、自由がそこで定在をもつ固有で真実な地盤である。所有物を、もはや単に物件や私の主観的な意志を介してだけではなく、同様に他人の意志を介して、したがって、ひとつの共通の意志のうちにもつようになる、この媒介が契約の圏域をかたちづくる。

人間が自分の所有物を占有すること（**四五**注解）と同様に、人間が契約関係のうちに入り込むこと——贈与、交換、取引き等をおこなうことは、理性を通して必然的に起こることである。人間の意識にとっては、欲求一般や好意や効用が人間を契約に向かわせるものであるとしても、即自的にはこれは理性である、すなわち、自由な人格性の実在的（つまり、意志のうちにのみ現存する）定在の理念である。契約は、契約を締結する者たちが相互に人格および所有者として承認し合うことを前提とする。契約は客観的精神の関係であるから、承認の契機はすでに契約のうちに含まれ、そして前提されているのである（**三五**、および**五七**注解参照）。

補遺《契約の場面としての普遍的意志》　契約において、私は共通の意志を通して所有物をもつ。すなわち、主観的な意志がより普遍的なものとなり、自分をこの普遍的意志の実現にまで高めることが、理性の関心事である。こうして契約のうちには依然としてこの意志という規定が存続してはいるが、しかし、それは他の意志との共通性のうちにおいてである。これに反して、普遍的意志の方は、ここではやっと共通性という形式と形態で登場するにすぎない。〈ホトーより〉

第二章　契　約

七二

その定在ないしは外面性の側面が、もはや単に物件ではなく、ある意志（またそれとともに他人の意志）の契機をそのうちに含んでいるような所有は、契約を通して成立する。——契約は、私が自分だけで存在し、他人の意志を排除する所有者でありかつありつづけるのも、他人の意志と同一の意志をもって私が、所有者であることをやめるかぎりにおいてであるという矛盾が、あらわにされるとともに調停される過程である。

七三

私は所有物を外的な物件として放棄することができる（六五）だけではなく、概念[69]によって所有物としての所有物を放棄しなければならない。というのも、それによって、私の意志が、定在するものとして私にとって対象的なものとなるためである。しかし、この契機からすれば、私の意志は、放棄された意志として同時に他人の意志でもある。したがって、概念の必然性がそこにおいて実在的になるこの契機は、区別された双方の意志の統一であり、それゆえ、この統一において双方の区別と独自性とが廃棄されることになる。しかし、この区別された意志の同一性のうちには(この段階においては)、また、それぞれの意志が、他人の意志と同一ではなく、各々だけの独自の意志であり、またそうでありつづけるということが含まれている。

七四

したがって、この契約の関係は、各々自分だけで存在する所有者の絶対的な区別において同一的な意志が媒介するものである。そして、この関係は、各所有者が自分の意志と他人の意志とにしたがって、所有者であることをやめたり、所有者でありつづけたり、所有者になったりするということを含んでいる。——すなわち、それは、あるひとつの、ほかならぬこの所有物を放棄しようという意志と、この所有物、したがって他人の所有物を受け取ろうという意志とを媒介するもの、しかも、一方の意欲は他方の意欲が現存するかぎりでのみ決定にいたるという同一的な連関において、媒介するものである。

七五

契約を結ぶ双方の側は相互に直接的で自立的な人格としてふるまう。このとき、契約は（α）恣意から出発する。（β）契約を通して定在するようになる同一の意志は、単に双方によって定立された、したがって単に共通の意志であって、即自的かつ対自的に普遍的な意志ではない。[70]（γ）契約の対象は、個別的で外的な物件である。というのも、個別的で外的な物件だけが、これを放棄する（**六五**以下）という双方の単なる恣意にしたがうものだからである。

それゆえに、契約の概念のもとに婚姻を包摂することはできない。これを包摂せしめるなどは――破廉恥といわざるをえないことであるが、カントにおいては（『法論の形而上学的基礎』一〇六頁以下）そうされている。[71]――同様に、国家の本性も、国家が万人の万人との契約として理解されようと、この万人と君主や政府との契約として理解されようと、いずれのものであろうと契約の関係のうちには属さない。[72]――こうした契約関係、ならびに私的所有の関係一般の国家関係への混入は、国法と現実のなかにこのうえない混乱を引き起こしている。以前の時代には、国家の諸法や諸義務が、君主や国家の法に対抗する特定の諸個人の直接的な私的所有とみなされて、主張されたが[73]、最近の時代に入ると、君主や国家の法が契約の対象として、契約のうえに基礎づけられ、意志の単なる共通なものとして、そして一国家のうちに合一されたひとびとの恣意から生まれたものとみなされるようになった。——この上述の二つの立場は、一方では大いに相違しているが、他方では私的所有の諸規定をまったく別のより高い本性を具える領域のうちに移し入れるということで共通している。——後述の人倫と国家とをみよ。

補遺《国家契約説》　近時、国家を万人の万人との契約とみなすことが好まれるようになった。万人は君主と契約を結び、そして君主はふたたび臣民と契約を結ぶというのである。ところで、こうした見解は、さまざまに異なる意志のあるひとつの統一だけを表面的に考えるところに由来する。しかし、契約のうちに存するのは、いずれもが人格であり、そして所有者のままであろうと欲する二つの意志のあいだでの同一の意志である。したがって、契約は人格の恣意から出発しているのであり、この出発点を、結婚も契約と共有している。(74) しかし、国家においては、このことはまったく異なる。というのも、ひとは生まれながらにしてすでに国家の公民であるのだから、みずからと国家を切断することは個々人の恣意には属さないからである。人間の理性的規定は、国家のうちに生きるということであり、いかなる国家もまだ現存しないとしても、国家は創建されるという理性の要求は現存するのである。ひとが国家の一員になるか、国家を離脱するかについての許可は、まさに国家があたえるものでなくてはならない。したがって、このことは個人の恣意に依存しない。かくして、国家は恣意を前提にするような契約にもとづくことはないのである。国家を創建することは万人の恣意であるというようなことを語るとすれば、それは誤りである。むしろ、国家のうちに生きることが各人にとって絶対的に必然的なことなのである。近時における国家の偉大な進歩は、国家が即自的かつ対自的な目的でありつづけ、国家との関係で各人が、中世のように、自分の私的な協約にしたがってふるまうことが許されなくなった、ということである。〈ホトーより〉

七六

双方の合意を通して共通の意志が成立するのであるが、この双方の合意、つまり物件を放棄するという消極的な契機と物件を受け取るという積極的な契機とが、二人の契約当事者に割りあてられているかぎり、この契約は形式的である。——すなわち、贈与契約である。——これに対して、双方の契約当事者の意志の各々がこの媒介する両契機の総体であるかぎり、したがって、契約を結ぶことで各々が等しく所有者となるとともに所有者でありつづけるかぎり、契約は実質的とよばれることができる。[75]——すなわち、交換契約である。

補遺《実質的契約》 契約には二つのことがらについての二人の同意が必要である。すなわち、私は所有物を獲得することを意志するとともに手ばなすことを意志するのである。契約において、双方のいずれもがこの全活動をなすとき、つまり所有物を手ばなすとともに獲得し、所有物を手ばなしながらも所有者にとどまるとき、こうした契約は実質的な契約である。これに対して、もっぱら一方が所有物を獲得するだけ、あるいは、手ばなすだけという場合、この契約は形式的な契約である。〈ホトーより〉

七七

実質的契約においては、各人は同じ所有物、すなわちそれをもって契約に入るとともに、同時にそれを手ばなしもする所有物を保持するがゆえに、契約において自体的に存在するものとして、同一でありつづけるこの所有物は、交換においてその所有者が変わる外的な物件とは区別される。前者は価値であり、この価値ということでは、もろもろの契約対象は、諸物件のいっさいの質的、外面的差異にもかかわらず、相互に同等である。価値は諸物件の普遍的なものである(六三)。

甚大な損害(*laesio enormis*)[76]は契約のなかで負わされた義務を解除する、という規定は、したがって、その源泉を、契約の概念のうちに、より正確にいえば、契約当事者は自分の所有物を放棄することを通じても所有者であり、ありつづけ、もっと厳密に規定すれば、量的に同じ〔ものの〕所有者でありつづけるという契機のうちにもっている。しかし、譲渡されえない財(六六)について、それを譲渡するように契約ないしは協定一般[77]が取り決められるようなことがあれば、損害はただ単に甚大であるだけでなく(損害が価値の半分を越えるときには、損害は甚大なものとみなされる)、無限である。[78]——それはそれとして、協定はさしあたり内容の面で契約とは別のものである。つまり、協定は契約全体のある一部分ないしは契機を意味するにすぎない。つぎにまた、協定は契約の正規の形式的確定であるという点でも契約から区別される。これについては後述。(79) 協定は前者の内容の面からすれば、あるものを給付するという一方の同意と、そのものを受け取るという他方の同意であるという、契約の形式的な規定を含むにすぎない。それゆえに、協定はいわゆる片務契約に数え入れられてきた。片務契約と双務契約との、契約としての区別は、ローマ法における契約のその他の区別と同様に、一方では、契約の形式手つづきの方式に関するもののように個別的でしばしば外面的な顧慮からおこなう表面的な並記であり、他方では、また何よりも契約そのものの本性に関する諸規定を、さしあたり司法(actiones)や実定法の法的効果に関係し、しばしばまったく外面的な事情に由来して法の概念を毀損するような諸規定と、混同しているのである。

七八

所有と占有との区別、つまり実体的側面と外面的な側面との区別(**四五**)は、契約においては合意としての共通意志と給付を通してのこの合意の実現との区別になる。前者の、成立した合意は、給付から区別されたそれだけとしては、表象されたものである。これには、それゆえ、もろもろの表象が記号のうちに定在する固有の仕方にしたがって(『哲学的諸学のエンチュクロペディー』三七九節以下)[80]、特定の定在が、身ぶりやその他もろもろの象徴的な行為による形式手つづきを通しての協定の表現において、とりわけ言語によって規定された言明という、精神的表象にもっともふさわしい要素において、あたえられなければならない[81]。

協定は、この規定にしたがえば、たしかに以下のような形式、すなわちそれによって、契約において締結された内容が、はじめて表象されたものとしてその定在をえる形式である。しかし、表象するということは、形式にすぎないのであって、それによって内容の方がさらに主観的なもの、かくかくしかじかに願望され意欲されるべきものであるかのような意味をもつのではない。そうではなく、内容はこれら主観的なものについて意志によって遂行された締結である。

補遺《契約の記号》　われわれが、所有の学説において、所有と占有とを、つまり実体的なものと単に外面的なものとを区別したように、われわれは、契約において、合意としての共通意志と給付としての特殊意志との相違をもつ。契約の本性には、契約においては意志が意志に関わる以上、共通意志も特殊意志もともに外面的に表現されるということが存している。それゆえに、記号のうちにあきらかに示される合意と、給付とは、陶冶された諸民族においては別々になっているが、未開の諸民族にあってはいっしょになりかねない。セイロン島の森林には、自分の所有物をならべたまま、他人がやってきてそれを取り、その代わりに彼らのものをおくまで静かにまつ商業民族がいる。この場合には、意志の暗黙の表明が給付から区別されてはいないのである。〈ホトーより〉

七九

協定は意志の側面を、それゆえに契約において法的なものがもつ実体的なものを含んでいる。この実体的なものに対比すると、契約がまだ履行されていないかぎり、なお存続している占有は、それだけではただ外面的なもの、すなわち、その規定をもっぱら意志の側面にもっているだけの外面的なものにすぎない。協定を通して、私は所有物とこの所有物についての特殊な恣意とを放棄したのであり、そして所有物はすでに他人の所有物となっている。したがって、私は協定によってただちに給付の義務を法的に負わされているのである。

単なる約束と契約との区別は、前者においては私が贈与し、果たし、給付しようと欲するものが、将来のこととしていい表されていて、まだ私の意志の主観的な規定にとどまり、したがってなお私がそれを変更することができるというところにある。これに対して、契約の協定は、協定によって私は私の物件を譲渡し、物件はいまや私の所有物ではなくなり、私がすでに物件を他人の所有物として承認しているという意味で、すでにそれ自身で私の意志決定が定在していることなのである。ローマ法における約束（*pactum*）と契約（*contractus*）との区別(82)は悪しき種類のものである。――フィヒテは、かつて、契約を遵守する義務は他人が私へ開始した給付とともにはじめて生じるという主張を提起した(83)。その給付以前は、他人がみずから口にしたことを真剣に考えていたのかどうかわからないから、というのがその理由である。したがって、給付に先だつ義務はもっぱら道徳的な本性をもつものにすぎず、法的な本性をもつものではないというのである。しかし、協定の表明は、表明一般などではなく、成立した共通意志を内容とするものであり、したがってこの意志においては志操およびその変更の恣意は廃棄されてしまっているのである。それゆえに、協定においては、他人が内心において別のことを考えていたのではないか、あるいはそのあとに別のことを考えるようになったのではないか、といった可能性は問題とはならず、他人がこのように態度を変更する権利をもつかどうかが問題となるのである。他人がたとえ給付をはじめたとしても、私にとっては依然として不法を犯す恣意がのこされている。先のフィヒテの見解の無価値なことは、それでは、契約の法的な点が悪しき無限、無限への過程、つまり時間や物資や行為などの無限の分割可能性にもとづくことになるであろうというところに、ただちに示される。意志が身ぶりによる形式手つづきやそれだけではっきりとしたことばにおいてもつ定在は、すでに叡智的な意志としての意志の完璧な定在であって、給付はこの定在の、無私の帰結にすぎない。――それはそうと、実定法のうちには、同意に加えて実際の給付(res, traditio rei)がつけ加わることによってはじめて完全に有効なものとみなされるという意味で、いわゆる要物契約が、諾成契約から(84)は区別されて存在するが、こうした区別はことがらに何の寄与も果たさない。前者の要物契約は、一部は、以下のような特殊な場合のこと、すなわち、物件が相手から私に手渡されてはじめて私の側から給付することのできる立場が私にあたえられ、また給付しなければならないという私の義務は、物件に、その物件を私が手にするかぎりでのみ、関係することになるという場合、たとえば、貸付、貸借契約、そして寄託のような場合(なお、他のもろもろの契約においてもこれと同じような場合があるであろう)のことである。――こうした事情は協定と給付との関係の本性に関わることではなく、給付の仕方に関わることである。――また一部では、一方の側の給付への義務は契約そのもののうちにはないのであって、他方からの給付にそもそも依存することになるということを契約のなかで協定することは、一般に恣意にゆだねられたままなのである。

八〇

契約の区分と、この区分にもとづく、契約の種類についての理にかなった取り扱いは、外面的な事情からではなく、契約そのものの本性に根ざす区別から採ってこられなければならない。――これらの区別は形式的な契約と実質的な契約との区別であり、ついで所有と占有および使用との区別であり、価値と特定の物件との区別である。ここから、つぎのような契約の種類が結果する(ここにあたえられる区分は、全体としては、カントの『法論の形而上学的基礎』における区分(一二〇頁以下)と合致する。(85) もろもろの契約を要物契約と諾成契約、有名契約と無名契約などに区分するという、通常の慣行は理性的な区分に反するものとして、廃棄されてしまうことが、久しく期待されていたであろう)。

A 贈与契約、さらにくわしくは、

1　物件の贈与契約。本来的な意味でのいわゆる贈与。

2　物件の一部ないし物件の制限された享受と使用の贈与としての物件の貸与。この場合、貸与者は依然として物件の所有者にとどまる〔賃借料抜きの消費貸与(mutuum)と使用貸与(commodatum)〕。このさい、物件は、ある特定のものであるか、あるいは、たとえ特定のものであるとしても、それにもかかわらず、ある普遍的なものとみなされるか、あるいは(貨幣のように)それだけで普遍的なものとして通用する。

3　用役作業一般の贈与、たとえば所有物の単なる保管〔寄託(depositum)〕の贈与。

――贈与者の死の時点で、すなわち贈与者がもはや所有者でなくなった時点で、はじめて相手が所有者になるという特別の条件をもった物件の贈与、すなわち遺贈は契約の概念のうちには属さず、市民社会と実定的立法とを前提とする。(86)

B　交換契約

1　交換そのもの

(α)物件一般の交換、すなわちある特定の物件の他の特定の物件との交換。

(β)売買(emtio venditio)。特定の物件と普遍的な物件として規定されている物件との交換、すなわち価値として通用するだけで、それ以外の利用のためのいっさいの特定な規定を欠いたもの――貨幣との交換。

2　賃貸(locatio conductio)。賃借料との交換で所有物の一時的な使用を譲渡すること。しかもくわしくは、

(α) 特定の物件の賃貸。本来的な賃貸。ないしは

(β) 普遍的な物件の賃貸。この場合、貸与者は単にこの普遍的な物件の所有者にすぎず、あるいは同じことだが価値の所有者にとどまる。――賃借(さきの消費貸与(mutuum)や使用貸与(commodatum)も賃借料をともなうときには、ここに属する。――さらにたち入った物件の経験的な性状、つまり物件が建物のある階であるか、家財であるか、家屋であるか等々、あるいは代替可能な物(res fungibilis)であるか、代替不可能な物(res non fungibilis)であるかなどは、(上記のAの2における贈与としての貸与の場合と同様に)他の特殊な諸規定をもたらしはするが、しかしこれらの諸規定は重要ではない)。

3　雇用契約(locatio operae)。私の生産活動や用役作業を、これが譲渡されうるものであるかぎりで、一定のかぎられた時間やその他の制限された条件のもとで、これを譲渡すること(**六七**)。

これに類似したものは、委任やその他別の、その給付が相手の性格や相手への信頼あるいは相手の優れた能力に依存し、その結果、給付されたものは外面的な価値では測定することができない(この価値はここでは賃金とよばれず、謝礼とよばれる)諸契約であ

る。

C　抵当を入れることによる契約の十全化〔保証(cautio)〕

私が物件の利用を譲渡するような契約においては、私は物件の占有者ではないが、なお依然として所有者ではある(賃貸の場合のように)。さらに私は、交換契約や売買契約また贈与契約の場合でも、占有していなくても、依然として所有者であることはできる。この分離は、一般に何らかの給付に関して、これがそのつどおこなわれない場合に、起こることである。ところで、私はまた、私が貸しあたえる特定の物件、あるいは、返されるはずの特定の物件の占有者であることなしに、まえの場合にはまだ私の所有である価値の現実的な占有者でありつづけ、あとの場合にはすでに私の所有に帰している価値の現実的な占有者になることがあるが、このことは抵当によって起こる。——この特定の物件は、しかし、〔抵当権設定者の〕占有に引き渡された私の所有物の価値に、すなわち、〔債務者が〕私に負う所有物の価値に関してのみ私の所有物であって、物件がそれ固有のものとしてもっている性状や剰余価値に関しては、抵当権設定者の所有物にとどまっている。したがって、抵当権設定はそれ自身としては、契約ではなく、単に協定にすぎず(**七七**)、契約を所有物の占有を確保するという観点から完璧なものにする契機である。——担保、保証人などはこれの特殊な諸形式である。

補遺《抵当権設定》 契約においては、合意（協定）を通してたしかに所有物は私のものとなるということと、しかし私は占有してはいず、占有を給付によってはじめて確保することになるということとの区別がなされた。ところで、私がもともとすでに物件の所有者である場合、抵当権設定の目的は、私が抵当権設定と同時にまた所有物の価値を占有するようになり、したがって、合意のうちですでに給付が保証されるということである。抵当権設定の特殊な仕方のひとつは保証人であって、この場合、誰かが私の給付を保証するために自分の約束や信用を提供してくれる。抵当権設定の場合にあってはもっぱら物件によって生じたことが、ここでは、人格によってもたらされるのである。〈ホトーより〉

八一

総じて、直接的な人格相互の関係においては、彼らの意志は、即自的に同一であり、契約において彼らによって共通に定立されているのと同様に、また特殊的意志でもある。彼らは直接的な人格であるから、彼らの特殊的意志が、彼らの意志によってのみ現存在をえることになる即自的に存在する意志と一致するかどうかは偶然的なことである。特殊的意志は、特殊なものとして、対自的には普遍的なものから区別されて、見識と意欲の恣意と偶然性にまつわりつかれ、即自的に法であるものに対抗して現れる。——これが、不法である。(87)

不法への移行は、論理的により高次の必然性によってなされる。この必然性とは、概念の両契機、ここでは即自的な法ないしは普遍的なものとしての意志と、まさしく意志の特殊性である現存在における法という両契機が、対自的には異なったものとして定立されているということである。そして、このことは概念の抽象的な実在性に属している。(88)——後者の意志の特殊性は、しかし、それだけとしては恣意や偶然性であり、契約において、私はこれを個々の物件についての恣意としてのみ廃棄したのであって、意志そのものの恣意と偶然性としてそうしたのではない。

補遺《契約と不法》 契約においては、われわれは二つの意志の関係をひとつの共通の意志の関係としてみた。しかし、この同一の意志は単に相対的に普遍的な、定立された普遍的意志であるにすぎず、したがって依然として特殊的意志との対立のうちにある。契約においては、合意のうちに、たしかに給付を要求する権利が含まれている。しかし、この給付は、また特殊的意志のことがらであり、そして、この特殊的意志はまさに特殊的意志として、即自的に存在する法に逆らって行為することができる。したがってここに、即自的に存在する意志のうちにすでに以前からあった否定が出現することになる。この否定がまさしく不法である。この行程は、一般的にいって、意志をその直接性から純化するとともに、意志の共通性から、この共通性に逆らうことになるような特殊性をよびだす行程である。契約において合意した双方は依然としてその特殊な意志を保持しているので、契約は恣意の段階からまだ抜けでておらず、したがって、不法に身を任せたままになっている。〈ホトーより〉

第三章　不　法

八二

契約においては、即自的な法はひとつの定立されたものとしてあり、法の内的な普遍性はもろもろの恣意と特殊的意志の共通項としてある。法のこの現象、つまり法において、法自身と、特殊的意志にほかならぬ法の本質的定在とが無媒介的に、すなわち偶然的に一致するという現象は、不法においては仮象となる。(89)——つまり、即自的な法と、特殊的意志、そこにおいてはこの法が特殊的な法〔権利〕となるような意志との対立になる。しかし、この仮象の真理は、この仮象が空しいものであるということ、そして、法がこの法の否定の否定によって再興されるということである。法は、みずからの否定からみずからに還帰するというこの媒介の過程を通して現実的なもの、妥当するものとして規定される。というのも、法は最初にあっては単に即自的にすぎず、直接的なもので

あったからである。(90)

補遺《法と不法》　即自的な法、つまり普遍的な意志は、特殊的意志によって本質的に規定されたものとしては、非本質的なものとの関係のうちにある。それは、本質のその現象に対する関係である。たとえ現象が本質に適合することがあったとしても、他の側面からみた場合にも、現象が本質に適合するというわけではない。というのは、現象は偶然性の段階であり、非本質的なものとの関係のうちにある本質だからである。しかし、不法においては、現象は仮象となる。仮象は本質に適合しない定在であり、本質の空虚な分離であり、定立されたものである。その結果、本質と仮象の区別は差別(91)としてあることになる。それゆえに、仮象は真ならざるものであり、真ならざるものはそれだけであろうと欲するや否や消失してしまうのである。そして、この消失において本質はまさに本質として、すなわち仮象の威力としてみずからを示すことになる。本質はみずからの否定を否定するのであり、それによって確証され強められたものとなる。不法はこのような仮象であり、不法の消失を通して、法は確固とした妥当するものという規定を獲得するのである。われわれがまさに本質とよんでいるものは、それに対しては、特殊的意志が真ならざるものとして廃棄されることになる即自的な法である。この即自的な法は以前には単に直接的な存在をもつにすぎなかったが、みずからの否定から還帰することによって、いまや現実的となる。なぜならば、現実性《ヴィルクリヒカイト》とは活動すること《ヴィルケン》(92)であり、自分を自分の他在において保つことだからである。これに対して、直接的なものはなお否定を受け入れうるものである。〈ホトーより〉

八三

法は、即自的に存在する法の普遍性および単一性に対する特殊的なもの、したがって多様なものとして、仮象の形式をもつが、法がこうした仮象であるのは、一部においては即自的ないしは直接的にであり、一部においては法が主観によって仮象としてたてられることによってであり、また一部においては法が端的に空しい〔無効な〕ものとされることによる。——すなわち、犯意のない不法ないし民事上の不法と詐欺と犯罪である。

補遺《不法の種類》　こうして不法は本質の仮象である。この仮象はみずからを自立したものとして定立する。仮象が単に即自的〔潜在的〕であって、対自的〔自覚的〕にもあるのではない場合には、すなわち、不法が私には法として通用しているような場合には、こうした不法はここでは犯意のないものである。この場合、仮象は法にとってのものであって、私にとってのものではない。第二の不法は詐欺である。この場合には、不法は即自的な法にとって何ら仮象ではなく、私が他人に仮象を信じさせるということが生じるのである。私が詐欺を働くのであるから、私にとって法は仮象なのである。第一の場合には、法にとって不法が仮象であった。第二の場合には、不法を犯す私自身にとって、法は単に仮象にすぎないのである。最後に、第三の不法は犯罪である。犯罪は即自的にも、私にとっても不法である。にもかかわらず、私はここでは不法を意志するのであって、〔自分の行為を合法的なものに装う〕法の仮象を用いることすらしない。犯罪が加えられる相手に、即自的かつ対自的に存在する不法を法とみなさせようとするのではない。犯罪と詐欺とのあいだの区別は、後者にあっては行為の形式のうちにまだ法の承認が存しているのに対して、犯罪の場合にはこのこともまた欠如しているというところにある。

〈ホトーより〉

A　犯意のない不法

八四

占有取得（五四）や契約、すなわち、それだけとしても、またその特殊な諸方式からいっても、さしあたって私の意志一般のさまざまな表現であり、さまざまな帰結であるものは、意志がそれ自身において普遍的なものであるから、他人の承認ということに関しての権原となる。(93) そして、この権原同士は相互に外面的であり、しかも多様であるから、同一物件に関する権原がさまざまに異なる人格に帰属するということが起こりうる。さまざまに異なる人格が各自自分の特殊的な権原にもとづいて物件を自分の所有物だとみなすのであり、そこに権利の衝突が生まれるのである。

八五

この衝突においては、物件は何らかの権原にもとづいて請求されるのであり、またこの衝突は民事上の訴訟の圏域をなしている。そしてこの衝突は、法的権利を普遍的なもの、決定的なものとして承認することを含んでいる。したがって、物件は、この物件への権利を有している者に帰属しなければならないとされるのである。この争い〔訴訟〕は、もっぱら物件を一方の所有のもとに包摂するか、他方の所有のもとに包摂するかということに関するにすぎない。——これはまったく否定判断[94]である。ここでは、私のものという述語において、ただ特殊なものだけが否定されるのである。

八六

訴訟の両当事者においては、法としての権利の承認が、相互に対立する特殊的な利害関心と、同様に特殊的な見解とに結びついている。この仮象に対抗して、同時にこの仮象自身のうちに(八五)、即自的な法が、〔両当事者によって〕表象され、要求されたものとして出現してくる。しかし、即自的な法は、さしあたりはひとつの当為としてあるにすぎない。なぜなら、意志は、利害関心の直接性から解放されて、特殊的意志でありながら、普遍的意志を目的とするような意志としてはまだ現存していないからである。またここでは、まだ普遍的意志は、それに対しては両当事者が自分たちの特殊的な見解と利害関心とを断念せざるをえないほどの承認された現実性として規定されていないのである。

補遺《訴訟》　即自的に法であるものはひとつの規定された根拠をもっている。そして、私が法とみなしている私の不法をもまた、私は何かあるひとつの根拠から弁護する。偶然性に活動の余地をあたえるということが、有限なものや特殊的なものの本性である。したがって、ここでわれわれは有限的なものの段階にたっている以上、ここに衝突が生じざるをえない。この最初の不法は、もっぱら特殊的意志だけを否定するものであり、他方、普遍的な法は尊重されている。それゆえ、この不法は、総じてもっとも軽い不法である。もしも私がバラは赤くないというならば、それでも私はなお、バラが色をもっていることは承認している。それゆえに、私は類を否定したのではなく、単に赤という特殊的なものを否定したにすぎない。同様に、ここでは法は承認されている。つまりどちらの人格も、合法的なことを欲し、どちらの人格にも合法的であるものだけが帰属しなくてはならないとされる。各人格の不法はただ、各人格が欲しているものを法であると考えているところに存するだけである。〈ホトーより〉

B 詐欺

八七

即自的な法は、特殊な、定在するものとしての法とは区別されて、要求されたものとしてではあってもたしかに本質的なものとして規定されてはいるが、しかしそれゆえに、同時に、この即自的な法は、単に要求された、この側面からすれば何かもっぱら主観的なものにすぎず、したがって非本質的なもの、単に仮象的なものにすぎない。このように、普遍的なものが特殊的意志によって単なる仮象的なものに引き下げられると、――さしあたって契約の場合でいえば、普遍的なものが意志の単なる外面的な共通性にまで引き下げられると、これは詐欺である。(95)

補遺《詐欺》 不法のこの第二段階においては、特殊的意志が尊重されて、普遍的な法は尊重されない。詐欺においては、特殊的意志は傷つけられない。というのは、欺かれる側は、自分が正当な扱いを受けていると思い込まされているからである。こうして、このこ要求された法は主観的なもの、単に仮象的なものとしてたてられるのであって、このこ

とが詐欺を構成することになるのである。〈ホトーより〉

八八

契約することで私はひとつの所有を獲得するが、それは、物件の特殊な性状のためであると同時に、物件が具える内的な普遍性の面に即してのこと、すなわち、一部は物件の価値に即しての、また一部は他人の所有からのものとしてのことである。他人の恣意によって、私には私の所有に関する虚偽の仮象がもちだされうる。したがって、この物件を交換する双方の側の自由な同意としての契約は、物件のもつ直接的な個別性という面からすれば、正当であるが、しかし、そこには、即自的に存在する普遍的なものの側面が欠けていることになる(肯定的な表現ないし同一的意義での無限判断。『哲学的諸学のエンチュクロペディー』一二一節をみよ)。(96)

八九

物件を単にこのものとして受け取ることに対して、また単に思い込みにすぎない意志や恣意的な意志に対して、客観的なものないし普遍的なものが、一方では価値として認識されるとともに、他方では法として妥当するようになり、そこで法に背く主観的恣意が廃棄されるということ、——以上のことも、ここではさしあたり、もっぱら要求というあり方をするものにすぎない。

補遺《詐欺と刑罰》 民事上の、犯意なき不法には、何ら刑罰は課せられない。というのは、私はここでは何も法に反したことを意欲したわけではないからである。これに反して、詐欺の場合には刑罰が生じる。なぜなら、ここでは侵害されている法ないし権利が問題となるからである。〈ホトーより〉

C　強制と犯罪

九〇

所有物において、私の意志は外的な物件のうちにおかれるが、このことには、私の意志がこの物件のうちに映しだされるのと同程度に、物件に捉えられ、必然性のもとにおかれるということが含まれている。その点で、私の意志は、一方では暴力一般をこうむることにもなるのだが、他方ではその暴力によって、犠牲を払うことないし行為をすることが、私の意志の何らかの占有や肯定的な存在の条件とされることもありうる。このようにして、私の意志に強制が課せられるのである。(97)

補遺《犯罪》　本来的な不法は犯罪である。犯罪では即自的な法も、私に現れるかぎりでの法も尊重されることはなく、こうして客観的側面も主観的側面も両方ともが侵害されるのである。〈ホトーより〉

九一

生物として人間はたしかに強制されうる、すなわち、人間の身体的な側面や、そのほか外面的な側面は他人の暴力のもとに服属させられる。しかし、自由意志は、即自的かつ対自的には強制されることはありえない(五)。自由意志が、それが引きとどめられている外面性から、あるいは外面性の表象から自分自身を取り戻さない場合を除いてのことではあるが(七)。自分が強制されることを意志する者のみが何ものかへと強制されうるのである。

九二

意志は、定在をもつかぎりでのみ、理念であり、現実的に自由である。そして意志が自分をそこへとおき入れた定在は自由が存在をえたものである。それゆえに、暴力ないし強制は、その概念からすれば、それ自身を直接に破壊するのだが、それは、意志の外化あるいは定在を廃棄するような、意志の外化としてである。したがって、暴力ないし強制は、抽象的に取り上げるならば、不法なものである。

九三

強制は、その概念からすれば、それ自身を破壊するのであるが、このことを実在的に描きだしてみると、強制は強制によって廃棄されるということになる。それゆえに、強制はただ条件つきで合法的であるばかりではなく、必然的でもある。——すなわち、第

一の強制を廃棄することである第二の強制としてそうである。(98)

協定されたものを履行しないこととか、作為によるにせよ、不作為によるにせよ、家族や国家に対して法的義務を果たさないことによって、契約に違反することは、私が他人の所有物や他人にあたえなければならない給付を他人にあたえず、あるいは他人から奪い取ってしまうかぎりで、第一の強制、あるいは少なくとも暴力である。——教育的な強制、ないしは野蛮や粗野に対して加えられる強制は、なるほどたしかに第一の強制のようにみえ、先行する第一の強制につづいて生じるものではないようにみえる。しかし、ただ自然的であるだけの意志は、それ自体では、即自的に存在する自由の理念に反する暴力であり、このような陶冶されていない意志に対して自由の理念は保護され、この意志のなかで妥当させられなくてはならない。人倫的定在が家族や国家のうちにすでに定立されていて、それらに対してかの自然性は強制力をふるうことにしかならないか、あるいは、もっぱら自然状態、総じて暴力の状態しか現存しないかなのであるが、この後者の状態に対しては、理念は、英雄の権利(99)を基礎づけることになる。

補遺《英雄の権利》　国家にあってはもはやひとりの英雄も存在することはできない。

英雄が出現するのはもっぱら未陶冶な状態にかぎられる。彼らが目ざす目的は、合法的な、必然的な、国家的なものである。こうした目的を彼らは自分のことがらとして遂行するのである。国家を創建し、婚姻と農業とを導入した英雄たちは、これらのことをもちろん承認された権利としておこなったわけではない。これらの行為はあくまで英雄たちの特殊的意志として現れているが、しかし自然性に対抗する理念のより高き法として、権利として、英雄たちによるこの強制は合法的なものである。というのも、自然の暴力に対抗するのに善意だけではほとんど実効を上げることができないからである。〈ホトーより〉

九四

抽象法は強制をともなう法である。なぜならば、この抽象法に対する不法は、外的な物件のうちにおかれた私の自由の定在に対する暴力だからであり、したがって、この暴力に対抗してこの定在の維持をはかることは、それ自身、外的な行為として、かの第一の暴力を廃棄する暴力だからである。

抽象的ないし厳格な法を、最初からすぐに、したがうべく強制しうる法として定義することは、不法という迂路を介してはじめて生じる結果において法を把握することを意味する。

補遺《法と道徳》　ここでは法的なものと道徳的なものとのあいだの区別が、何よりも顧慮されなければならない。道徳的なもののうちには、すなわち私が私の内面に向かう反省のうちには、また二元性がある。というのは、善が私にとって目的であり、そしてこの理念にしたがって、私は私自身を規定しなければならないからである。善の定在は私の決意であり、私は善を私自身のうちに実現するのである。しかし、この定在は完全に内面的なものであり、それゆえに、そこにはいかなる強制も生じない。だから国家の法律は、志操にまでおよぶことは許されない。というのも、道徳的な領域においては、私はまったく私自身として独立して存在し、ここではいかなる暴力も無意味だからである。〈ホトーより〉

九五

第一の強制は、自由の定在を具体的な意味において侵害する、つまり法としての法を侵害する暴力が自由な存在によって行使されることとして、犯罪である。――これはその十全な意味で否定的な無限判断である(100)(私の『論理学』第二巻九九頁をみよ(101))。すなわちこの判断を通しては、ただ単に私の意志のもとへのある物件の包摂という特殊的なものが否定されるだけではなく(八五)、同時に私のものという述語における普遍的なもの、無限なもの、つまり権利能力も否定されるのである。しかも、(詐欺の場合のように、八八)私の思い込みという媒介なしに、同様に私の思い込みに反して否定されるのである。――これが刑法の圏域である。

それの侵害が犯罪となる法は、たしかにこれまでのところ、われわれがみてきたような諸形態をさしあたりとるにすぎない。したがって、犯罪も同様に、さしあたっては、これらの諸規定に関係するより詳細な意味を具えているだけである。しかし、これらの諸形式における実体的なものは普遍的なものであり、これはそのさらなる展開や形態化においても同一的なものにとどまる。したがって、この普遍的なものの侵害、すなわち犯罪も、その概念からして同一的なものにとどまる。それゆえにまた、つぎの節において顧慮されるような規定は、特殊的な、より進んで規定された内容に、たとえば偽誓、国事犯、貨幣偽造、手形偽造などに関わるのである。

九六

侵害されうるのは定在する意志だけであるが、しかしこの意志は、定在するにあたり一定の量的範囲と質的諸規定の領域のうちに入り込んでいるので、それらにしたがって、相違している。このかぎりで、こうした意志の定在とその規定性一般とが、その全範囲において、したがってその概念に相応した無限性において侵害されたのか（殺人、奴隷制、宗教的強制などの場合のように）、それとも、単にその一部分において侵害されたのか、またいかなる質的な規定において侵害されたのかということが、同様に、犯罪の客観的側面に関する区別をなすことになる。

ひとつの徳とひとつの悪徳しか存在しないというストア派の見解[102]や、いかなる犯罪も死刑によって処罰するドラコンの立法[103]は、いかなる侵害も無限な人格性に関わるものとする形式的名誉の粗野さと同様に、つぎのことを共有している。それは、これらが自由意志と人格性についての抽象的な思惟のもとにたちどまっていて、自由意志や人格性を、それらが理念として具えなくてはならない具体的で規定された定在においては捉えてはいないということである。——強盗と窃盗との区別は、前者においては、現在する意識としての、したがってこの主観的な無限性としての私の自我が侵害され、人格的な暴力が私に対して加えられているという質的な区別に関係する。――犯罪の多くの質的な諸規定、たとえば公共の安全に対する危険性[104]といった諸規定は、さらに詳細に規定された諸関係のうちにその根拠を有するが、しかしまた、しばしば、ことがらの概念からというよりは、むしろあれこれの結果という迂路を介してはじめて捉えられることになる。――こうして、それ自身において、つまりその直接的な性状においてきわめて危険な犯罪は、範囲や質からいってもきわめて重大な侵害なのである。――犯罪の主観的で道徳的な質は、ある事件や行為一般がいかなるかぎりで自覚的行為であるのかというより高度の区別に関係しているのであり、後述[105]される、行為の主観的な本性それ自身に関わるのである。

補遺《量刑の程度》　それぞれの犯罪がどのように罰せられなければならないかは、思想によって示されるわけにはいかず、このためには実定法の諸規定が必要である。もっとも文化教養の進展を通して、犯罪に対する見方も次第に穏やかなものになり、今日ではもはや一〇〇年まえにおこなわれたような厳しい刑罰を科すことはなくなっている。しかし、変化するのは犯罪あるいは刑罰そのものではなく、両者の関係である。〈ホト

ーより〉

九七

法としての法への侵害が実際に起こった場合、この侵害はなるほどひとつの積極的な、外面的な現存在ではあるが、しかしこの現存在はそれ自身において無効なものである。この現存在が無効であるということが顕現するのは、同様に侵害の無効化が現存在するようになるということでもある。——これが、自分に対する侵害を揚棄することを通して自分を自分と媒介する必然性としての、法の現実性(106)である。

補遺《刑罰の意味》　犯罪によって何かあるものが変えられるのであるが、ことがらはこの変化のなかに現存在している。しかし、このことがらの現存在はそれ自身の反対物であり、このかぎり、それ自身において無効なものである。この無効性は、法としての法を廃棄してしまっているということである。すなわち、法は絶対的なものとして廃棄されることのできないものであるのだから、犯罪の発生はそれ自体において無効なものであり、そしてこの無効性が犯罪のもたらす結果の本質であるといってよい。しかし、無効なものは無効なものとしてみずからを明示せざるをえない。すなわち、みずからをそれ自身侵害されうるものとして示さざるをえない。犯罪という行為は、第一のもの、肯定的なものとして、刑罰がそれに対する否定としてつけ加えられるようなものではなくて、否定的なものであり、したがって刑罰はもっぱら否定の否定にほかならない。ところで、現実的な法は、この侵害を廃棄することであり、このように侵害を廃棄することにおいて、法はまさにみずからの妥当性を示し、そして、みずからを必然的にして媒介された定在として確証するのである。〈ホトーより〉

九八

もっぱら外面的な定在ないし占有に加えられるものとしての侵害は、所有や財産の何らかの仕方に加えられる害悪であり、損害である。損害をあたえることとしての侵害を廃棄することは、補償、すなわち、そのようなものが一般に可能であるかぎりでの補償としての民事上の賠償である。

この賠償という側面のうちには、損害をあたえることが破壊にまで達し、およそ回復不可能なものであるかぎりでは、損傷の質的に特定な性状の代わりに、損害の普遍的な性状が、価値として現れざるをえないということがある。

九九

即自的に存在する意志に（しかも、こうして、被害者および万人の意志と同様に、加害者の意志にも）加えられる侵害は、この即自的に存在する意志そのものにおいて、何ら肯定的な現存在をもってはいないし、その侵害の単なる所産においても同様にもってはいない。この即自的に存在する意志（法、即自的に法律であるもの）は、それだけではむしろ何ら外面的に現存在するものではなく、そのかぎりで侵害されえないものである。同様に、侵害は、被害者ないしその他のひとびとの特殊的意志にとっては、もっぱら何か否定的なものであるにすぎない。侵害の肯定的な現存在は単に犯罪者の特殊的意志としてのみ存在する。それゆえ、定在する意志としての、犯罪者の特殊的意志を侵害することは、この侵害がなければ通用してしまうであろう犯罪を廃棄することであり、法を回復することである。

刑法理論は、近年の実証法学にあってもっともひどく失敗している論題のひとつである。なぜなら、この理論においては、悟性では十分ではなく、本質的に概念が問題となるからである。——犯罪とその廃棄、そしてこの廃棄はさらに刑罰としても規定されるのであるが、これが害悪一般でしかないものとみなされるならば、すでに他の害悪が存在するという理由だけで別の害悪を望むことは、たしかに非理性的であるとみなすことができる(クライン[108]『刑法の諸原則』九節以下)。害悪のもつこの表面的な性格は、さまざまな刑法理論、すなわち予防理論、懲戒理論、威嚇理論、矯正理論などにおいて、第一のものとして前提されている。そして、その代わりに生じるべきものが、同様に表面的に善いこととして規定されている。しかし、問題は単に何かある害悪でもなければ、あれこれの善いことでもなくて、はっきりと、不法と正義が問題なのである。ところが、その表面的な観点によって、犯罪を取り扱う第一にして実体的な観点である正義の客観的な考察が脇に押しやられてしまう。そして、その結果おのずから、道徳的な観点、犯罪の主観的な側面が、理性に逆らう感性的な衝動の刺激や強度、また表象への心理学的強制や影響についての陳腐な心理学的表象と(あたかも、そのようなものが自由によって偶然的なものに引き下げられることがないかのように)いっしょくたにされて、本質的なものとなるのである。現象としての刑罰や、刑罰の特殊的意識への関係に属するさまざまな顧慮、さらに表象への帰結(威嚇すること、矯正すること等々)に関するさまざまな顧慮は、それぞれの立場で、しかもとりわけ刑罰の様相に関しては、おそらく本質的な考察を含んでいようが、しかしいずれも、刑罰が即自的かつ対自的に正当であるという根拠づけを前提にしている。この当面の議論においてただひとえに肝心なことは、犯罪が、しかも害悪を生みだすこととしてではなく、法としての法の侵害として、廃棄されなければならないということであり、そして犯罪が具え、したがって廃棄されなければならない現存在がどのようなものか、ということである。この現存在こそ除去されなければならない真実の害悪であり、この現存在がどこに存するかが本質的な点である。これに関する概念が明確に認識されていないかぎり、刑罰の見解のうちに混乱が支配するのは避けられないのである[109]。

補遺《フォイエルバッハの刑罰理論》　フォイエルバッハ[110]の刑罰理論は、刑罰を威嚇のうえに根拠づけ、そして、この威嚇にもかかわらず、誰かが犯罪を犯すとすれば、犯罪者はまえもって刑罰について承知しているのだから、刑罰が加えられなければならない、と考えるものである。しかし、威嚇の正当性とはいかなるものであろうか。威嚇は、人間を自由ならざる存在として前提し、そして害悪の表象によって強制しようとするものである。しかし、法と正義とはその場所を自由と意志とのうちにもたなければならず、威嚇が向けられている不自由のうちにではない。こうした仕方で刑罰を基礎づけることは、あたかも犬に杖を振り上げるのにも似ていて、これでは人間はその名誉と自由との面から取り扱われず、犬のように取り扱われることになる。しかし、人間がこの威嚇に対抗して自分の自由を証明してみせるほどに、人間を根底的に激昂させるような威嚇は、正義を完全にないがしろにしてしまうのである。心理学的強制は単に犯罪の質的および量的な区別に関わることができるだけで、犯罪そのもの本性には関係しない。したがって、おおよそこの教説からつくりだされた法典は本来的な基礎を欠いているのである。

〈ホトーより〉

一〇〇

犯罪者に加えられる侵害〔刑罰〕は、ただ単に即自的に正当であるだけではない。——正当なものとして、この侵害は、同時に犯罪者の即自的に存在する意志であり、彼の自由の定在であり、彼の法ないし権利である——それだけではなく、また犯罪者自身における法ないし権利、すなわち犯罪者の定在する意志のうちに、彼の行為のうちに定立されたない法ないし権利でもある。というのは、理性的なものとしての犯罪者の行為には、その行為が普遍的なものであり、行為することを通してひとつの法則がたてられているということが含まれているからである。この法則を犯罪者は自分の行為において対自的に承認していたのであり、それゆえ、彼はこの法則のもとに、みずからの法ないし権利のもとに包摂されるように、包摂されることを要するのである。(111)

周知のように、ベッカリーア(112)は国家に対して死刑の権利を認めなかったが、それは、社会契約のうちに殺されてもよいという個人の同意が含まれていると仮定することは困難であり、むしろその逆が認められなければならないという理由からであった。だが、一般に国家はそもそも契約ではなく（**七五**をみよ）、また個別者としての諸個人の生命や所有の保護と保全が無制約的に国家の実体的な本質であるのではなく、むしろ国家はより高い存在であって、こうした個人の生命や所有そのものさえも要求し、これらを犠牲に供することを強要するのである。――さらに、国家が通用させなければならないものは、ただ犯罪の概念、すなわち個々人の同意の有無に関わることなく即自的かつ対自的な、犯罪の理性的なものだけではない。犯罪者の行為のうちには、形式的に理性的であること、つまり個人の意欲もまた含まれているのである。この点で刑罰は犯罪者自身の法ないし権利を含むものとみなされるのであり、ここで犯罪者は理性的存在者として尊敬されるのである。――この尊敬は、彼の行果そのものから彼の刑罰の概念と尺度が取りだされないとしたら、彼にあたえられることにならない。――また、この尊敬は、彼が単に無害にされるべき有害な動物とみなされたり、あるいは懲罰や矯正の目的で罰せられたりするならば、同様に彼にあたえられないのである。――さらに、正義の現存在の仕方に関していえば、元来、この正義の現存在が国家のうちでもつ形式、すなわち刑罰という形式は唯一の形式であるのではなく、そして国家は正義それ自体の条件をなす前提ではないのである。

補遺《死刑》 ベッカリーアが望んだこと、すなわち人間は処罰を受けることに同意しなければならないということは、まったく正当である。しかし、犯罪者は自分の行為を通してすでに同意をあたえているのである。犯罪者によってなされた侵害が廃棄されるということは、犯罪の本性であるとともに、犯罪者自身の意志でもあるのである。それにもかかわらず、死刑を廃止させようとするベッカリーアの努力は、有益な結果をもたらした。ヨーゼフ二世[113]もフランス人たちも死刑の完全廃止を実行するまでにいたらなかったが、それでも、何が死刑に値する犯罪か、何が死刑に値しない犯罪かについて、探究されるようになったからである。こうして死刑は次第に稀になったが、このことは、刑罰のこの最高の頂点にふさわしいことである。〈ホトーおよびグリースハイムより〉

一〇一

犯罪を廃棄することは報復であるが、それは、報復が、その概念からして、侵害の侵害であり、そして犯罪が、定在からすれば、一定の質的および量的な範囲をもち、したがって、犯罪の否定も、定在としては、まさしく同様の範囲をもつかぎりにおいてである。概念にもとづくこの同一性は、しかし、侵害の種的な性状における同等性ではなく、侵害の即自的に存在する性状における同等性である。――すなわち、侵害の価値からみての同等性である(114)。

普通の学問においては、ある規定の定義、ここでは刑罰の定義は、意識の心理学的経験についての一般的な表象から取りだされなければならない。この流儀でいけば、おそらくこれが示すのは、犯罪は刑罰に値するものであり、犯罪者に対しては彼がなしたのと同じようなことがなされなければならないということが、犯罪に対する諸民族や諸個人の一般的な感情であり、またそうであったということであろう。その諸規定の源泉を一般的な表象のうちにみいだすこれらの学問が、別の機会には、このようないわゆる意識の一般的な事実にも矛盾する諸命題を、どのように採用しているのかはみきわめがたいことである。――しかし、同等性の規定は報復の表象のうちに重要な困難をもち込むことになった。質的および量的な性状に関しての刑罰諸規定の正義は、そもそも、ことがらそのものの実体的なものよりはあとにくるものである。たとえ、このよりたち入った規定をするために、刑罰の普遍的なもののためとは異なる諸原理を探求しなければならなくなったとしても、この普遍的なものは、そのある通りのままである。しかしながら、概念自身は、一般に、特殊的なものにもあてはまる根本原理を含まなければならない。だが、概念のこのような規定こそ、まさに、犯罪は、即自的に無効な意志として、それ自身のうちにみずからの無化――それは刑罰として現れる――を含むという必然性のかの連関なのである。この内的な同一性は、悟性にとっては、外面的な定在において同等性として反映させられるものである。ところで、犯罪と犯罪の廃棄のもつ質的および量的な性状は、外面性の圏域に属する。そして、この外面性の圏域では、もともといかなる絶対的な規定も不可能である(**四九**参照)。絶対的な規定は有限性の領野にあっては、単にひとつの要求にとどまりつづけ、悟性はますますこれを限界づけなければならない。このことは悟性にとって最高に重要なことなのであるが、この要求はしかし無限につづくのであって、ただ根気のある接近を許すだけである。――もし有限性のこの本性をみのがすだけでなく、そのうえまた抽象的な種的同等性のもとにどこまでもとどまるとすれば、もろもろの刑罰を規定するという、克服しがたい困難が生じるだけではなく（心理学がなお、感性的な衝動の大きさや、これと結びついた、悪しき意志のそれだけ増大した強さとか、あるいは、意志一般のそれだけ少ない強さや自由とか——どちらでもかまわないが——をもちだす場合にはなおさら）、刑罰という報復（窃盗には窃盗を、強盗には強盗を、眼には眼を、歯には歯をといったような、そのうえ、このさい犯行者が片眼であったり、歯なしであったりする場合も考えられるであろう）を不合理なものとして描きだすこともきわめて容易である。しかし、概念はこの不合理とは何ら関係がない。この不合理は、もっぱら先にもちだされたかの種的同等性に責がある。それぞれの現存在のうちにあって種としてまったく相違している諸物件の内的に同等なものとしての価値は、すでに諸契約（上述**七七**をみよ）において、また同様に犯罪に対する民事訴訟（**九五**〔および**九八**〕）においてみられる規定であって、この規定を通して、表象は物件の直接的性状から普遍的なもののうちに高められるのである。犯罪においては、行果の無限なものが根本規定であるから、単に外面的に特殊的なものはそれだけいっそう消失する。そして、同等性がもっぱら、犯罪者が値することになった本質的なものにとっての根本規則でありつづける。しかし、それは、この報いの外面的で、特殊的な形態にとっての根本規則ではない。後者からみてのみ、窃盗、強盗と、罰金刑、禁固刑等々とは、まったく不同なものである。しかし、それらの価値、すなわち侵害であるというそれらの普遍的な性質からすれば、それらは比較可能なものなのである。その場合、すでに注意されたように、この双方の価値の同等性への接近を試みるのは、悟性のことがらである。犯罪とその犯罪の無化とのあいだに即自的に存在する連関、さらに価値および価値によって両者を比較することが可能であるという思想が把握されないならば、本来の刑罰のなかに、害悪と何らかの許されざる行為とのあいだの単に恣意的な結合をみる(クライン『刑法の諸原則』九節)にすぎないことになるであろう。

補遺《報復としての刑罰》 報復は、相違するものとして現象し、また相互に相違した外面的な現存在をもつ二つの規定のあいだの内的な連関であり、同一性である。犯罪者に報復がおこなわれると、このことは犯罪者には帰属しない、疎遠な規定といった外観を呈する。しかし、刑罰は、それにもかかわらず、われわれがみてきたように、犯罪の顕現、すなわち、一方の半面が必然的に前提している他の半面である。報復がさしあたって反対されるのは、報復が何か非道徳的なものとして、復讐としてみえるからであり、それゆえにまた個人的なもののようにみなされるからである。しかし、報復そのものを遂行するのは、個人的なものではなく、概念である。「復讐するはわれにあり」と神は聖書のなかで語っている。[115] もしひとが報復ということばのうちに、たとえば、主観的な意志の特殊な意向の表象をもちたいのならば、それは、犯罪の形態そのものを犯罪に向けることを意味するにすぎないといわれなければならない。復讐の女神エウメニデス[116]たちは眠っているが、しかし犯罪は彼女たちをよび起こすのであり、こうして犯罪者自身の行為が自分にふりかかってくるのである。ところで、報復にさいして、種的同等性が目ざされているわけではないとしても、しかし殺人の場合は別である。殺人に対しては、死刑が必然的に科せられる。というのも、生命が定在の全範囲であるから、刑罰は、生命の代わりにならないような価値のうちには成立せず、ただ生命を奪うことのうちにのみ成立するからである。〈ホトーより〉

一〇二

犯罪を廃棄することは、法の直接性というこの圏域においては、さしあたっては復讐である。復讐は、それが報復であるかぎりで、内容にしたがえば、正当である。しかし、形式からすれば、復讐は主観的意志の行為である。この意志は、生起するいかなる侵害のうちにも、自分の無限性をおき入れることができ、それゆえ、この意志が主張する正義は一般に偶然的であり、またこの意志は相手にとってももっぱら特殊的意志として存在するにすぎない。復讐は、これが特殊的意志の積極的な行為として存在することによって、新たな侵害となる。復讐は、このような矛盾として、無限進行に陥り、世代から世代へと無際限に継承されてゆくことになる。

犯罪が(ユダヤ人やローマ人のもとにおいて窃盗や強盗がそうであり、イギリス人のもとにおいては今日でも若干の犯罪がそうであるように)公的犯罪(*crimina publica*)としてでなく、私的犯罪(*crimina privata*)[117]として起訴され、処罰される場合には、刑罰は少なくともなお復讐の一部という側面を具えている。英雄たちや冒険騎士たちなどの復讐行為は、私的な復讐とはちがって、国家の成立に属するものである[118]。

補遺《刑罰形式としての復讐》　裁判官も法律も存在しない社会状態においては、刑罰はつねに復讐の形式をとる。そして復讐は、これが主観的な意志の行為であって、内容に適合していないかぎり、欠陥があるままである。なるほど裁判官もまた人格ではあるが、しかし、裁判官の意志は法律の普遍的意志であり、彼らはことがらの本性にないものは何ひとつ刑罰のうちにもち込むことを望まない。これに対して、被害者にとっては、不法は量的にも質的にも限界をもったものとしては現れず、もっぱら不法一般として現れる。だから、報復において被害者は、ふたたび新たな不法を招来するかもしれないことを受け入れうる。陶冶されていない諸民族のもとにおいては、復讐は不滅のものであって、たとえばアラビア人のもとでは、復讐はもっぱらより高い強制力によってか、あるいはその実行が不可能であることによってしか抑止されえないのである。そして今日の多くの立法のうちでも、まだ復讐の残滓が取り除かれてはいない。それは、侵害を法廷にもちだすかどうかは個人にゆだねられているからである。〈ホトーより〉

一〇三

ここで、不法の廃棄の仕方のうちに現存するこの矛盾が（他の不法の場合における矛盾、**八六**、**八九**、と同様に）解消されることを要求することは、主観的な関心や主観的な形態からと同様に、実力の偶然性からも解放されているような、したがって、復讐をおこなうのではなくして、刑罰をおこなう正義を要求することである。ここにはさしあたっては、特殊的で、主観的な意志でありながら、普遍的なもののそのものを欲するような意志の要求が存している。しかし、道徳のこの概念は、単に要求されたものであるだけではなく、これまでの運動そのものにおいて出現しているのである。

法から道徳への移行

一〇四

すなわち、犯罪と復讐する正義とは、意志の展開の形態を、普遍的な、即自的に［存在する］意志と、個別的な、前者に対抗して、対自的に存在する［意志］との区別にまで進んだものとしてあきらかにし、そのうえでさらに、即自的に存在する意志がこの対立を廃棄して自分のうちに還帰し、そのことによって、みずから対自的かつ現実的になっていることをあきらかにするのである。こうして、法は、単に対自的に存在する個別的な意志に対抗するものとして確証されて、みずからの必然性によって現実的なものとして存在し、妥当するのである。――この形態化は、また同時に、意志の形成された、内面的な概念の規定性でもある。意志の概念からすれば、意志のそれ自身における現実化は、そこに意志がさしあたって存在し、それを形態としては抽象法においてもつことになる即自存在と直接性の形式を廃棄すること(二一)、――したがって、まずは、即自的に存在する普遍的な意志と個別的で対自的に存在する意志との対立のうちに身をおき、つぎに、この対立の揚棄、つまり否定の否定を通して、自分を、ただ単に即自的に自由な意志であるだけでなく、対自的にも自由な意志であるという、定在する意志として、すなわち、自分を自分に関係させる否定性として規定することである。意志がただ抽象法においてある場合の、意志の人格性を、いまや意志はみずからの対象とする。つまり、自由のこのように対自的に無限な主観性が、道徳的立場の原理を構成するのである。

　自由の概念が、意志の、さしあたり抽象的な規定性から、みずからをみずから自身に関係づける規定性にまで、すなわち主観性の自己規定にまでみずからを形成しつづける場合の諸契機を詳細に顧みると、この意志の規定は、所有においては、抽象的な私のものであり、したがって、外的な物件のうちにあり、契約においては、双方の意志によって媒介された、単に共通の私のものにほかならない。そして不法においては、法の圏域の意志、すなわち意志の抽象的な即自存在ないしは直接性が、個別的でそれ自身偶然的な意志によって、偶然性として定立されている。道徳的立場においては、この偶然性が克服されて、この偶然性それ自身が、自分のうちに反照した、自己同一的なものとして、意志のそれ自身のうちに存在する無限の偶然性(119)、すなわち意志の主観性となるのである。

補遺《道徳への移行》　概念が存在し、この概念の定在が概念に相応しているということは真理に属することである。法においては、意志はその定在を外面的なもののうちにもつ。しかし、つぎなる段階は、意志がその定在を意志そのもののうちに、すなわち内面的なもののうちにもつということである。意志は対自（自覚）的なものとなり、主観性でなくてはならず、自分を自分自身に対してもたなければならない。この自分自身に対する態度は肯定的なものではあるが、しかし、この肯定的な態度を意志は、自分の直接性の廃棄を通してのみ獲得することができる。犯罪において廃棄された直接性は、刑罰によって、すなわちこの否定的なものを否定することによって、肯定にいたる、——道徳にいたるのである。〈ホトーより〉

第二部　道　徳

一〇五

道徳的立場は、意志がただ単に即自的に無限であるだけでなく、対自的にも無限であるかぎりでの、意志の立場である（前節）。意志のこのような自分のうちへの反省（還帰）が、そして即自存在や直接性に、またこうしたなかで展開するもろもろの規定性に対抗する、意志の対自的に存在する同一性が、人格を主観（主体）へと規定する。

一〇六

主観性が今後は概念の規定性を構成し、そして主観性は概念としての概念、すなわち即自的に存在する意志からは区別されて［いる］。しかも主観の意志は同時に対自的に存在する個別者の意志として存在する（意志はなお直接性を具えてもいる）。したがって、主観性が概念の定在を構成する。――このことによって、自由に対してより高い基盤が規定されたことになる。理念に即すれば、いまや、現存在の側面ないしは理念の実在的契機が意志の主観性である。ただ主観的なものとしての意志においてのみ、自由もしくは即自的に存在する意志は現実的であることができる。

第二の圏域である道徳は、それゆえに、全体として、自由の概念の実在的側面を示す。この圏域の過程は、さしあたってはただ対自的に存在するにすぎない意志を、つまり即自的に存在する意志もしくは普遍的意志とは、直接的に、ただ即自的に同一であるにすぎない意志を、この意志がそこにおいて自分を自分のうちに深化させるその区別にしたがって廃棄することであり、そして、この意志を、即自的に存在する意志と対自的に同一的なものとして定立することである。したがって、この運動は、自由のこの目下の基盤である主観性に手入れを施すことであり、さしあたっては抽象的な、すなわち概念から区別されていた〔主観性を〕概念と同等なもの〔にすること〕であり、——こうして主観的な意志がみずからを同様に客観的な、したがって真実に具体的な意志にまで規定することによって、——理念にとってその真実の実現をえることである。

補遺《対自的に存在する自由としての道徳》　厳格〔抽象〕法においては、私の原則や私の意図が何であったかは問題にならない。意志の自己規定や動機へのこうした問いは、故意への問いと同様に、いまやこの道徳の場面において現れる。人間は、みずからの自己規定の面で判定されることを望むから、この関係においては、外的に彼を規定するものがどんなものであろうとも、彼は自由である。人間が自分のうちでもつこの信念には、何びとも干渉することはできない。すなわち、この信念にはいかなる暴力も加えることはできない。それゆえ、道徳的意志は不可侵である。人間の価値は、彼の内面的な行為に即して評価される。したがって、道徳的立場は対自的に存在する自由である。〈ホトーより〉

一〇七

意志の自己規定は同時に意志の概念の契機であり、主観性はただ単に意志の定在の側面であるばかりでなく、意志固有の規定でもある（一〇四）。主観的なものとして規定され、対自的に自由な意志は、さしあたっては概念としてあるが、理念としてあるために、それ自身で定在をもつ。それゆえ、道徳的立場は、その形態においては、主観的な意志の法である。この法にしたがって、意志は、あるものが意志のものであり、このあるものにおいて意志が主観的なものとしてあるかぎりで、このあるものを承認するのであり、このあるものであるのである。

道徳的立場のこの過程（**前節**の注解をみよ）は、この側面からすれば、主観的意志の法の展開——もしくは主観的意志の定在の仕方の展開——であるという形態をとる。したがって、主観的意志は、自分のものとして自分の対象のうちに認識するものを、引きつづき、それが主観的意志の真実の概念、主観的意志の普遍性という意味での客観的なものであるところまで規定するのである。

補遺《意志の主観性》　意志の主観性のこの規定全体はふたたび、主観性として、また客観性をもたなければならない全体である。主観においてはじめて自由はみずからを実現することができるが、それは、主観がこの実現のための真実の質料だからである。しかし、われわれが主観性と名づけた、意志のこの定在は、即自的かつ対自的に存在する意志とは相違している。すなわち、意志は、即自的かつ対自的に存在する意志になるためには、単なる主観性という、このもうひとつ別の一面性から、みずからを解放しなければならない。道徳においては、人間の独自の関心が問われる。そして、人間が自分自身を絶対的なものとして知りかつ自分を規定することが、まさに人間の高い価値なのである。陶冶されていない人間は、強者の暴力や自然の諸規定性によってすべてを負わされる。子どもたちはいかなる道徳的意志ももたず、彼らの両親に左右される。しかし、教養を積み、内面的になりつつある人間は、自分がなすすべてのことにおいて自分自身であろうと意志するのである。〈ホトーより〉

一〇八

直接的に対自的で、即自的に存在する意志から区別されるものとしての主観的な意志は（一〇六注解）、それゆえに抽象的で、制限されており、形式的である。しかし、主観性は、ただ単に形式的であるだけでなく、意志の無限の自己規定として、この意志の形式的なものをなしている。この形式的なものは、それがこのような、個別的意志においてはじめて登場するところでは、まだ意志の概念と同一的なものとしては定立されていないゆえに、道徳的立場は関係の立場であり、当為ないしは要請の立場である。(2)——そして、この主観性が具える差異は、また外面的な定在としての客観性に対立する規定をも含んでいるので、ここに意識の立場もまた登場している（八）。——これは一般的にいって、差異の立場、意志の有限性と現象の立場である。

道徳的なものは、まずもってすでに不道徳的なものに対置されたものとして規定されているのではない。これは、法がただちに不法に対置されたものではないのと同様である。そうではなく、道徳的なものならびに不道徳的なものの普遍的な立場が、意志の主観性にもとづいているのである。

補遺《当為》　自分を規定するということは、道徳においては、まだいかなるあるところのものにも達しえていない、純粋な動揺と活動として考えられなければならない。人倫的なもの(3)において、はじめて意志は意志の概念と同一的になり、もっぱらこの概念だけを自分の内容とする。道徳的なものにおいては、意志はまだ、即自的に存在するものに関係するにすぎない。したがって、道徳的なものは差異の立場であり、この立場の過程は、主観的な意志が意志の概念と同一化する過程である。それゆえに、いまだ道徳のうちにある当為は、人倫的なものにおいてはじめて達成されることになる。しかも、主観的な意志が関係しているこの他のものは二重である。それは、一方では概念の実体的なものであり、他方では外面的に定在するものである。たとえ善が主観的な意志のうちに定立されているとしても、そのことによって善が実行されたことにはまだならないのである。〈ホトーより〉

一〇九

意志のこの形式的なものは、その一般的な規定にしたがえば、まずは主観性と客観性との対立と、この対立に関わる活動（八）とを含んでいる。——この活動の諸契機をくわしくみれば、つぎの通りである。すなわち、定在と規定性とは概念においては同一であり（一〇四〔および三二注解〕参照）、そして、主観的なものとしての意志は、それ自身、この概念である。——この両者を、しかも対自的〔それぞれ〕に区別するとともに、また同一的なものとして定立すること。規定性は、自分自身を規定する意志においては、（α）さしあたっては、この意志自身によって意志のうちに定立されたものとして、存在する。——意志の意志自身における特殊化であり、意志がみずからにあたえる内容である。これが最初の否定であり、そして、この否定の形式的な限界は、単に定立されたもの、主観的なものであるにすぎないということである。この限界は、自分のうちへの無限の反省として、意志自身に対して〔自覚されて〕あるのであり、そこで意志は、（β）この制限を廃棄するという意欲であり、——この内容を主観性から客観性一般のうちに、直接的な定在のうちに移し入れるという活動である。[4]（γ）この対立における、意志のみずからとの単純な同一性は、両者のうちで変わることなく存続しながら、形式のこの区別に対して無関心な内容、つまり目的である。

一一〇

しかし、内容のこの同一性は、自由が、すなわち意志のみずからとのこの同一性が意志に対して〔自覚されて〕ある（一〇五）道徳的立場においては、もっと詳細な固有の規定を含んでいる。

（a）内容は、私にとって、私のものとして、つぎのように規定されている。すなわち、この内容は、その同一性において、ただ単に私の内面的な目的としてだけではなく、この内容が外面的な客観性を獲得しているかぎりにおいても、私の主観性を私に対して含んでいる。

補遺《意図の妥当》　主観的意志ないしは道徳的意志の内容は、固有の規定を具えている。すなわち、この内容は、たとえ客観性の形式を獲得したとしても、それでも依然として私の主観性を具えなくてはならないとされる。そして、行果は、これが内面的に私によって規定され、私の故意であり、私の意図であったかぎりにおいてのみ妥当すべきだとされる。外化されたもののうちに、私の主観的意志に含まれていたもの以上は、私は私のものとして認めない。私は外化されたものに、私の主観的意識を再認することを望むのである。〈ホトーより〉

一一一

（b）内容は、これがたとえ特殊的なものを含むとしても（この特殊的なものがどこから由来するかはともかくとして）、その規定性において自分のうちへ反省した、したがって自己同一的で普遍的な意志の内容として、（α）即自的に存在する意志に適合しているという、あるいは、概念の客観性をもつという規定をそれ自身のうちにもっている。しかし、（β）このことは、主観的意志が、対自的に存在する意志として、同時にまだ形式的であることによって（一〇八）、単に要請であるにすぎず、意志は概念に適合していないという可能性を同様に含んでいる。

一一二

（c）私は私の主観性を私の目的を遂行するなかで保持するのであるから（一一〇）、目的の客観化というこの遂行において、私は同時にこの主観性を、直接的なものとしては、したがってこの私の個別的な主観性としては廃棄するのである。しかし、このようにして私と同一的となった外面的な主観性とは、他のひとびとの意志である（七三）。——ところで、意志の現存在の基盤は主観性であり（一〇六）、そして他のひとびとの意志は、私が私の目的にあたえる現存在であるが、それは、同時に私にとっては他の現存在である。——それゆえに、私の目的の遂行は、私の意志と他のひとびとの意志とのこの同一性をそのうちに具えている。——私の目的の遂行は、他のひとびとの意志への積極的な関係を有するのである。

それゆえに、遂行された目的の客観性は、それ自身のうちに、三つの意義を包含している、ないしはむしろ三つの契機をひとつにしている。すなわち、（α）外面的で直接的な定在（一〇九）、（β）概念に適合していること（一一二）[5]、（γ）普遍的な主観性であること、である。この客観性のうちにみずからを保持する主観性は、（α）客観的な目的が私の目的であって、これがためにこの目的のうちで私が私をこのものとして保持しているということである（一一〇）。そして主観性の（β）と（γ）は、すでに客観性の（β）と（γ）の契機と一致している。――これらの規定が、このように、道徳的立場においては相互に区別されつつ、結合されると矛盾するだけであるということが、さらにいえば、この圏域の現象するものないし有限性をなしているのである（一〇八）。そして、この立場が展開することは、この矛盾が展開することであり、矛盾が解消することであるのだが、ただしこの立場の内部では、この解消は単に相対的なものでしかありえない。

補遺《道徳の普遍妥当性》　形式的な法にあっては、法は単に禁止を含むだけであること、これがために、厳密な法的行為は他のひとびととの意志との関係においては単に消極的な規定をもつにすぎないことが語られた(6)。これに対して、道徳的なものにおいては、他のひとびとの意志との関係において、私の意志の規定は積極的である。すなわち、主観的な意志は、それが実現するもののうちに、即自的に存在する意志を内面的なものとしてもっている。ここにあるのは、定在をつくりだすことであり、定在を変化させることであるが、この定在は他のひとびとの意志との関係をもっている。道徳の概念は、意志が自分自身に内面的に関わることであるが、しかし、ここにあるのは、ただ単に一個の意志だけではない。そうではなくて、客観化は、同時につぎのような規定を具えている。それは、すなわち、個別的な意志は客観化において廃棄され、したがって、これとともに、一面性の規定が脱落することによって、二つの意志とこれら相互の積極的な関係が定立されているということである。〔抽象〕法においては、所有においてみずからに定在をあたえる私の意志との関係で、他のひとびとの意志が何かを望んでいるかどうかは問題とはならない。これに対して、道徳的なものにおいては、他のひとびとの利福もまた問題となるのであって、こうした積極的な関係は、ここ道徳的なものにおいてはじめて登場するのである。〈ホトーより〉

一一三

主観的ないし道徳的な意志としての意志の外化は、行為である。行為は上述の諸契機を具えている。すなわち、(α)行為は、その外面性において、私によって私の行為として意識されている、(β)行為は、当為としての概念との本質的な関係である、そして(γ)行為は、他のひとびととの意志との本質的な関係である。

道徳的な意志の外化にしてはじめて行為である。形式的な法において、意志がみずからにあたえる定在は、直接的な物件のうちにあり、それ自身直接的であり、さしあたりそれだけでは概念への表だった関係を何らもってはいない。概念はまだ主観的な意志に対置されていないものとして、主観的な意志から区別されてはいず、また他のひとびとの意志への積極的関係ももっていない。法の命令は、その根本規定にしたがえば、もっぱら禁止にとどまる（三八）。契約や不法はなるほどたしかに他のひとびとの意志との関係をもちはじめはするが、――しかし、契約のうちに成立している一致は恣意にもとづくのである。そして、契約のなかで他人の意志に向けられた本質的な関係は、法的な関係としては、私の所有を（価値にもとづいて）保有し、他人の所有を他人に任せるという消極的なものである。これに反して、犯罪の側面は、主観的な意志に発するものとして、また犯罪が主観的な意志のうちにその現存在をどのようにもつかというその仕方にしたがって、ここではじめて考察されることになる。――司法行為（訴訟）は、その行為の内容が諸法規によって規定されていることからしても、私に責任が帰せられるべきものではなく、単に道徳的な本来の行為の諸契機のうちの若干を、しかも外面的な仕方で含むにすぎない。それゆえに、本来の道徳的な行為であるということは、司法行為としての行為からは区別された側面である。

一一四

道徳的意志の法は、三つの側面を含んでいる。

（a）行為の抽象的ないし形式的な法。行為が直接的な定在において、どのように遂行されているかということ、行為の内容は、総じて私のものであるということ、かくして行為が主観的な意志の故意である[7]ということである。

（b）行為の特殊的なものが行為の内的な内容である。すなわち（α）私にとってこの特殊的なもののもつ普遍的な性格がどのように規定されているか、何が行為の価値と、私にとって行為を行為たらしめているもの、つまり意図とを構成するのかということである。——（β）行為の内容は、私の特有な主観的定在のもつ私の特殊的な目的としては、利福である。

（c）同時に、その普遍性へと、すなわち即自的かつ対自的に存在する客観性へと高められた内面的なものとしてのこの内容は、意志の絶対的な目的、善であり、反省の圏域においては主観的な普遍性と、すなわち一部では悪と、また一部では良心と対立する。

補遺《道徳的行為の諸契機》　いかなる行為も、道徳的であるためには、さしあたり、私の故意と一致しなければならない。というのは、道徳的意志の法は、故意として内面のうちにあったものだけが意志の定在において承認されるということだからである。故意は、外面的な意志が内面的なものとしても私のうちにあるという、形式的なものにのみ関わる。これに対して、第二の契機においては、行為の意図が問われる。すなわち、私との関係における行為の相対的価値が問われる。最後に、第三の契機は、ただ単に行為の相対的な価値にとどまらず、行為の普遍的価値、つまり善である。行為の第一の分裂は、故意にもとめられたものと、定在する実現されたものとのあいだの分裂であり、第二の分裂は、普遍的な意志として外面的に存在するものと、私がこの意志にあたえた内面的で特殊的な規定とのあいだの分裂である。最後に第三のものは、意図がまた普遍的な内容でもあるということである。善は、意志の概念へと高められた意図である。

〈ホトーより〉

第一章　故意と責任

一一五

行為の直接性における主観的意志の有限性は、この意志が、自分が行為するために、多様な事情をともなった外的な対象を前提するというところに何よりもまず存している。行果はこの眼のまえにある定在に変化を加えるのであり、そして、意志は、総じて、変化を加えられた定在のうちに私のものという抽象的述語があるかぎりにおいて、この行果の責任を負う。

ひとつのできごと、ひとつの生起した状態は、ひとつの具体的で外面的な現実であり、そのためにこの現実は定めがたいほど多数の事情をともなっている。こうした事情の条件、根拠、原因として示され、したがって件《くだん》のできごとにそれなりに関わった個々の契機はどれも、このできごとに責任がある、ないしは少なくとも責任〔の一端〕

を担うものとみなされうる。それゆえに、おびただしい事情からなる事件（たとえばフランス革命）においては、形式的な悟性は、責任があるとそれが主張したいものを、無数の諸事情のなかから選択するのである。

補遺《帰責》 私の故意のうちにあったものの責任を、私は負わされうる。このことは、犯罪の場合、ことのほか肝要である。しかし、責任のうちに含まれているのは単にまだ、私が何かをしたかどうかというまったく外面的な判定にすぎない。何かが私の責任だといっても、それは、まだことがらが私の責めに帰せられうるということにはならない。
〈ホトーより〉

一一六

私がその所有者であり、多様な連関のうちで外面的な事物としてあり、働きをおよぼしている事物が（機械的身体としての、あるいは生けるものとしての私自身にもまたあてはまりうるのだが）、それによって、他のひとびとに損害を引き起こすとしても、これはなるほど私自身の行果ではない。しかし、この損害は多かれ少なかれ私の負担になる。なぜなら、件の事物は、総じて、私のものだからである。とはいえ、それら自身の本性からして、単に多かれ少なかれ、私の支配や注意等々のもとにあるにすぎないのだが。

一一七

みずから行為する意志は、眼のまえにある定在に向けられた自分の目的のうちに、その定在をめぐるもろもろの事情の表象をもっている。しかし、この意志はこの前提のために有限的であるから、対象的な現象はこの意志にとって偶然的であり、この意志の表象のうちにあるのとは別のものを含みうる。しかし、意志の法は、自分の行果において、その行果の前提について、自分の目的のなかにあるものとして知っているもの、意志の故意のうちにあったものだけを、自分の行為として承認し、それだけに責任を負うということである。——行果は意志の責任としてのみ責を負わされうる、——これが知の法である。

補遺《責任》　意志は、それに向かって行為をする定在を自分のまえにもつ。しかし、それをなしうるためには、意志はその定在についての表象をもたなければならない。そして、私に真実の責任が帰せられるのは、この眼のまえにある定在を私が知っていたかぎりにおいてである。意志はこうした前提をもつから、意志は有限的である。あるいは、むしろ意志は有限的であるがゆえに、意志はこうした前提をもつ。私が理性的に思惟し、意志するかぎり、私はこの有限性の立場にはたたない。というのは、私が行為を向ける対象は、私に対立する他のものではないからである。しかし、有限性は絶えざる限界と制限とをそれ自身に具えている。私が自分に対してもつ他のものは、もっぱら偶然的なもの、単に外面的に必然的なものにすぎず、私と合致する場合もあれば、私と食いちがっている場合もありうる。しかし、私は、私の自由との関係において存在するものにすぎないのであり、行果が私の意志の責任となるのは、私がそのゆえんを知るかぎりにおいてのみである。自分の父親をそれとも知らずに殺害したオイディプースは、父親殺しとして告発されるべきではない。しかし、古代の立法にあっては、今日ほどに、主観的なものや、帰責ということに価値はおかれなかった。それゆえに、古代のひとびとのもとでは、復讐から逃れる者を庇護し、受け入れるための避難所が設けられたのである。(8)

〈ホトーより〉

一一八

外的な必然性のなかにある連関にしたがって、あらゆる方向に向かって展開する外面的定在に移しおかれた行為は、さらに、多様な結果をもつことになる。それらの諸結果は、行為の目的を魂とする形態として、行為のもの（行為に属するもの）である。――しかし、同時に行為は、外面性へと移しおかれた目的として、外面的な諸力にゆだねられている。そして、この外面的な諸力は、行為がそれだけであるのとはまったく別のものを、行為に結びつけ、行為をかけはなれた、疎遠な結果へところがし進めることになる。[9]こうして、前者〔最初の諸結果〕だけを、それらのみが自分の故意のうちにあるのであるから、自分のせいにするというのもまた意志の法である。

何が偶然的な結果で、何が必然的な結果であるかは、不確定である。というのは、有限的なものにおける内的必然性は、外的必然性として、すなわち、独立したものとして、相互に無関心に、かつ外面的にであうような、個別的諸事物のたがいの関係として、定在するようになるからである。行為においては結果を軽視すること、という原則と、行為は結果から判定し、結果をもって何が正しいか、何が善いかの尺度とすること、という別の原則のいずれも等しく抽象的な悟性である。行為に固有で内在的な形態化としてのもろもろの結果は、ただ行為の本性を明示するだけであり、行為そのもの以外の何ものでもない。それゆえに、行為はこれらの結果を否認したり、軽視したりすることはできない(10)。しかし、逆に、これらの結果のうちには同様に、行為そのものの本性とは何の関係ももたない、外面的に入り込んできたものや、偶然的につけ加わってくるものも含まれている。——有限的なものの必然性が含む矛盾が定在のなかで展開するとき、それはまさに必然性が偶然性に転換することであり、またその逆でもある。それゆえに、行為するということは、この面からすれば、この法則に身を任せるということである。——このことから、犯罪者にとっては、彼の行為が悪い結果を招くことが少ないほど、利益になるということ、同様に、善い行為は、何の結果ももたらさなくても、あるいはほんのわずかな結果しかもたらさなくても、これを甘受しなくてはならないということ、そして、犯罪から完全に結果が現れでた場合には、その犯罪にとってこれらの結果が荷厄介になるということが帰結する。——英雄的な自己意識(オイディプースなど、古代人の悲劇におけるような)は、まだその純真さから抜けでていないために、行果と行為との、また外面的な事件と故意および諸事情の知識との区別を反省するまでにはいたらず、また(必然的な結果と偶然的な結果という」結果の分割にまで進んではおらず、行果の全範囲にわたって責任を引き受けるのである。[11]

補遺《故意から意図への移行》　私が私の表象であったものだけを承認するということのうちに、意図への移行がある。すなわち、諸事情について私が知っていたものだけが、私の責任とされうることになる。しかし、たとえ私は、単に個別的なもの、直接的なものだけを生みだすにせよ、いかなる行為にも結びつき、そしてそのかぎりでこの個別的なもの、直接的なものが内包している普遍的なものである必然的な結果が存在する。阻止されえたかもしれないもろもろの結果を、なるほど私は予見することはできないが、しかし私は個別的行果の普遍的な本性はこれを知らなければならない。ここで肝心なことがらは、個別的なものではなくて、全体であり、これは、特殊的な行為の規定されたものに関係するのではなく、行為の普遍的な本性に関係するのである。さていま、故意から意図への移行が意味することは、私がただ単に私の個別的行為だけではなく、この個別的行為と連関している普遍的なものをも知らなくてはならないということである。このようにして現れる普遍的なものは、私によって意欲されるもの、つまり私の意図である。〈ホトーより〉

第二章　意図と利福

一一九

行為の外面的な定在は、多種多様な連関であり、この連関はかぎりなくもろもろの個別性に分割されているものとみなされうる。そして、行為はただこうした個別性にさしあたり接触したにすぎないとみなされうる。しかし、個別的なものの真理は普遍的なものである。そして行為の規定性は、それだけで、外面的な個別性に限定的に孤立化された内容ではなく、多種多様な連関をみずからのうちに含んだ普遍的な内容である。思惟する者から発するものとしての故意は、ただ単に個別性だけではなく、本質的にかの普遍的な側面、――すなわち意図を含んでいる。

意図は、語源的にみて、抽象を含んでいる。(12) すなわち、一方で普遍性の形式を、他方で具体的なことがらのある特殊的な面を選びだすことを含んでいる。意図によって正当化しようと努力することは、総じて、行為の主観的な本質として主張されるような個別的な一面を孤立化させて取りだすことである。――ある行為について、まだこれが正しい面を具えたものか、不正の面を具えたものかを規定することなしに、外面的な行果として判断することは、この行為が放火であるとか、殺人であるとか等と、この行為に普遍的な述語をあたえることである。――外面的な現実の、個別化された規定は、この現実の本性であるものを外面的な連関として示す。現実は、さしあたっては、ただ個別的な点に接触されるにすぎない(たとえば、放火は直接には単に木材の小さな一点に触れるにすぎない。そして、このことは単に命題をあたえるだけで、判断をあたえはしない)(13)。しかし、この点の普遍的な本性は、この点の拡がりを含んでいる。生けるものにおいては、個別的なものは無媒介的に部分としてあるのではなく、そこには普遍的なものがそのものとして現に存在しているような器官としてある。このために、殺人においては、肉の一片が何か個別的なものとして毀損されるのではなく、この肉の一片そのものにおいて生命が毀損されるのである。一方において、個別的なものと普遍的なものとの論理的本性を知らない主観的な反省が、諸個別性と諸結果とへの分割に携わるのであり、他方では、もろもろの偶然性のそのような分離を含むことが、有限的な行果そのものの本性なのである。――間接的故意(*dolus indirec-*

tus)[14]を案出することは、ここに考察されたことのうちに、その根拠をもっている。

補遺《間接的故意》ひとつの行為には多かれ少なかれさまざまな事情がつけ加わりうるというのが、偽らぬ実状である。放火の場合に、火が燃え上がらない場合もあるし、あるいは他方、犯人が望んだ以上に火が燃え拡がる場合もある。それにもかかわらず、ここで幸運だとか不運だとかの区別はなされるべきではない。というのは、人間は行為することで外面性と関わらざるをえないからである。古い諺に、手から投げだされた石は悪魔のものだ、という諺[15]があるが、これは正しいことを語っている。私は行為することで、私は不運に身を曝すのである。それゆえに、このことが私における法であり、それは私自身の意欲の定在にほかならないのである。〈ホトーより〉

一二〇

意図の法は、行為の普遍的な質がただ単に即自的に存在するだけでなく、行為者によって知られ、したがって彼の主観的な意志のうちにすでに含まれていたということである。その逆にまた、行為の客観性の法とよばれうるものは、思惟する者としての主観によって知られ、意欲されたものであると自己主張することである。

こうした洞察へと向かうこの法は、子どもや精神薄弱者や精神異常者等々はみずからの行為に対する引責能力をまったく、あるいはわずかしかもたないということを含んでいる。——しかし、もろもろの行為が、その外面的な定在からいって、もろもろの偶然的な結果をみずからのうちに含むように、主観的定在もまた自己意識と思慮分別との力や強さに関係しての不確定性を具えている。——しかし、この不確定性は、ただ精神薄弱者や精神異常者等々や、また幼年期に関してのみ顧慮されうる。なぜなら、こうした決定的な事情だけが、思惟と意志の自由という特質を廃棄し、行為者を、思惟する者および意志であるという名誉にしたがうことなく、受け入れることを許すからである。

一二一

行為の普遍的な質は、総じて普遍性の単純な形式に還元された多種多様な行為の内容である。しかし、主観は自分のうちに反省〔還帰〕した、したがって客観的な特殊性に対立した特殊的なものとして、自分の目的のうちに、行為を規定する魂である自分固有の内容をもっている。行為者の特殊性というこの契機が行為のうちに含まれ、遂行されているということが、主観的自由をそのより具体的な規定において形成し、行為のうちに自分の満足をみいだすという主観の法を形成するのである。

補遺《動機》 自分のうちに反省した、自分だけの私は、なお私の行為の外面性に対しては特殊的なものである。私の目的が行為を規定する内容をなしている。たとえば、殺人および火災は、普遍的なものとして、まだ主観としての私の積極的な内容になってはいない。誰かがこのような犯罪を犯した場合、ひとはどういう理由で彼がこのような犯罪を犯したのかを問う。殺人のために殺人がおこなわれたわけではなく、殺人にさいしてはなお特殊的な、積極的な目的があったはずだからである。しかし、われわれが、殺人は殺人欲からおこなわれたというとすれば、この欲がすでにして主観の積極的な内容そのものということになるだろうし、そうであれば、行果は主観の意欲の充足である。したがって、行果の動機は、より正確には、道徳的とよばれるものであり、この道徳的なものは、このかぎりで、故意における普遍的なものと、意図における特殊的なものという二重の意味をもっている。かつては、この人間は正しいか、彼は彼の義務であることをおこなうか、と問われるだけであったのに対して、近時においてとりわけ生じているのは、行為にさいして、つねに動機が問われることである。いまや、胸のうちをよくみようというのであるが、そのさい、行為の客観的なものと、内面的なもの、すなわち動機の主観的なものとの分裂が前提されている。もちろん主観の規定は考察されなければならない。主観は自分のうちで根拠づけられたものを意志するのであり、主観は自分の欲望を満たし、自分の情熱を満足させようとする。しかし、善いことも正しいことも、単にこうした自然的な内容ではなく、私の理性的あり方によって定立された内容である。私の意志の内容とされた私の自由が、私の自由そのものの純粋な規定である。それゆえに、より高次の道徳的立場は、行為のうちに満足をみいだすことであって、人間の自己意識と行果の客観性とのあいだの分裂にとどまることではない。こうした態度が世界史においても、諸個人の歴史においても、それ相応の時期を画することがあるとしても。

〈ホトーより〉

一二二

この特殊的なものによって、行為は主観的価値をもち、私にとっての関心事となる。この目的、つまり内容の面からしての意図に対して、行為の直接的なものは、行為のより進んだ内容において手段へと貶められる。このような目的が有限的なものであるかぎり、それもまたさらに進んだ意図にとっての手段となる。こうして無限に目的は手段に貶められることになる。

一二三

これらの目的の内容に対して、ここに現存するのは、もっぱら(α) 形式的活動そのものである。――すなわち、主観が自分の目的とみなし、促進しなければならないものに、みずからの活動によって関わることである。人間は、自分のものとして関心をもち、あるいは関心をもつべきだと思うものに対して、活動的であろうと欲するのである。(β) しかし、この主観性のまだ抽象的で形式的な自由は、さらに規定された内容を、もっぱら主観性の自然的で主観的な定在のうちに、つまりさまざまの欲求、傾向性、情熱、臆見、思いつきなどのうちにもつにすぎない。こうした内容の充足は、利福、あるいはさまざまに規定されてもいれば、一般的でもある幸福、総じて有限性の諸目的である。

これが、関係の立場(一〇八)、すなわち主観が区別されたものとして規定され、それによって特殊的なものとして妥当するようになる立場として、自然的意志の内容

（一一）が登場する場所である。しかし、ここでは自然的意志の内容は、直接にあるがままにあるのではなく、この内容は自分のうちに反省した意志に属するものとして、普遍的な目的、つまり利福ないし幸福という目的（『哲学的諸学のエンチュクロペディー』三九五節以下）にまで高められている。――すなわち、意志をまだその自由においては把握せず、自然的な、所与のものとしてのその内容について反省する思惟の立場――たとえば、クロイソスやソロンの時代における立場――にまで高められている。

補遺《実質的目的》 幸福のもろもろの規定がたまたまみいだされているかぎり、これらの規定は自由の真の規定ではない。自由は善における、その自己目的のうちではじめてそれ自身真にある〔ことになる〕からである。ここで、われわれは、そもそも人間は、主観が生けるものであるということにのみ依拠するような、自由ならざる目的をたてる権利をもっているのか、という問いを提出することができる。しかし、人間が生けるものであるということは、偶然的なことではなく、理性にかなったことである。このかぎりでは、たしかに人間は自分の欲求を自分の目的とする権利をもっている。誰かが生きている、ということのうちには、何ら卑下すべきことがらは存在していない。そして、人間というものが現存在しうるようなより高次の精神性が、彼に対立して存在するわけではない。みいだされたものを自分で創造したものにまで高めること、このことのみが善というより高次の範域をあたえるのである。このような区別は、それにもかかわらず、両側面が調和しないということをそのうちに含んではいないのである。〈ホトーより〉

一二四

個人自身の主観的満足（このうちには名誉や名声によって自分が承認されることも含まれるが）もまた即自的かつ対自的に妥当する諸目的の遂行のうちに含まれている以上、そのような目的だけが意欲され、到達されたものとして現れるように要求することも、あたかも客観的な目的と主観的な目的とが相互に意欲のうちで排斥し合っているかのようにみなすことも、ともに抽象的悟性の空虚な主張である。こうした主張は、もしそれが、主観的な満足が（完成された仕事においてはいつでもそうであるように）現にあるという理由から、そのような満足を行為者の本質的な意図であると主張し、客観的な目的を、行為者にとっては主観的な満足のための単なる手段でしかなかったと主張するにいたるならば、何か悪しきものとなる。——主観が何であるかは、主観の一連の行為がこれを示す。これらの行為が一連の、価値のない所産であるならば、意欲の主観性も同様に価値のない主観性である。これに反して、個人の一連の行果が実体的な本性を具えたものであるならば、その内面的な意志もまた実体的本性を具えたものなのである。[18]

自分の満足をみいだすという主観の特殊性の法、あるいは同じことであるが、主観的自由の法は、古代と現代とを区別する転換点および中心点をなしている。無限性におけるこの法は、キリスト教において言明され、世界の新しい形式の普遍的で現実的な原理とされた。この原理のいっそうたち入った形態化に属しているのが、愛、ロマン的なもの、個人の永遠の浄福の目的等々であり、――ついで、道徳や良心、さらにその他の諸形式、すなわち、一方では、以下で、市民社会の原理として、また政治的体制の諸契機として登場するであろう諸形式[19]、他方では、しかし総じて歴史のうちに、とりわけ芸術、諸学、哲学の歴史のうちに現れる諸形式である。――ところで、特殊性のこの原理はたしかに対立の一契機であって、さしあたっては少なくとも、普遍的なものと同一であるとともに、普遍的なものから区別されてもいる。しかし、抽象的反省は、この契機を普遍的なものとの区別と対立において固定し、そうすることで、道徳はもっぱら自己満足との敵対的な闘争としてのみ永続するものだという道徳についての見解を、――「義務の命ずるところを、嫌悪をもっておこなうこと[20]」という要求を、もちだすのである。まさにこのような悟性が、いかなる偉大な事業と個人をも矮小化し、その価値を貶める術に通暁している、歴史についての心理学的見解[21]を生みだすのである。こうした見解は、実体的な活動から自己満足をもみいだしたようなもろもろの傾向性や情熱を、同じように名声や名誉やその他の結果を、総じて、まえもって悟性がそれだけでは何か悪しきものと決めておいた特殊な側面を、行為の主要な意図と、行為を起こさせた動機へと変造するのである。――悟性は、もろもろの偉大な行為や、こうした一連の行為に存した効果が、世界のうちに偉大なことを生みだしたのであって、行為する個人に対しては権力や名誉や名声という結果をもたらしたのであるから、個人に属するのは、かの偉大なことではなく、そのうちにあって個人に帰せられる特殊的なものと外面的なものにすぎないと断言する。この特殊的なものこそ〔個人の行為のもたらした〕結果であって、それゆえにまた目的として、しかもそれ自身が唯一の目的としてあったというのである。――このような反省は、それ自身が主観的なものにとどまっているので、それと同じような、偉大な諸個人の主観的なものに固執して、この自分でつくったうぬぼれのなかで、偉大な諸個人の実体的なものをみのがすのである。――これこそ、「侍僕にとって英雄はいない、それは英雄が英雄でないからではなく、侍僕が侍僕にすぎないからである、という心理学的な侍僕」

(『精神の現象学』六一六頁)の見解である。[22]

補遺《意欲と実行》「偉大な事業にあっては意欲したということだけで十分である」(In magnis voluisse sat est.)[23]という諺は、ひとは偉大なことを意欲すべきである、という正当な意味をもっている。しかし、ひとはまた偉大なことを実行することができなければならない。もしも、そうでなければ、意欲も空しいものにとどまる。単なる意欲の月桂冠は、一度も緑になったことのない干からびた葉である。〈ホトーより〉

一二五

利福といった特殊的内容をともなった主観的なものは、自分のうちに反省〔還帰〕したもの、無限なものとして、同時に普遍的なもの、即自的に存在する意志と関係している。この〔普遍的なものという〕契機は、さしあたりこの特殊性自身に即して定立されると、同じく他のひとびとの利福ともなり、——完全ではあるが、まったく空虚な規定としては、万人の利福となる。そのとき、他の多くの特殊者の利福も、総じて主観性の本質的な目的であり、法である。しかし、このような特殊的内容から区別された即自的かつ対自的に存在する普遍的なものは、ここでは〔抽象〕法としてより以上にはまだ規定されていないから、特殊的なもののかの諸目的は、普遍的なものとは相違して、この普遍的なものに合致することもあれば、合致しないこともありうる。

一二六

しかし、私の特殊性も他のひとびとの特殊性[24]も、そもそもそれが法であるのは、私が一個の自由なものであるかぎりにおいてのみである。それゆえに、特殊性も特殊性のこの実体的基礎と矛盾してまで自分を主張することはできない。私の利福という意図にせよ、他のひとびとの利福という意図にせよ、——後者の場合、この意図はとりわけ道徳的意図とよばれるが、——不法な行為を正当化しえない。

不法な行為のさいにも、いわゆる道徳的意図に関心をいだき、悪しき人物でも、あるべき善き心[25]、すなわち自分自身の利福とおそらくまた他のひとびとの利福をも望むような心のもち主であると表象することは、とりわけわれわれの時代の堕落した格率[26]のひとつである。この格率は、一方では、カントに先だつ善き心の時代に由来し、たとえば有名な感動的な劇的表現[27]での精髄をなしているのであるが、他方では、この教説はより高揚された形態で蒸し返されてもいるのである。内面的な霊感と心情、すなわち特殊性の形式そのものが、何が正しいか、理性的か、そして優れているか、の基準とされ、それゆえに、犯罪や犯罪を導く思想が、いかにそれらが平凡で、うつろな思いつきであろうと、まったく愚かな臆見であろうと、心情に由来し、霊感に発しているという理由で、正しく、理性的で、優れているということになるのである。詳細については、以下の**一四〇**注解を参照。——さらに、ここで法や利福が考察されている観点、すなわち、それらが形式的な法として、そして個別者の特殊的な利福として考察されている観点に留意しなければならない。いわゆる普遍的な最善、国家の利福、すなわち現実的で具体的な精神の法は、まったく別の圏域であって、そこでは、形式的な法も、個別者の特殊的な利福や幸福と同様に、従属的な契機なのである。私法や私的利福を、国家の普遍的なものに対して、即自的かつ対自的なものとして妥当させることは、抽象がしばしば陥る誤謬のひとつであることについては、すでに、先[**二九**注解]に述べておいた。

補遺《利福と法》「だから私は生きる必要がある」(*il faut donc que je vive.*)ということでみずからを弁護した諷刺作家に対してあたえられた有名な回答、「私はそこに何の必要性もみない」(*je n'en vois pas la nécessité.*)が、ここにはふさわしい[28]。生きることは、自由というものいっそう高きものと対比して必ずしも必要なことではない。聖クリスピヌス[29]が貧民のために靴の革を盗んだとすれば、この行為は道徳的ではあろうが、不法であり、したがって通用しはしないのである。〈ホトーより〉

一二七

自然的意志のもろもろの利害関心がその単一な総体性へと総括される場合、それらの利害関心の特殊性は、生命としての人格的定在である。この生命が最高度の危険にさらされ、他人の法的所有と衝突するときには、この生命は、緊急避難権[30]を(衡平[31]としてではなく、権利として)要求しなければならない。というのは、一方には、その定在の無限の毀損と、それによる全面的な権利喪失があり、他方には、単に自由の個別的で制限された定在の毀損があるだけだからであるが、その場合でも、同時に、法的権利そのものと、この所有においてのみ毀損されたものの権利能力は承認されるのである。

緊急避難権から、債務者にも手工具、農具、衣服など、総じて彼の財産のうち、すなわち、債権者の所有物のうち、債務者の――しかも身分相応の――生計維持の可能性に必要とみなされるものだけは、手もとにのこされる、という資力限度の利益(32)が生じる。

補遺《緊急避難権》　生命はもろもろの目的の全体性であって、それだけに抽象法に反する権利ももっている。たとえば、一片のパンを盗むことで生命が永らえるとすれば、盗むことでたしかにある人間の所有は毀損されはするが、この行為を普通の窃盗と同列にみることは正しくないであろう。生命の危機に瀕した人間が、自分〔の生命〕を保つべくふるまうことも許されるべきではないとすれば、彼は無権利なものと規定されていることになり、彼には生きることも認められないのだから、彼の自由の全体が否認されることになるだろう。生命を確保するためには、もちろん多くのものが必要であり、そして将来のことまで考えれば、われわれはこれらの個々のことがらに関わらなければならない。しかし、必要なことは、もっぱらいまを生きることである。将来は、絶対的なものではなく、偶然性にゆだねられた状態にある。それゆえに、目前の現在の必要だけが、ある不法な行為を正当化することができる。なぜなら、この不法な行為を実行しないならば、そのこと自身でまたひとつの、しかも最高の不法を犯すことになるだろうからである。すなわち、自由の定在の全面的否定が生じるであろうからである。——ここに資力限度の利益(*beneficium competentiae*)がそのところをえる。というのは、親戚関係やあるいは他の親しい間柄には、誰も全面的に法のために犠牲になることがないよう要求する権利が属するからである。〈ホトーより〉

一二八

こうした緊急避難は、法や［また］利福の有限性、したがって偶然性を暴露する。——すなわち、特殊的人格の現存在として存在するということのない、自由の抽象的な定在と、法の普遍性を欠いた特殊的意志の圏域との、有限性と偶然性とを暴露するのである。それによって、法と利福の一面性と観念性とが、それらが概念のうちでそれらに即してすでに規定されているように、定立されている。法は、すでに（一〇六）みずからの定在を特殊的意志として規定した。主観性は、その包括的な特殊性においては、それ自身自由の定在であり（一二七）、同様に、主観性は、即自的には、意志のそれ自身への無限の関係として、自由の普遍的なものである。法と利福の具える二つの契機は、両者の真理へ、両者の同一性へと統合されるのであるが、しかし、さしあたってはまだ両者の相対的関係のうちにとどまっている。このとき、この二つの契機の、一方は充実されて、即自的かつ対自的に規定された普遍的なものとしての善であり、他方は自分の内面で知り、自分の内面で内容を規定する無限の主観性としての良心である。

第三章　善と良心

一二九

善は意志の概念と特殊的意志との統一として理念である。この統一においては、抽象法は、利福、知の主観性、外面的定在の偶然性と同様に、それだけで自立的なものとしては廃棄されているが、しかし、このことによって、これらは、その本質からすれば、この統一のなかに含まれかつ保存されている。――こうして、善は実現された自由であり、世界の絶対的な究極目的である。

補遺《善としての理念》　どの段階も本来的には理念である。しかし、これまでの段階は、理念をもっぱらより抽象的な形式において含むにすぎない。たとえば、人格性としての自我もまたすでに理念でありはするが、もっとも抽象的な形態における理念である。

それゆえに、善はこれに比べてよりいっそう規定された理念であり、意志の概念と特殊的意志との統一である。善は抽象的に法的なものではなくして、内容豊かなものであり、その内実が法をも利福をもかたちづくっているのである。〈ホトーより〉

一三〇

利福は、この理念においては、個別的な特殊的意志の定在として、それだけで妥当性をもっているのではなく、もっぱら普遍的な利福として、そして本質的には普遍的に即自的なものとして、すなわち、自由に則ってのみ妥当性をもつのである。——利福は法を欠いては善でない。同様に、法も利福を欠いては善ではない(「正義よおこなわれよ」(*fiat iustitia*)が「世界が滅びるとも」(*pereat mundus*)を結果にもつことがあってはならない(33))。したがって、善は、特殊的意志によって現実である必然性として、そして同時に、特殊的意志の実体として、所有の抽象法や利福の特殊的諸目的に対立する絶対的な法をもっている。善から区別されるかぎりでのこれら契機の各々は、その契機が善にかなない、善に従属しているかぎりにおいてのみ妥当性をもつのである。

主観的意志にとっても、善は端的に本質的なものである。そして、主観的意志は、その洞察と意図とにおいて、善にかなうかぎりでのみ、価値と尊厳とをもつのである。ここ〔道徳の圏域〕では、善がまだ善の抽象的な理念であるかぎり、主観的意志はまだ善のうちへ受け入れられた、善にかなうものとして、定立されてはいない。したがって、主観的意志は善とのある関係にあることになる。しかも、これは、善が主観的意志にとって実体的なものであるべきであり、主観的意志が善を目的とし、これを実現すべきであるという関係、――善の側からすれば、善が現実のうちに現れる媒介をもっぱら主観的意志のうちにもつという関係である。(34)

〔三一〕

補遺《善の理念の諸契機》　善は特殊的意志の真理である。しかし、意志は、もっぱら意志が向かっていく当のものにほかならない。意志は本来的に善いものというわけではなく、その働きによってのみ、その本来あるところのものになりうるのである。他方、善は主観的意志を欠いては、それだけでは、実在性を欠いた抽象的なものにすぎない。

その実在性は、主観的意志を通じてはじめて善に帰属するはずなのである。したがって、善の発展は三段階を含むことになる。つまり、〔一〕善が、意欲するものとしての私にとって特殊的意志であり、私がその善を知っている段階、〔二〕ひとが、何が善いことかを語り、善の特殊的な諸規定を展開する段階、〔三〕最後に、善をそれ自身で規定すること、すなわち無限の、対自的に存在する主観性としての、善の特殊性の段階。この内面的に規定することが良心である。〈ホトーより〉

一三二

主観的意志の法とは、この意志が妥当するものとして承認すべきものは、この意志によって善いものとして洞察されるということであり、そして、行為が、外面的な客観性のうちに現れでる目的として、この客観性において行為のもつ価値に関する意志の知識〔の程度〕に応じて、合法なものあるいは不法なものとして、善きものあるいは悪しきものとして、適法的なものあるいは違法なものとして、この意志の責に帰せられるということである。

善は、総じて、実体性と普遍性とにおける意志の本質であり、——真理における意志である。——このために、善は端的にいって、もっぱら思惟のうちにあり、思惟によってのみある。したがって、人間は真なるものを認識することはできず、ただ現象と関わることができるだけであるとか、思惟は善意志を損なうだけであるとか[35]、といった主張やこの類いの表象は、精神から知的な価値や尊厳と同様に、あらゆる人倫的な価値や尊厳を奪うものである。——自我が理性的なものとして洞察しないものは、何であれ承認しないという権利は、主観の最高の権利であるが、しかしそれの主観的な規定によって同時に形式的であり、これに対して、主観に対する客観的なものとしての理性的なものの権利は確定されていて変わらない。——洞察はその規定が形式的であるために、真でありうると同様に、単なる思い込み、そして誤謬でもありうる。個人が自分の洞察のかの権利に到達するということは、まだ道徳的な圏域の観点からすれば、個人の特殊な主観的教養に属している。私が善い根拠から義務を洞察し、これによって義務についての信念をもち、さらにそれだけでなく、私が義務をその概念と本性から認識することを、私は私自身に向かって要求し、しかもこれを私のうちなる主観的な法とみなすことができる。しかし、ある行為が善いとか、許されるとか、許されないとか、ということについての私の信念、したがってまた、こうした点でのの行為の責任能力についての私の信念を満足させるために私が要求することは何であれ、客観性の法を侵害するものではない。――善を洞察するこの法は、行為そのものに関する洞察の法(一一七)とは区別されている。行為そのものからすれば、客観性の法がとる形態はつぎのようなものである。すなわちそれは、行為が、現実の世界のうちに現存在しなければならず、したがってこの世界のうちで承認されようと欲する、ひとつの変化である以上、行為は、総じて、この現実の世界のうちで妥当するものにかなっていなくてはならない、という形態である。この現実のなかで行為しようと欲する者は誰でも、まさにそうすることによって、現実の法則のもとに身を投げだしたことになるのであり、客観性の法を承認したことになるのである。――同様に、理性概念の客観性としての国家においても、法律上の責任は、個人が自分の理性にかなうと考えたり、考えなかったりするところに、合法性や違法性、善や悪への個人の主観的な洞察に、個人が自分の信念を満足させるためにもちだす要求に、とどまるべきではないのである。〔国家という〕この客観的な分野においては、洞察の法は、現行法への洞察という意味での適法なものと違法なものへの洞察として通用するのであり、この法は、そのもっとも身近な意味に、すなわち、適法にして、そのかぎりで義務を課するものを熟知していることとしての知識に制限される。法律の公開性と普遍的習俗とに(36)よって、国家は、洞察の法から、この法がこの道徳的立場ではなお免れない形式的な側面と主観にとっての偶然性とを除き去る。行為を善あるいは悪、適法あるいは違法という規定において知る主観の法は、子どもや、知的障害者、精神障害者のもとでは、この面からしても責任能力を軽減する、ないしは棚上げにするという結果をもつ。[37] とはいえ、こうした状態やその責任能力についてきっぱりした限界を画定することはできない。しかし、瞬間的な幻惑、情熱による興奮や酩酊、総じて感性的衝動の強さとよばれているもの（ただし、緊急避難権（一二〇）を基礎づけるものが除外されているかぎりで）を、犯罪そのものやその処罰可能性に関する帰責や規定のさいの根拠にしたり、こうした諸事情を、あたかもそれによって犯罪者が罪責から免れるかのようにみなしたりすることは、これもまた犯罪者を人間の法と名誉から取り扱ってはいないことを意味する（一〇〇、一一九注解）。[38] 人間の本性はまさに、本質的に普遍的なものであって、知識の抽象的に瞬間的なもの、個別化されたものではないというところにあるからである。――放火殺人犯人は、彼が火をつけた一インチ大の木材の平面を孤立したものとして、それに放火したのではなく、この平面において家という普遍的なものに放火したのと同じく、放火殺人犯人は主観としては、この瞬間の個別的なものでもなければ、復讐に憤激した孤立的な感情でもない。そうであるとすれば、彼は、有害であり、狂暴の発作に駆られやすく危険であるという理由で、たたきのめされなければならないような動物ということになるだろう。――行為が犯罪として犯罪者に帰責されうるためには、犯罪者は、自分が行為する瞬間、自分の行為が不法なものであり、罰せられるに値するものであることをはっきりと思いえがいていたのでなければならないという――この要求は、犯罪者の道徳的主観性の法を守るようにみえるが、これはむしろ、彼のうちに内在する理知的本性を彼に対して認めてはいないのである。この理知的本性は、それが活発に活動している現在においても、明晰な表象というヴォルフ流の心理学的形態に結びついているわけではなく、この本性が個々の事物の知とおこないから切りはなされるまでに狂ってしまうのは、もっぱら狂気の場合だけである。[40]――上述の諸事情が刑罰を軽減する根拠として考察されるようになる圏域は、法の圏域以外の圏域、すなわち恩赦の圏域[41]である。

一三三

善は、特殊的主観と、この主観の意志の本質的なものであるという関係にある。したがって、意志はこの関係においては端的に義務を負うことになる。[42] 特殊性は善から区別されて、主観的な意志に帰属するから、善はさしあたっては単に普遍的で抽象的な本質性という規定、——義務という規定をもつにすぎない。そして、この義務の規定ゆえに、義務は義務のためになされなければならない(43)。

補遺《義務の絶対性》　意志の本質的なものは、私にとって義務である。ところで、善が私にとって義務であるということ以外の何も私が知らないとしたら、私はまだ義務という抽象的なもののもとにたちどまっていることになる。私は義務を義務なるがゆえにおこなわなければならないのであって、私が義務において完遂するものは、真の意味における私自身の客観性である。私は義務をおこなうことで、私自身のもとにあり、自由である。義務のこの意義を取りだしたところに、実践的なものにおけるカント哲学の功績があり、高い立場がある。〈ホトーより〉

一三四

行為することは、それ自身で、特殊的な内容と一定の目的とを必要とするが、しかし義務という抽象的なものはまだこうした内容や目的を何ら具えていないので、そこで、何が義務か、という問いが生じる。このことを規定するものとしては、さしあたり、法にしたがうこと、および、利福、自分自身の利福と普遍的な規定における利福つまり他のひとびとの利福、のために配慮すること以外にはまだ何もない(一一九をみよ)。(44)

補遺《義務の特殊化》 何が義務か、というこの問いは、ひとが永遠の生命をえるためには何がなされるべきかをイエスから知ろうとしたとき、イエスに向けられたのと同じ問いである。(45) というのは、善の普遍的なもの、つまり抽象的なものは、抽象的なものであるかぎり完遂されることはありえず、これがためにはこの抽象的なものはさらに特殊性の規定を具えなければならないからである。〈ホトーより〉

一三五

法にしたがえとか、利福のために配慮せよという、これらの規定は、しかし、義務そのものの規定のうちには含まれていない。これら両者の規定は制約され、制限されているから、まさにこのことによって、これらは無制約的なもの、すなわち義務という、より高い圏域への移行をもたらす。義務は、道徳的自己意識において、この自己意識が自分の内部で自分としか関係しないような仕方で、この自己意識の本質的なもの、ないしは普遍的なものをなしているのであるから、そのかぎり、義務そのものには抽象的な普遍性しかのこらないことになり、[それは]無内容な同一性、ないしは抽象的な肯定的なもの、無規定なものを、その規定としている。

　意志の純粋な、無制約的な自己規定を、義務の根源として強調することはきわめて本質的なことであって、このことは、意志の認識が、カント哲学によって、はじめて、意志の無限の自律の思想による確固たる根拠と出発点とを獲得している通りであるが（一三三をみよ）、しかし同時に、人倫の概念のうちに移行しない単なる道徳的立場を固守することは、この収穫を空虚な形式主義へ、道徳の学を義務のための義務を説く饒舌へと貶めること甚だしいのである。この立場からは、いかなる内在的な義務論も可能ではない。もっとも外部から素材をもってくることで、もろもろの特殊的な義務に達することはできよう。しかし、矛盾の欠如としての、抽象的な無規定性の確立にほかならない自分との形式的な一致としての義務のあの規定からは、あれこれの特殊的な義務の規定へいたることはできず、行為するためにこうした特殊的な内容が考慮されることになったとしても、この内容が義務であるか否かについての基準は、かの原理のうちには存しないのである。逆に、いっさいの不法な、そして不道徳な行為の仕方が、このやり方によって是認されてしまうのである。――もっと突っ込んだカントの形式、つまり普遍的な格率として表象されるという行為の権能は、なるほどある状態のより具体的な表象をともないはするが、しかし、それ自身としては、あの矛盾の欠如、形式的同一性以外の原理を含んではいない。——いかなる所有もおこなわれていないということは、個々のあれこれの民族や家族等々が現存していないとか、あるいはおよそ人間は誰も生きていないということと同様に、それ自身としては何の矛盾も含んではいない。そうではなくて、所有や人間生活が存在すべきであり、尊重されるべきであるということが、それ自身として確立され、前提とされているときには、窃盗あるいは殺人を犯すことは矛盾である。矛盾は、何か存在しているもの、つまり確固とした原理としてあらかじめ根底にある内容とのあいだでのみ生じるのである。こうした原理との関係において、はじめて、行為はその原理と一致しているか、それとも矛盾しているかということになるのである。しかし、内容のゆえにではなく、ただ義務としてのみ意志されなければならない義務、つまり形式的同一性は、まさにいっさいの内容と規定とを排除することにほかならない。(46)

善と自己意識との関係という単なる道徳的な立場は、絶えることなくつづく当為の、あれこれの二律背反や形態化のうちを、これらを解消して当為を越えでることもできずに、徘徊しているにすぎないのであるが、これらの二律背反や形態化については、すでに『精神の現象学』五五〇頁以下において展開しておいた。なお『哲学的諸学のエンチュクロペディー』四二〇節以下参照。[47]

補遺《カントの定言命法の不十分性》　われわれは、先に、カント哲学の立場は、義務が理性に相応していることを呈示しているかぎり、崇高な立場であることを強調したとはいえ、しかし、ここでは、この立場にはいっさいの分節化が欠けているという欠陥が摘発されなければならない。というのは、「汝の格率が普遍的な原則としてたてられうるかを考察せよ[48]」という命題は、何がなされるべきかについてのもろもろの一定の原理をわれわれがすでにもっているならば、非常によい命題であろう〔が、そうではない〕からである。すなわち、われわれはひとつの原理について、この原理がまた普遍的立法の規定ともなりえなければならないことを要求しているのだから、このような規定はすでにある内容を前提としているのである。そして、この内容が現に存在するとすれば、その適用が容易になるのは当然であろう。しかし、ここでは、原則そのものがまだ存在してはいない。そして、いかなる矛盾もあってはならないという基準は何も生みださない。何もないところでは、いかなる矛盾もまたありえないからである。〈ホトーより〉

善の抽象的性質のゆえに、理念の他の契機、特殊性一般は主観性に属する。この主観性は、自分のうちに反省〔還帰〕したその普遍性における、自分のうちでの絶対的自己確信であり、特殊性を定立するもの、規定するもの、決定するもの――良心である(49)。

一三六

補遺《良心の立場の高さ》 ひとは義務についてはなはだ崇高に語ることができる。そしてこの言説は人間をより高い立場にたたせ、そして彼の心をより広くする。しかし、この言説がいかなる規定にも進んでゆかないならば、この言説は最終的には退屈なものとなる。精神はみずからにふさわしい特殊性を要求するのである。これに対して、良心はこの最深奥の内面的な、みずからだけの孤独であり、ここではすべての外面的なもの、すべての被制約性は消失してしまっている。良心は、この徹底的に自分のうちに引きこもったあり方である。人間は良心としては、特殊性の目的によってもはや束縛されてはいない。したがって、良心はひとつの高い立場、現代世界の立場であり、この世界がはじめてこのような意識に、みずからへのこうした沈潜にいたったのである。過去のもっと感性的な諸時代は、宗教であれ、法であれ、外面的なものやあたえられたものを眼前にもっている。しかし、良心は自分自身を思惟として知り、そして、この私の思惟が、私に義務を負わせる唯一のものであることを知っている。〈ホトーより〉

一三七

真実の良心は、即自的かつ対自的に善いものを意欲する志操[50]である。それゆえに、真実の良心は確固とした原則を具えている。しかも良心にとって、この原則はそれだけで客観的な規定であり、義務である。みずからのこうした内容、すなわち真理から区別されると、良心は意志の活動の形式的な側面であるにすぎず、そうした意志は、この意志としては、いかなる固有の内容も具えてはいない。しかし、これらもろもろの原則と義務の客観的な体系、およびこの体系と主観的な知との合一は、人倫の立場においてはじめて存在する。ここ、道徳という形式的な立場においては、良心はこの客観的な内容を欠いており、したがって、それ自身としては、無限の、形式的な自己確信であって、まさにそれゆえに、この自己確信は同時に、この主観の確信として存在する。

良心は主観的な自己意識の絶対的な権限を表現する。すなわち、その権限とは、何が法であり、義務であるかを、自分の内面において、自分自身から知り、自分がこうして善として知るもの以外は承認せず、同時に、自分がこのように知り、意志するものが、真に法であり、義務であると主張することである。良心は、主観的な知と即自的かつ対自的に存在するものとのこうした統一として、ひとつの神聖不可侵な聖域である。これに手を触れることは冒瀆となるであろう。しかし、特定の個人の良心が良心のこの理念に相応しているかどうか、彼の良心が善いこととみなし、ないしは称するものが、また実際にも善いものかどうか、このことは、もっぱらこの善いはずだとされたものの内容から認識されることである。法であり、義務であるものは、意志の諸規定の即自的かつ対自的に理性的なものとして、本質的にある個人の特定の所有でもなければ、感覚の形式や、あるいはその他、個別的な、つまり感性的な知の形式のうちにあるのでもなく、本質的に、普遍的な、思惟された諸規定の形式のうちにあり、すなわち法律とか原則といった形式のうちにあるのである。したがって、良心は、それが真実のものかどうか、という判断に曝されているのであり、そして、良心がみずからの自己だけを引き合いにだすことは、ただちに、良心がそうありたいと欲するものに、すなわち理性的にして、即自的かつ対自的に妥当する普遍的な行為の仕方の規則に反することになる。これがために国家は、良心を、その固有の形式においては、つまり主観的な知としては承認することはできないのであって、このことは、学問において、主観的な思い込みが、ある主観的な思い込みの断言および援用が妥当しないのと同じことである。真実の良心においては区別されていないものも、しかし、区別されうるのであって、自分を真実の内容から切りはなし、自分を自分だけで定立し、真実の内容をひとつの形式と仮象に貶めるものこそ、知と意欲を規定する主観性である。それゆえ、良心が、一方では、主観的な知や意欲と真実の善とのかの同一性という意味で前提とされ、こうして神聖なものとして主張され、また承認されながら、同様に他方において、自己意識の自分のうちへの単なる主観的な反省としてあるにもかかわらず、もっぱらその即自的かつ対自的に妥当する理性的な内容のゆえに、かの同一性そのものに帰属する権限を要求するという点に、良心に関する曖昧さが存するのである。本書において、人倫的立場とは区別されているような道徳的立場には、形式的な良心しか属さない。ここで真実の良心について言及されているのは、もっぱらこの区別を示し、単に形式的な良心が考察されているにすぎないここにおいて、真実の良心が語られているかのような、ありうべき誤解を取り除くためである。真実の良心は、のちにはじめて登場する人倫的志操のうちに含まれているのである。しかし、宗教的な良心は総じてこの範域には属さない(51)。

補遺《良心の立場の限界》　われわれは良心について語るとき、抽象的に内面的なものであるその形式のゆえに、良心がすでにして即自的かつ対自的に真実なものであると思い込みやすい。しかし、真実なものとしての良心は、即自的かつ対自的に善であり、義務であるものを意欲することを、自分の使命とするのである。しかし、ここでは、われわれはまずは抽象的な善を問題にしなければならず、良心はまだこの客観的な内容を欠いているのであり、ただようやく無限の自己確信であるにすぎないのである。〈ホトーより〉

一三八

抽象的な自己規定と単に純粋な自己確信としてのこの主観性は、法や義務、また定在のいっさいの規定性を自分のうちに溶解させるとともに、ある内容として、何が善いことかを、もっぱら自分から規定する、判断する力であり、そして同時に、はじめはただ表象されたもの、存在すべき善にすぎなかったものに、現実性をあたえる力である。

総じて、この自分のうちへの絶対的反省に到達した自己意識は、この反省において、みずからを、いっさいの現存している所与の規定が何の手だしもできないし、またすべきでないものとして知っている。何が正しいか、何が善いことかを、自分のうちで内面に向かって問いかけ、自分から知り、規定するという方向は、より一般的な形態化として歴史において登場しているが（たとえば、ソクラテスや、ストア派等）、それはいずれも、現実と習俗のなかで正しいこと、善いこととして妥当しているものが、より善き意志を満足させることができない時代においてである(52)。現存する自由の世界が、より善き意志を裏切るようになったとしたら、この意志は、もはや、妥当しているもろもろの義務のうちにみずからをみいださず、現実では失われた調和をもっぱら観念的な内面性において獲得しようと努めざるをえない。このようにして、自己意識が自分の形式的な法を把握し、そして獲得［した］のであるから、いまや問題は、自己意識がいかなる性質の内容を、みずからにあたえるかということである。

補遺《否定性としての主観性》　われわれがこの溶解させるということをより詳細に考察し、この単一な概念のうちにもろもろの規定のいっさいが流入するとともに、いっさいがこの単一な概念からふたたび流出しなければならないことをみるならば、この溶解させるということがさしあたってなりたつのは、われわれが法あるいは義務として承認しているもののいっさいが、思想によって、空無なもの、制限されたもの、したがって、いかなる意味でも絶対的なものではないものとして証示されるところにおいてである。これに反して、自分のうちにいっさいの内容を溶解させるような主観性は、また改めていっさいの内容を自分のうちから展開することもできる。人倫のうちに成立するいっさいのものは、この精神の活動によって産出されるのである。他面で、この立場の欠陥は、この立場が単に抽象的な立場であるということである。もしも私が私の自由を私のうちなる実体として知るならば、私は活動せず、行為しないであろう。しかし、私がもろもろの行為に向かって進み、もろもろの原則をもとめるとすれば、このときには私はもろもろの規定を捉えようとしているのであり、その場合には、これらの諸規定は自由な意志の概念から導出されるという要求が存することになる。それゆえに、法や義務を主観性のうちに溶解させることが正しいとすれば、他方で、この抽象的な基盤がふたたび少しも展開されない場合は、それは不法なことである。現実が空疎で精神を欠き、安定も欠いた存在であるような時代にのみ、個人に、現実から内面的な生活のうちに逃げ帰ることが許されるのである。ソクラテスは、アテーナイの民主制が腐敗した時代に登場した。彼は現存するものを溶解させ、自分のうちに逃げ帰って、自分のうちに正しいこと、善いことをもとめようとした。われわれの時代においても、存立しているものに対する畏敬の念がもはや存在しないようになり、人間が、妥当するものを自分の意志として、自分によって承認されたものとして、もとうという傾向が多かれ少なかれみいだされる。

〈ホトーより〉

一三九

これまでに妥当しているもろもろの規定のいっさいを空無となし、意志の純粋な内面性のうちにある自己意識は、一方では、即自的かつ対自的に普遍的なものを原理とする可能性であるとともに、他方では、自分に固有な特殊性を普遍的なものより優先させて、原理とし、この特殊性を行為によって実現しようとする恣意——悪である可能性でもある。

良心は、形式的な主観性として、端的に、悪に転落する跳躍台にたっているようなものである。自分だけで存在し、自分だけで知り、自分だけで決定する自己確信のうちに、道徳と悪の二つが共通の根をもっているのである。

総じて悪の根源は、自由の秘儀、すなわち自由の思弁的性格のうちに存する。つまり意志の自然性から脱却し、これに対抗して内面的なものとなるという自由の必然性のうちに存する。自己矛盾として、この対立において自分と相いれないものとして現存するようになるものは、まさにこの意志の自然性である。そして、さらに進んで自分を悪として規定するものは、意志自身のこの特殊性である。すなわち、特殊性は二重化されたものとしてのみ存在するのであり、ここでは、意志の自然性と内面性との対立である。後者の内面性は、この対立にあっては、単に相対的で形式的な対自存在にすぎない。これは、その内容をもっぱら自然的意志の諸規定から、つまり欲求、衝動、傾向性等々から汲み取ることができるだけである。ところで、これらの欲求、衝動等々については、それらは善でもあるいはまた悪でもありうるといわれる。しかし、意志が、欲求、衝動等々が自然的なものとしてもつ偶然性の規定のままで、これらを、したがって、意志がここでもつ形式を、つまり特殊性そのものを、自分の内容の規定とするのであるから、意志は、内面的な客観的なものとしての普遍性すなわち善と対立することになる。この善は、同時に、意志の自分のうちへの反省と認識する意識をともなって、直接的な客観性、つまり単なる自然的なものに対する別の極として現れる。こうして、意志のこの内面性は悪である。それゆえに、人間は即自的に、ないしはその本性(自然)によって悪であると同時に、その自分のうちへの反省によっても悪である。したがって、本性そのものも、もしそれが、その特殊的内容に拘泥する意志の自然性ではないならば、それだけでは悪ではなく、また自分へ内行する反省すなわち認識一般も、自然性とのかの対立におかれているのではないならば、それだけでは悪ではないのである。――悪の必然性のこの側面には、この悪が必然的にあるべきではないものとして規定されているということ、すなわち、この悪が廃棄されるべきであるということも同様に絶対的に結びついている。もっとも、このことは、総じて、自然性と内面性との分裂というかの最初の立場が現れるべきではないということではない――この分裂の立場は、むしろ、非理性的動物と人間との分離をなしている――、そうではなく、〔意志が〕この分裂の立場にいつまでもとどめおかれず、特殊性が普遍的なものに対抗して本質的なものとして固執されず、この分裂の立場が取るに足らないものとして克服されるということである。さらに、この悪の必然性のもとでは、この対立に直面して、この対立のただなかに存するのは、この反省の無限性としての主観性である。主観性がこの対立にとどまったままならば、すなわち主観性が悪であるならば、このことによって、主観性は自分だけで存在するのであり、個別的なものとしてふるまい、そして、この恣意[53]でさえあるのである。このために、この個別的な主観そのものが、端的に〔自分の〕悪の罪責を負うのである。

補遺《悪の根源》　自分自身をいっさいのものの基盤として知る抽象的な確信は、概念の普遍的なものを意欲する可能性とともに、また特殊的内容を原理とし、これを実現する可能性も自分のうちにもっている。この後者の悪には、したがってつねに、自己確信という抽象的なものが属している。そして、人間だけが、しかも悪でもありうるかぎりでの人間だけが善なのである。善と悪は切りはなせない。そしてその切りはなせないということは、概念がみずからにとって対象的になり、対象として、概念が直接的に区別の規定をもつということにもとづいている。悪い意志は、意志の普遍性に対立したものを意志し、これに対して、善い意志は、意志の真実の概念にふさわしくふるまう。いかにして意志はまた悪でもありうるのか、という問いにおける難点は、通常、ひとが意志をもっぱらそれ自身との肯定的な関係においてのみ考え、そして、〔意志の意欲を〕(54)意志のためにある規定されたもの、すなわち善として表象するところに由来する。しかし、悪の根源への問いは、いまや、いかにして肯定的なもののうちに否定的なものが入り込むのか、というより詳細な意味をもっている。世界の創造のさいに、神が絶対的に肯定的なものとして前提とされるとすれば、どうひねくってみても、否定的なものがこの肯定的なもののうちに認識されることはありえない。というのは、神の側の〔否定的なものの〕許容を仮定しようとしたところで、そうした受動的な関係は不十分で、意味のないものだからである。神話的宗教的な表象では、悪の根源は概念的には捉えられない。すなわち、〔肯定否定の〕一方が他方において認識されることはなく、ただ継起と並存の関係の表象しかないのであり、したがって、否定的なものは肯定的なものにそとから加わるのである。しかし、こうした表象は、思想を満足させることはできない。思想は、根拠や必然性をもとめ、肯定的なもののうちに否定的なものを、それ自身根ざしているものとして把握しようとするのである。ところで、概念がいかにこのことを把握するのかの解決は、すでに概念のうちに含まれている。というのは、概念、もっと具体的にいえば、理念は、自分を区別して、自分を否定的に定立するということを、本質的にそれ自身において具えているからである。ひとがもっぱら肯定的なもののもとに、つまりその根源性において善であるとされる純粋な善のもとにとどまるならば、このことは、そうした抽象的なものや一面的なものに固執し、そして問いをたてることによって、この問いをまさしく難問に仕たて上げる、悟性の空虚な規定である。しかし、概念の立場からすれば、肯定性は活動であり、自分自身から自分を区別することとして捉えられる。したがって、悪は、善と同様に、意志のうちにその根源をもつのであり、意志はその概念においては善であるとともに悪でもあるのである。自然的意志は即自的には矛盾であり、自分を自分自身から区別し、対自的〔それ自身〕で、内面的であろうとする。ところで、人間は自然的意志であるかぎり、悪であるというたち入った規定を、悪は含んでいる、といわれるとすれば、このことは、まさに自然的意志を無邪気で、善いものだと考えているような通常の表象に対立するであろう。しかし、自然的意志は自由の内容に対立しているのであり、それゆえ、自然的意志をもつ子どもや無教養な人間は、より低い程度の責任能力しかもたないとされるのである。そこで、われわれが人間について語るときには、子どもではなく、自己意識的な人間が念頭におかれているのであり、善について語るときには、善の知が念頭におかれているのである。ところで、自然的なものがそれ自身では無邪気で、善くも悪くもないことはたしかであるが、しかし、自然的なものも、これが自由としての、また自由の知としての意志と関係づけられると、自由ならざるものという規定を含むことになり、それゆえに悪である。人間が自然的なものを意志するかぎり、自然的なものは、もはや、単なる自然的なものではなくなり、意志の概念としての善に対立する否定的なものとなる。——しかし、もしひとが、悪は概念のうちにあって、必然的であるから、人間がそれを選んだとしても、彼に罪責はないであろうといいたがるとすれば、人間の決断は彼自身のおこないであり、彼の自由と彼の罪責によるおこないであるといい返されねばならない。宗教的な神話においては、人間は善悪の認識をもつことによって神の似姿である、といわれる。(55) 神の似姿であることが、必然性がここでは何ら自然必然性ではなく、決断することがまさに善と悪というこの二重化されたものの揚棄であることによって、たしかに存している。善も悪と同様に、私に対立しているのだから、私は両者のあいだで選択をして、いずれにも決断することができ、一方も他方も等しく私の主観性のうちに取り入れることができる。したがって、人間は悪を意欲することができるが、しかし、必然的に悪を意欲せざるをえないのではない、ということが悪の本性なのである。〈ホトーより〉

一四〇

自己意識は、自分の目的において、それが、具体的で現実的な行為の故意に属しているゆえに、必然的にもつ肯定的な側面（一三五）を取りだす術を心えている。それゆえ、自己意識は、義務と優れた意図というこの肯定的な側面にもとづいて、その行為を他のひとびとにとっても自分にとっても善いものとして主張することができる。しかし、自分のうちに反省したもの、したがって意志の普遍的なものを意識するものとしての自己意識のうちでは、この行為の否定的な本質的内容が、同時に、この普遍的なものとしての比較されることになる——このように行為が他のひとびと［にとって］(56)善いものであると主張することは偽善であり、自分自身［にとって］(56)善いものであると主張することは、自分を絶対的なものとして主張する主観性のいっそう高い頂点である。

悪のこの究極的にしてもっとも奇怪な形式、これによって悪が善に、善が悪に逆転させられ、意識はみずからをこのような力として知り、それゆえに、またみずからを絶対的なものとして知るのであるが、この形式は、道徳の立場における主観性の最高の頂点であり、悪がわれわれの時代において、しかも哲学、すなわち、深遠な概念をこうした形態のうちへとゆがめ、そうすることで、悪に善の名を僭称させるように、自分で哲学の名を僭称する浅薄な思想によって生い育った形式である。私は、この注解において、今日流行の、この主観性の主要な諸形態について簡単に触れることにしたい。

（a）偽善に関していえば、偽善のうちにはつぎの諸契機が含まれている。すなわち、（α）真実に普遍的なものについての知、このさい、この知が法や義務についての単なる感情という形式においてであろうと、これらについてのより進んだ知識や認識の形式においてであろうと、それは別として。（β）この普遍的なものに対抗する特殊的なものを意欲すること。そしてしかも、（γ）これら両者の契機を比較する知としての意欲すること、したがって、意欲する意識自身にとって、みずからの特殊的な意欲が悪として規定されている。これらの規定は、良心のやましさをともなう行為を表現しはするが、まだ偽善そのものを表現してはいない。——ある行為は、それが良心のやましさをともないながら、すなわち上述された諸契機の展開された意識をともなっておこなわれたかぎりでのみ、悪であるのか否かということは、一時期非常に重要となった問いである。——パスカルは、この問いを肯定することからの帰結をきわめてみごとに描きだしている(『プロヴァンシアル』「第四の手紙」[57])。「徳に対する愛を若干でもまだもち合わせているようなこれら半罪人たちは、すべて地獄に堕ちるでしょう。しかし、あっけらかんとした罪人たち、冷酷無情な罪人たち、生粋の、完全無欠な罪人たちは、地獄ももはや手に負えないでしょう。彼らは悪魔に帰依することで悪魔を欺いてしまっているからです」[*]——自己意識の主観的な法、すなわち、どのようにして行為は即自的かつ対自的に善いものであるかあるいは悪いものであるか、という規定のもとで自己意識が行為を知る法は、この規定の客観性の絶対的法と衝突するものと考えられてはならず、したがって、両者が分離されうる、相互に無関心で、偶然的なもののように表象されてはならない。こうした分離された両者の関係は、とりわけまた、有効な恩寵[58]についてのかつての問いの根底におかれていたものである。悪とは、その形式面からすれば、個人にもっとも固有のものである。というのは、悪とはまさに、個人が自分を端的に自分だけで固有に定立する主観性であるからであり、したがって端的に個人の罪責だからである（**一三九**とその注解をみよ）。そして、客観的な側面からすれば、人間は、その概念からいって、精神として、総じて理性的なものであり、みずからを知る普遍性という規定を端的に自分のうちにもっている。それゆえに、もしも善の側面が、またそれとともに、人間の悪い行為の悪いものとしての規定が、彼から切りはなされて、その行為が悪いものとして彼に帰責されないとすれば、このことは、彼を人間の概念の名誉にしたがって取り扱わないことを意味する。先の区別された諸契機についての意識が、どのように規定されているか、あるいは、明瞭さと不明瞭さのいかなる程度において認識にまで展開しているか、そして、悪しき行為が、いかなる程度で、多かれ少なかれ、正真正銘の良心のやましさをともなって遂行されているか、これらは、それほど重要ではない、むしろ経験的なものに関わる側面である。

＊パスカルは、また同じ箇所で、十字架上でキリストが彼の敵のためにおこなった祈り、「父よ、彼らを許し給え。彼らは己れのなすところを知らざればなり」(59)を引用している。――これは、もしも彼らがなしたところを彼らが知らなかったという事情が、彼らの行為に悪ではない、したがって許しを必要としないという資格

をあたえたのだとすれば、無用な祈願であると。パスカルは同様にアリストテレスの見解を引用している（この箇所は『ニコマコス倫理学』第三巻第二章にある）。そこでアリストテレスは、行為者が「無意識で」（οὐκ εἰδώς）あるか、あるいは、「無知で」（ἀγνοῶν）あるか、を区別している[60]。同じ知の欠如でも、前者の場合では、行為者は自由意志にもとづかずに行為している（この場合の知の欠如は外的事情に関係している。上述、**一一七**をみよ）。それゆえに、行為は行為者の罪責に帰せられない[61]。しかし、他の場合については、アリストテレスはつぎのようにいっている。「邪悪な人間はすべて何をなすべきか、何をなすべきではないかを認識していない。そしてまさにこの欠陥（ἁμαρτία）こそが、人間を不正な人間にし、総じて悪しき人間にするのである。善悪の選択について認識をもたないことは、行為が自由意志にもとづかないこと（したがって、行為が行為者の罪責に帰せられないこと）にはならない。ただ、この行為が悪いものであることとなるだけである[62]」。アリストテレスが、認識と意欲との連関について、認識なきこと、心情、霊感をもって人倫的な行為の真実な原理であると説くような浅薄な哲学[63]において今日通用しているような洞察より、はるかに深い洞察をもっていたことはいうまでもない。

(b)しかし、悪を、そして良心のやましさをもって、おこなうことは、まだ偽善[64]ではない。偽善には、悪をまずは他のひとびとに対して善いと主張し、自分を総じて外面的には善で、良心的で、敬虔であるなどとして装うという虚偽の形式的な規定がつけ加わる。こうした仕方で装うことは、他のひとびとに対する欺瞞の芸当にすぎない。しかし、さらに、悪人は、他のところでの自分の善行なり敬虔さなり、総じてもろもろの善き理由を引き合いにだして、自分だけで悪を正当化することさえできる。というのも、それらによって、彼はその悪を自分だけで善に転倒させるからである。こうした可能性は、抽象的な否定性として、いっさいの規定性をみずからに従属し、みずからに由来するものとして知る主観性のうちにある。こうした転倒には、

(c)まず第一には、蓋然説[65]として知られる形態が算入されねばならない。蓋然説が原理とするところは、意識が何らかの善き理由を探しだす術を知っているような行為は――たとえその理由が単にひとりの神学者の権威であろうと、また意識が、この神学者の判断とは他の神学者たちがはなはだ食い違っていることを知っていようと――、許されているということであり、良心はこのことについて確信をもちうるということである。この考えにあってさえ、そのような理由や権威は、それが良心の確信には十分であったとしても、単に蓋然性をあたえるにすぎないという正しい意識がな

お存してはいる。そこでは、ひとつの善き理由は、それと並んで、他のもろもろの、少なくとも同じくらいに善き理由がありうるような性質のものにすぎないことが認められている。また、規定するものは理由であるべきであるという客観性の痕跡もそこにはまだ認められる。しかし、善悪の決定が、かの諸権威もまた含まれているような多くの善き理由にもとづいておこなわれ、しかもこれらの理由が多くの、そして相互に対立し合っているものであるので、ここには同時に、決定しなければならないものがことがらの客観性ではなく、主観性であることが含まれている。――この側面からして、好みや恣意が善悪について決定するようになり、人倫も宗教もその根底から掘り崩されてしまうのである。しかし、決定が属するのが自分固有の主観性であるということは、まだ原理として表明されてはいず、むしろ、すでに述べたように、理由が決定するものと称される。このかぎり、蓋然説は偽善の一形態である。

（d）つぎのより高い段階は、善い意志は、それが善を意志するところに存するべきであるとする段階である。行為が善いものであるためには、この抽象的な善を意欲することで十分である、否、これこそが要求される唯一のことであるとされる。行為は規定された意欲として、ある内容をもつのであるが、しかし、抽象的な善は何も規定しないのであるから、これに規定と充実とをあたえることは特殊的な主観性に取っておかれることになる。先の蓋然説においては、自分自身が学殖豊かな神父さま（*Révérend Père*）ではない人間にとっては、このような神学者の権威に寄りかかってこそ特定の内容が善という普遍的な規定のもとに包摂されうるのであるが、ここでは、どんな主観も直接にこうした高位につき、抽象的な善のうちに内容を盛り込む、あるいは同じことであるが、ある内容を普遍的なもののもとに包摂することができるのである。こうした内容は、具体的なものとしての行為においては、総じて、この行為が具える一側面にすぎず、行為はこのほかに多くの側面を、しかも、もしかしたら当該の行為に犯罪的で下劣な行為だという述語をさえあたえかねない側面を具えているのである。しかし、善のかの私の主観的な規定は、行為にさいして私によって知られた善であり、善き意図（一一四）である。[66] そこに、ある規定に即すれば、行為は善い行為であるが、しかし他の規定からすれば、行為は犯罪的であるという、諸規定の対立が生じる。[67] したがってまた、現実の行為にあたっては、はたしてその意図が現実的に善いものかどうかという問いが生じるように思われる。しかし、善が現実的な意図であるということ、このことは、いまや単に一般的にそうでありうるだけでなく、主観が抽象的な善を規定根拠とする立場においては、つねにそうでありうるのでなくてはならない。善き意図に発しながら、他の側面からすると犯罪的であり、悪しきものとして規定される行為によって犯されるものは、もちろんこれまた善いものである。このとき、問題は、これらの側面のうちでどの側面がもっとも本質的な側面であるか、ということにあるように思われよう。しかし、ここでは、こうした客観的な問いは脱落してしまう。あるいは、むしろ、意識の主観性そのもの、その決定こそが、ひとえに客観的なものを構成するのである。いずれにしても、本質的であるということと、善いということとは、もともと同義なのであって、前者も後者も等しくひとつの抽象である。意志を顧慮して本質的なものが善いのであり、またこの顧慮において本質的なものは、まさしく、行為が私にとって善いものとして規定されているということであるべきである。しかし、任意のいかなる内容でも善のもとに包摂されるということは、それ自身としては、この抽象的な善が、それがまったく内容を欠いているがゆえに、総じて何か肯定的なものを意味するだけのことへ、全面的に還元されるということから直接生じるのである。——すなわち、その肯定的なものとは、何らかの観点で妥当し、そしてその直接的な規定からして、また本質的な目的としても妥当しうるもの、たとえば、貧者に慈善を施すとか、私や私の生活や私の家族のために配慮すること等々である。さらに、善が抽象的なものであるように、したがってまた悪も無内容なものであって、私の主観性からその規定を受け取るほかないものである。そして、この側面からすれば、不特定な悪を憎んで、これを根絶するという道徳的な目的もまた生まれることになる。――窃盗、卑怯、殺人等々も、行為として、すなわち一般に主観的な意志によって遂行された行為として、ただちにこうした意志の満足、したがって肯定的なものであるという規定をもつ。そして、こうした行為を善い行為とするためには、もっぱら、この肯定的な側面を行為にさいしての私の意図として知っていることが肝要である。この肯定的な側面は、私がそれを私の意図のなかでは善として知っているのだから、行為が善いものであるという行為の規定にとって本質的な側面なのである。貧者に慈善を施すための窃盗、自分の生命や、自分の(おそらくはこれに加えて貧しい)家族のことを配慮するという義務のための窃盗および戦場からの離脱、――憎しみと復讐からの殺人、すなわち、自分の正しさの自己感情や、法一般の自己感情を、また他のひとびとの邪悪さの感情を、私に対しての、あるいは他のひとびとに対しての、世間に対しての、あるいは民族一般に対しての不正の感情を、みずからのうちに邪悪さそのものをもっているこの悪人の抹殺、これによって悪の根絶という目的に少なくとも幾ばくかの寄与が果たされるとする抹殺によって、満足させるためにおこなわれる殺人、これらのものは、いずれもこうして、その内容の肯定的な側面ゆえに、善き意図とされ、したがって善き行為とされてしまう(68)。かの学殖豊かな神学者たちのように、いかなる行為に対しても、肯定的な側面を、したがって善い理由と意図とをみつけだすためには、最低限の悟性の教養さえあれば十分である。こうして、本来的にはいかなる悪人もいない、というのも、悪人といえども悪のために悪を欲することはなく、すなわち純粋に否定的なものそのものを欲することはなく、つねに何か肯定的なものを欲しているからであり、したがってこの立場からすれば、善を欲しているからだ、といわれたりするのである。この抽象的な善においては、善悪の区別も、いっさいの現実的な義務も消失してしまっている。これがために、単に善を意欲する、そして行為にさいして善い意図をもつ、ということは、善がもっぱらこの抽象において意欲され、したがって善の規定が主観の恣意にゆだねられるかぎり、むしろ悪なのである。

目的は手段を神聖にするという悪評高い命題(69)もまた、このところに属する。――それ自身としては、この表現は、さしあたっては陳腐で無意味なものである。ひとは、同様に漠然と、神聖な目的はなるほど手段を神聖なものにするが、しかし神聖ならざる目的は手段を神聖にはしない、と応答することができる。およそ手段というものが、それ自身では何ものでもなく、他のもののために存在し、他のもの、すなわち目的のうちにその規定と価値とをもつかぎり、――すなわち手段が真に手段であるならば、

——目的が正しければ、手段もまた正しいというのは同語反復的な表現である。[70] しかし、先の命題によっていわれていることは、単にこうした形式的な意味ばかりではない。この命題のもとでは、よりたち入ったことがらが理解されている。すなわち、善い目的のためには、それ自身としては端的にいかなる手段でもないものを手段として用いること、それ自身としては神聖であるものを冒瀆すること、こうして犯罪をも善い目的の手段とすることが許されるし、それればかりかおそらくは義務ですらある、ということである。つまり、かの命題には、一方で別々の法的ないしは人倫的な諸規定における、もしくは、汝、殺すなかれ、あるいは、汝、自分自身の利福と汝の家族の利福を配慮せよといった同様に漠然とした一般的な命題における、以前注解された肯定的なものの弁証法についての漠然とした意識が思い浮かべられているのである。裁判官や、軍人にとっては、人間を殺すことはただ単に権利であるばかりでなく、義務である。しかし、このさいには、いかなる資格の人間であるゆえに、またいかなる事情のもとにおいてこうしたことが許され、そして義務であるかが厳密に規定されている。[71] こうして、私の利福、私の家族の利福もまた、より高き目的のもとに従属させられ、したがって手段に引き下げられなくてはならない。しかし、犯罪として特色づけられるものは、弁証法をまだ免れないような、漠然と放置された普遍性ではなくて、その規定された客観的な限界づけをすでにもっている。ところで、犯罪からその犯罪としての本性を奪い取ってしまうことになる目的において、こうした犯罪の規定に対立させられているもの、つまり神聖な目的は、善きもの、あるいはより善きものについての主観的な思い込み以外の何ものでもない。そのことは、意欲が抽象的な善のもとにたちどまったままであるときに生じることと同じである。すなわち、善と悪、法と不法の、即自的かつ対自的に存在し、妥当するいっさいの規定性が廃棄されて、個人の感情や表象や好悪に、この規定はゆだねられてしまう。——最後には、主観的な思い込みが、はっきりと、法と義務の規則として公言されるのであるが、それは、(e) あることを正しいとする信念(72)こそが、よってもって行為の人倫的な本性を決定する当のものであるはずだとされることによる。ひとが意欲する善は、まだいかなる内容をももっていない。ところで、信念の原理は、ある行為を善の規定のもとに包摂することは主観に帰属するという、もっとたち入ったことを含んでいる。このことによって、人倫的客観性の外見もまた完全に消失してしまっている。こうした教説は、これまでしばしば言及(73)してきた自称哲学とただちに結びつく。その自称哲学は、真なるものの認識可能性を否認するのである。——そして、意欲する精神の真なるもの、すなわち精神が自己実現するかぎりでの精神の理性的であることが、人倫的命令であるのだが。――こうした哲学の営為は、真なるものの認識を、単に仮象として現れるものにすぎない認識の範囲を越えた空虚なうぬぼれだといいたてることによって、ただちにまた、この仮象として現れるものをもって行為に関する原理となさざるをえず、このことによって人倫的なものを個人の独自の世界観や彼の特殊な信念のうちに据えることに[74]ならざるをえないのである。こうして哲学が陥ってしまっている堕落は、いうまでもなく、世間の眼には、さしあたっては単に学者仲間での暇つぶしのおしゃべりに生じただけのまったくどうでもよいできごととみえるかもしれない。しかしながら、このような哲学的見解は、哲学の本質的な一部門である人倫的なものについての見解のうちに必然的に入り込んで哲学の一角を形成するのであり、そうなってはじめて、このような見解に含意されるところが現実のうちに現れ、そして現実にとってあきらかになるのである。――行為の人倫的な本性が規定されるのは、主観的な信念によってだけであるという見解が広まることによって、偽善について以前には多く語られたのに、今日では滅多に語られなくなったということが生じている。というのも、悪を偽善として性格づけることは、つぎのことを前提としているからである。すなわち、ある行為が即自的かつ対自的に違反行為であり、悪徳であり、犯罪であるということ、および、それらの行為をなす者が敬虔と合法性の諸原則と外面的な行為を、彼がこれらの諸原則や行為を悪用してつくり上げたまさしくみせかけにおいて知りかつ認めているかぎりで、彼はその行為を必然的にこうした違反行為であり、悪徳であり、犯罪であると知っているということである。あるいは、悪一般に関しては、善を認識し、善を悪から区別することを知っていることが義務であるという前提があてはまったのである。いかなる場合であれ、しかし、人間がどんな悪徳的で、犯罪的な行為も犯さないということ、そしてかかる行為が、彼が人間であって禽獣でないかぎり、そうしたものとして彼の罪責に帰せられなければならないということは、絶対的な要求として通用したのである。ところがしかし、善い心や、善い意図や、主観的信念が、もろもろの行為にその価値を付与するものであると宣言されるならば、もはやいかなる偽善も、総じていかなる悪も存在しないことになる。というのも、ひとは自分がおこなうところを善き意図や動機を反省することで何か善いものにしてしまう術を心えているのであり、自分の信念という契機によってそれは善いものになるからである。*こうして、もはや、即自的かつ対自的に犯罪や悪徳である行為は存在しない。そして、先に引用された、あけすけで、自由で、冷酷無情で、生粋な罪人〔(a)を参照〕にとって代わって、意図と信念とによって完全に正当化されているという意識が登場している。私が行為するにさいしていだく善き意図と、それが善いということについての私の信念が、この行為を善にするのである。行為の評価と裁定が問題となるかぎり、この原理にしたがって、行為者は、ただ彼の意図と信念、彼の信仰に即してだけ裁かれるべきなのである。——しかも信仰といっても、キリストが客観的な真理への信仰を要求したような意味での信仰ではない。したがって、悪い信仰をもっている人間、つまりその内容上悪い信念をもっている人間に対しては、判定も悪いものとして、すなわちこの悪い内容にふさわしく下されるということではなく、人間が自分の行為のさいに、自分の信念に忠実にとどまったか否かという、信念への忠実という意味での、義務にかなったもののみを含んでいる形式的で主観的な忠実という意味での、信仰に即して裁かれるべきだというのである。——信念のこの原理においては、信念は同時に主観的なものとして規定されているから、たしかにまたそこに誤謬の可能性についての思いも浮かび上がらざるをえない。したがって、そこでは即自的かつ対自的に存在する法則が前提とされてはいるのである。しかし、法則は行為しない。行為するのはもっぱら現実的な人間だけである。そして、かの信念の原理によれば、人間の諸行為の価値において問題となるのは、彼がこの法則をどれほどまで自分の信念のうちに取り入れているかということだけである。しかし、そこでもしこの法則によって裁かれ、一般に評価されるべきものが、行為ではないとすれば、この法則がなお何のためにあり、何に役だてられるべきなのかが、わからなくなってしまう。こうした法則は、単に外面的な文字になり下がってしまい、実際、空虚なことばに堕してしまっているのである。というのは、私の信念によってはじめて、こうした法則は、ひとつの法則に、つまり私を義務づけ拘束するものにされるからである。――そのような即自的かつ対自的に存在する法則はそれ自身で神の権威や国家の権威をもっている、また、この法則が紐帯となって、ひとびとやそのいっさいのおこないや運命が相互に結びつけられ、存立を保持してきたという数世紀にわたる権威をもっている、――これらの権威は諸個人の無数の信念を包含している。――そして、この権威に対して、私が私の個人的な信念の権威を対立させるのである、――それも、私の主観的な信念として、この信念の妥当性だけが権威であるからであるが、――しかし、このさしあたっては法外にもみえるうぬぼれは、主観的な信念をして規則とする原理そのものによって除却されているのである。――ところで、浅薄な学問や低劣な詭弁によっては追放されない理性と良心がもち込む、より高次の不整合性によって、たしかに誤謬の可能性が認められるとしても、犯罪も悪も総じて誤謬であるとすることによって、過失は最小のものに還元されている。というのも、誤謬を犯すことは人間的なことであるから、(75)――私が昨日昼に食べたのがキャベツであったか、菜っぱであったか、などあれこれのことについて、重要でないこと、重要なこと、取り混ぜて無数のことについて、誰が誤謬を犯さなかっただろうか。だが、問題がもっぱら、信念の主観性と、それを固守することだけにあるとすれば、重要なことと重要でないこととの区別は消え去ってしまう。誤謬の可能性をともなう、かのより高次の不整合性はことがらの本性からくるものなのだが、しかし、悪しき信念はひとつの誤謬にすぎないというように表現されると、実際は、不誠実という別の不整合性に単に転化してしまう。一方においては、人倫的なものや人間の最高の価値が打ちたてられるのは、信念においてでなければならず、したがって信念が最高のものであり、神聖なものだと説かれる。他方においては、問題となることは、誤謬以外の何ものでもなく、私が信念をもっているということは、取るに足らない偶然的な、本来的には私にあれこれの仕方で起こりうる何か外面的なものにすぎない〔とされる〕。実際、私が何も真なるものを認識しえないならば、私が信念をもっているということも、このうえなくつまらないことである。そうなると、私がどのように考えているかはまったく問題にならないのであり、私の思考には、かの空虚な善、すなわち悟性の抽象物がのこるのである。——さらに注意を促しておけば、信念を拠りどころにして正当化をはかるということの原理にしたがうと、私の行為に対抗する他のひとびとの行為の仕方に対しては、彼らは自分たちの信仰と信念とにしたがって私の行為を犯罪とみなすのであるから、彼らはそれについてまったく正しくふるまっているという結論が生じてくるのである。――この結論においては、私はあらかじめ何ももっていないばかりか、反対に、ただ自由と名誉の立場から不自由と不名誉の関係のうちに貶められてしまう。すなわち、即自的には私のものでもある正義において、単に他人の主観的な信念を経験し、その正義の実行においては、自分がただそとからの強制力によって扱われていると思うしかないのである。

＊「彼は、自分が完全に信念をもっていると、感じていることについて、私はいささかも疑いません。しかし、このように感じられた信念から、迷惑きわまりない不埒な行為をはじめないひとびとはどのくらいいましょうか。ですから、この根拠によってどんなことでも許されるとすれば、もはや、善い決定と悪い決定、尊敬に値する決定と軽蔑すべき決定については、理性的な判断などないことになりましょう。そのときには、狂気が理性と同じ権利をもつことになるか、理性が総じて何の権利も、何ら効力のある威信ももはやもたないことになるかでしょう。理性の声は意味のないものとなりましょう。ただ疑わない者だけが真理のうちにあることになります！

私はこのようなもっぱら道理に悖《もと》ることを利するだけの寛容の結果を思うと慄然としますﾕ。フリードリヒ・ハインリヒ・ヤコービのホルマー伯爵宛書簡。オイテインにて、一八〇〇年八月五日付け。シュトルベルク伯爵の改宗について(「ブレンヌス」、ベルリン、一八〇二年八月)(76)。

(f)最後に、この主観性が完全に把握され、いい表される最高の形式は、プラトンから借りた名前でイロニーとよばれている形態(77)である。――いうまでもなく、名前だけがプラトンから取ってこられたのであって、プラトンはこの名前をソクラテスの方法をさして使った(78)のである。ソクラテスは、この方法を、真理や正義の理念〔イデア〕のために、無教養な意識やソフィスト的な意識の妄想に対抗する、個人的な対話のうちで用いたが、理念そのものをではなく、ただこうした意識をイロニー的に取り扱ったのである。イロニーはもっぱらひとびとに反駁する対話の態度に関わるにすぎない。ひとを相手にしなくとも、思想の本質的な運動は弁証法である。プラトンは、弁証法的なものそれ自身を、ないしはイロニーでさえも究極的なものとして、そしてイデアそのものとして捉えるまでにはとうていいたらなかった。彼は反対に、思想の、しかもまったく主観的な思い込みの右往左往する歩みを、イデアの実体性のうちに沈めて、決着をつけたのである。*——ここでなお考察されるべき、みずからを究極的なものとして把握する主観性の頂点は、なおみずからを、真理、法、義務に関して決意することおよび決定することとして知るということでしかありえない。この決意し、決定することは即自的には先行する諸形式においてすでに現存していたのである。こうしてこの頂点は、人倫的に客観的なものをなるほど知りはするが、しかし、自分自身を忘れ、自分を断念し、この客観的なものの厳粛さのうちに沈潜して、それにもとづいて行為するのではなしに、この客観的なものと関係しつつも同時にこれを自分から遠ざけてしまい、自分を、かくかくに意志し、決定するとともにまた別様にも意志し、決定することができるものとして知ることに存するのである。——諸君は、掟を、実際にまたまじめに、即自的かつ対自的に存在するものとして受け取っている。私もまた、掟にくみし、掟に生きる。しかし、私はまた諸君よりももっと先に進んでいる。私はまた掟を乗り越え、そして掟をかくかくのものとなすことができる。ことがらが優れたものであるのではない。私が優れたものであり、私が掟とことがらに対する主人である。[79] 主人として私はそれらを、自分の好みのように、弄ぶだけであり、私が最高のものを没落させるこのようなイロニーの意識のうちで、私はただ私自身を享受するだけである。——この形態は、単に法や義務や法則のいっさいの人倫的内容の空無——悪、しかもそれ自身において完全に普遍的な悪――であるばかりではなく、この形態はまた、自分自身をいっさいの内容のこの空無として知り、そしてこれを知ることにおいて自分を絶対的なものとして知るという形式、つまり主観的なうぬぼれという空無性をもつけ加えるのである。――どの程度まで、この絶対的な自己満足が、孤独な自己礼讃にとどまらずに、おそらくまた、ある教団を、すなわちその紐帯と実体とが、たとえば、良心にかない、善き意図をもつことの相互的な確認であり、この相互の純粋さに関する喜びであり、しかしとりわけ、こうした自己知と自己表明のすばらしさや、こうした生き方の保護と育成のすばらしさを楽しむことでもあるような教団をも形成しうるのか、――どの程度まで、美しい魂とよばれるもの、すなわち、いっさいの客観性の空無性において、したがってそれ自身の非現実性において徐々に消えてゆく、いっそう高貴な主観性、さらに、他の諸形態が、ここで考察された段階と親近性をもついい表し方であるか、――これらについて、私は『精神の現象学』六〇五頁以下において取り扱った[80]。同書の(c)良心の節の全体を参照されたい。とりわけまた――そこではさらに別様に規定されている――より高次の段階への移行という点で参照されたい。

＊ 私の同僚であった故ゾルガー教授[81]は、フリードリヒ・フォン・シュレーゲル

氏によってその著作活動の初期に導入され、自分自身を最高のものとして知る主観性にまで高められたイロニーという表現を、なるほど採用してはいる。しかし、こうした規定から遠くはなれたゾルガー教授のより良いセンスと、彼の哲学的な洞察とは、この表現のうちに、とりわけ、本来的に弁証法的な側面と思弁的な考察の活発な脈動の側面を捉えて、これを確保したのである。しかし、私はこのことが完全に明晰であるとは思わないし、また同氏がさらにその最後の内容豊かな労作である、アウグスト・ヴィルヘルム・フォン・シュレーゲル氏の『演劇芸術と文学についての講義』への詳細な批判(『ウィーン年報』第七巻九〇頁以下)において展開したあれこれの概念に同意することもできない。「真のイロニーが」、とゾルガーは、その九二頁で述べている、「出発する観点は、この現在の世界に人間が生きているかぎり、人間はその使命を、ことばの最高の意味においても、この世界においてのみ全うすることができるということである。われわれが、それによって、有限的な諸目的を乗り越えてゆくと信じているものは、すべて空無で空虚な妄想である。……最高のものでさえ、われわれの行為にとっては、単に制限された有限的な形態において現にあるにすぎない」。このことは、正しく理解されるならば、プラトン的であり、同箇所でこれに先だって言及されている(抽象的な)無限なものに向かっての空虚な努力に反対するものとしてきわめて真実なことを語っている。しかし、最高のものでも人倫的なものと同様に——そして人倫的なものは本質的に現実性と行為として存在するのだが——制限された有限的な形態のうちに存在するという、このことは、この最高のものが有限的な目的であるということとはまったく別のことである。形態、有限的なものの形式は、内容すなわち人倫的なものから、その実体性とそれがそれ自身のうちにもつ無限性の何ものも取り去りはしないのである。ゾルガーはさらにつぎのようにいう。「まさにそれゆえにこそ、そのもの(最高のもの)は、われわれにおいては最低のものと同じくらいに空しいものであり、必然的にわれわれおよびわれわれの空しい感覚とともに没落してしまう。というのも、真実にはこの最高のものはもっぱら神のうちにのみ現にあるからである。そして、この最高のものは、この没落において神的なものとして浄化されるのである。この神的なものは、これがもしも直接的に現存していないとすれば、われわれがそれにあずかることはないようなものであり、しかもこの神的なものの直接的な現存は、まさにわれわれの現実性が消滅するときに啓示されるのである。しかし、このことが直接人間的なできごとそのものにおいてわかる情調が、悲劇的イロニーである」。イロニーという勝手な名前はどうでもよいだろう。しかし、われわれの空しい存在とともに没落するものが最高のものであり、われわれの現実性が消滅する段になってはじめて神的なものが啓示される、というところに、何か明晰でないものが存している。同年報の九一頁でもつぎのようにいわれている。「われわれは、英雄たちに、彼らの志操と感情におけるもっとも高貴にして美しきものが、ただ単に結果という点ばかりではなく、その源泉とその価値という点においても、信じられなくなるのをみる。然り、われわれは、最善のもの自身の没落において、われわれを高めるのだ」。最高に人倫的な諸人物の悲劇的な没落が、われわれの関心を引き（尊大で根っからの悪党や犯罪者の当然の没落は、たとえば、現代悲劇『罪』(82)のなかの主人公がそのとりであるが、なるほど刑事裁判的な関心事とはなるとしても、しかしここで話題としている真の芸術にとってはいかなる関心事ともならない）、われわれを高め、われわれとそのこと自身とを和解させることができるのは、ただ、このような諸人物が、同じように正当でありながら、不幸にして衝突するにいたった異なった人倫的な諸力をもって相互に対立して登場し、こうしていまやこれら諸力が人倫的なものに対立することによって、罪責を負うかぎりにおいてである。この罪責から両者の正と不正が、そしてこれとともに（両力に分裂していた）真の人倫的理念が、純化され、この一面性に対して凱歌を揚げながら、したがって和解されてわれわれのうちに現れるのである。それゆえ、没落するのはわれわれのうちなる最高のものではなく、われわれは最善のものの没落においてではなく、反対に真なるものの勝利においてみずからを高めるのである。——このことこそ、古代悲劇の真実にして純粋に人倫的な関心事である(ロマン主義の悲劇においては、この規定はなおいっそうの変容をこうむることになる)ことは、私が『精神の現象学』(四〇四頁以下、なお六八三頁以下参照[83])において詳論したところである。しかし、人倫的理念は、かの衝突の不幸や、この不幸に巻き込まれた諸個人の没落がなくても、人倫的世界において現実的であり、現存している。そして、この最高のものはその現実性において空しいものとして現出しはしない。まさにこのことこそ、実在する人倫的現存在、すなわち国家が目的とし、実現するものであり、国家において人倫的自己意識が所有し、直観し、そして知るもの、思惟する認識が把握するものである。

補遺《道徳の詭弁》　表象は、さらに先に進んで、悪しき意志を善という仮象に転倒させることができる。表象は悪をたとえその本性にしたがって変化させることができなくても、その悪に、それがあたかも善であるかのような仮象を付与することができるのである。というのも、いかなる行為も肯定的なものをもっているからであり、そして悪に対する善の規定も同様に肯定的なものに還元されるので、私は行為を私の意図との関係で善いものと主張することができる。したがって、単に意識においてだけでなく、肯定的な面からもまた悪は善と結びついているのである。もしも自己意識がその行為を他のひとびとに対してだけ善いものと称するならば、この形式は偽善である。しかし、自己意識が行果を自分自身にとって善いと主張することができるとすれば、これは、自分を絶対的なものとして知る主観性のいっそう高次の頂点である。この主観性にとっては、善も悪も、即自的かつ対自的なものとしては消失してしまっていて、この主観性は、何であれ自分が意志し、なしうるものを善であり悪であると称することができる。これは自分を立法者と僭称し、善悪の区別を自分の恣意にゆだねる絶対的な詭弁の立場である。ところで、偽善に関しては、たとえば、いっさいの儀式に服従し、また自分自身としては敬虔であるつもりかもしれないが、しかし他面においては自分の欲することを何でもおこなうという宗教的偽善者たち（タルチュフの輩）(84)がとりわけこれに属する。今日、偽善者について語られることはきわめて稀になったが、それは、一方では、これを告発することが苛酷すぎるように思われること、他方ではしかし、多かれ少なかれ直接的な形態での偽善が姿を消したことによるのである。このような剝きだしの虚言や、善行のこの装いは、今日ではあまりにもみえすいたものとなってしまい、みぬかれずにいられるはずはない。そして、ひとが一方では善をおこないながら、他方では悪をおこなうという分離は、教養陶冶が進むにつれてこうした対立する諸規定がぐらついたものとなるにおよんで、もはや現存しなくなっている。これに反して、偽善が今日身にまとっているより洗練された形態は、自分の良心に対して違反をも何か善いこととして表象させようと努めることを含む蓋然説の形態である。この形態は、道徳的なものと善とが権威によって規定されていて、したがって、権威の数だけ、悪を善として主張する根拠もあることになるところにのみ登場することができる。決疑論(85)にたつ神学者、ことにジェスイット派は、こうした良心にとっての問題事例を編集するとともに、これらをかぎりなく増補したのである。

ところで、こうした事例があまりにも念のいったものとされると、多くの衝突が生じる。そして善悪の諸対立がぐらつくようになると、これら諸対立は個々の場合に関して転倒したものとして示されることになる。ひとが望んでいるのは、もっぱら蓋然的なもの、すなわち、何らかの根拠なり、権威なりによって証明されうるような、善に近似するものである。したがって、この立場は、それが単に抽象的なものを含むだけであり、具体的な内容は何か非本質的なものとして呈示され、むしろ単なる思い込みにゆだねられたままであるという固有の規定をもつのである。こうして、誰でも犯罪を犯しながら、善を意志していたとすることができる。たとえば、悪人が殺されれば、このことは、悪に抵抗し、悪を減少させようとしたという肯定的な面と称されよう。ところで、蓋然説がさらに進むと、もはや権威や他のひとの主張ではなく、主観それ自身が、すなわち主観の信念が肝心なことになり、あることが善となりうるのはもっぱら主観の信念によるということになる。この立場の欠陥は、もっぱら信念に関係づけられるべきであるということ、そして、この信念がそれにとっては単なる形式にすぎないような即自的かつ対自的に存在する法がもはや存在しないということである。たしかに、私があることを習慣や習俗からおこなうか、あるいは、そのことの真理を確信しておこなうかは、どうでもよいことではない。しかし、客観的な真理は私の信念とは異なってもいるのである。というのは、信念はつねに信念であり、私が信念をもたないもののみが悪とされるゆえに、信念は善悪の区別をまったくもたないからである。ところで、この立場は善悪を抹消してしまうもっとも高次の立場であることによって、そこでは、この最高のものがまた誤謬にも曝されていることが認められるのである。そのかぎり、この最高のものはその高みから転落して、ふたたび偶然的なものとなり、いかなる敬意も受けるに値しないようにみえる。この形式がいまやイロニーであり、信念のこうした原理など大して重要ではないという、この最高の規準においてはただ恣意が支配しているにすぎないという意識である。この立場は、本来、フィヒテ哲学からでてきたものである[86]。この哲学は、自我を絶対者、すなわち、絶対的確信、さらなる展開によって客観性へと進む普遍的な自我性として言明するのである。フィヒテについては、彼が実践的なものにおいて主観の恣意をもって原理としたとは、本来いえはしない。しかし、のちになって、フリードリヒ・フォン・シュレーゲルによって、特殊的な自我性の意味において、この特殊的なものの自身が善や美に関して神としてたてられ、その結果、客観的な善は単に自我の信念の形成物にすぎず、単に自我によってのみ支えられるものとなり、自我が、主人として、支配者として、この善を生じさせたり消滅させたりすることができるようになったのである。私が何か客観的なものに関係すると、その客観的なものは同時に私にとっては没落してしまい、私は無窮の空間のうえを、あれこれの形態をよびだしたり、破壊したりしながら浮遊することになる。主観性のこの最高の立場は、ただ高度の教養陶冶の時代にのみ生じることができる。そこでは、信仰の真面目さが地に落ち、もっぱらいっさいの事物の空無性のうちにかろうじてその本質をもつにすぎないのである。〈ホトーより〉

一四一

自由の実体的な普遍的なものではあるが、まだ抽象的なものとしての善に対しては、したがって、諸規定一般とそれらの原理とが、しかし後者は善と同一のものとしてであるが、要求されている。それは、ちょうど、規定することの単に抽象的な原理である良心に対して、その諸規定の普遍性と客観性とが要求されているのと同様である。善と良心との両者は、各々がそれだけで総体性へと高められると、規定を欠いたものとなる。これは規定されるべきものなのである。——しかし、この両者の相対的な総体性の絶対的な同一性への統合は、即自的にはすでに成就されている。というのは、自分だけでは自分の空無性のうちに漂うしかない純粋な自己確信の主観性は、まさしく善の抽象的な普遍性と同一だからである。——したがって、善と主観的意志との具体的な同一性、すなわち両者の真理は、人倫である。

概念のこうした移行についての詳細は、論理学においてあきらかになる。ここでは、つぎのことをいっておくだけで十分である。すなわち、制限されたものや有限なもの——こうしたものは、ここでは、抽象的な、もっぱらあるべき善と、同様に抽象的な、もっぱら善であるべき主観性であるが――の本性は、それら自身において、それらの反対物をもつということであり、つまり、善はその現実性をもち、主観性(人倫的なものの現実性の契機)は善をもつということ、しかし、善も主観性も一面的なものとして、まだこれらが即自的にあるところのものとして定立されてはいないということである。このように定立されることを、両者が達成するのは、それらの否定性においてである。すなわちそれは、両者の各々が、即自的には両者においてあるものを、両者においてもってはならないように――つまり、善は主観性と規定なしに、規定するもの、主観性は即自的に存在するものなしに、――両者が一面的に、自分だけで自分を総体性として構成することで、〔むしろ〕両者は自分を揚棄して、それによって自分を契機へと、すなわち概念の契機へと貶めることになるという否定性である。この場合、概念は、両者の統一として示され、まさにこのようにその諸契機が定立されることによって、実在性を獲得したのであり、したがって、いまや理念としてあるのである。――この概念は、その諸規定を実在性へと仕上げると同時に、諸規定の同一性のうちにそれらの即自的に存在する本質としてあるのである。――直接的には〔抽象〕法としてあった自由の定在は、自己意識の反省においては善として規定されている。したがって、第三段階は、ここ、この自由の定在の移行において、善と主観性との真理として、同じくこの主観性と法との真理でもある。——人倫的なものは主観的な志操であるが、しかし、それは即自的に存在する法の志操である。——この理念が自由の概念の真理であるということ、このことはひとつの前提とされたことでも、感情あるいはその他どこかから取ってこられたものでもありえず、ただ——哲学において——証明されたものでありうるのみである。このことの演繹は、ひとえに、法と道徳的自己意識とが、それら自身において、それらの帰結としてのこの理念へと遡行する姿で示されるところに含まれている。——哲学において証明や演繹をなしにすますことができると信ずるひとびとは、自分たちが哲学とは何かという初歩的な思想からして遠ざかっていることを示しているのであり、ほかでならおそらく語ることが許されても、しかし哲学においては、概念なしに語ろうとするひとびとは、ともに語る権利をもたないのである。

補遺《法と道徳の一面性》　われわれがこれまで考察してきた二つの原理、すなわち抽象的な善も良心もともに、それに対立するものを欠いている。抽象的な善は完全に無力なものへと揮発し、私はどんな内容でもそこにもち込むことができるのであり、そして、精神の主観性は、それには客観的な意義が欠けていることによって、抽象的な善に劣らず無内容なものになっている。それゆえに、ただ空虚さと否定性の苦しみを避けるために、客観性への憧憬が生じうる。この憧憬のうちで、ひとは好んで奴隷の境涯に、完璧な依存状態に屈するのである。最近になって多くのプロテスタント主義者がカトリック教会に移った(87)のは、彼らが自分の内面が無内容であることに気がついて、確固たるもの、支えとなるもの、権威をもとめた結果、起こったことなのである。たとえ彼らが手にしたものがまさしく思想の堅固さではなかったとしても。主観的な善と、客観的な即自的かつ対自的に存在する善との統一が人倫であり、そして、人倫においては、概念にしたがって、和解が生じている。というのも、道徳が主観性の側面からみた意志一般の形式であるとすれば、人倫は、ただ単に意志の主観的形式や意志の自己規定であるにとどまらず、人倫の概念を、すなわち自由を内容としてもつということだからである。法的なものと道徳的なものは、いずれもそれだけでは現存在しえない。そして、両者は人倫的なものを担い手として、基礎としてもたなければならない。というのは、法には主観性の契機が欠けており、それに対して、道徳はこれをもっぱらそれ自身でもっているので、両契機は、いずれもそれだけでは現実性をもたないからである。ただ無限なもの、理念だけが現実的である。法は、全体の分枝としてのみ、即自的かつ対自的に確固たる樹木にからみつく植物としてのみ現存在するのである。〈ホトーより〉

訳　注

序　言

（1）原語 Die Philosophie des Rechts の Recht の訳語としては、「法」のほかに「権利」、「正しさ」がありうる。ヘーゲルの本書での Recht の使用の仕方をみると、この三つの意味がそれぞれの文脈で使い分けられているということができる。本訳書では、基本的には Recht に「法」という訳語を用いる。しかし、それは、法の意味を、一般の日本語の常識にしたがって法律と同義語と解するだけではなく、権利という意味も含むとともに、事物の正しいあり方まで含むというところにまで拡大して解してのことである。それでも、日本語の文章としてしっくりしないところでは、「権利」あるいは「正しさ」およびそれに準ずる訳語を用いることにする。

（2）ヘーゲルは、いわゆるハイデルベルク時代、一八一七年から一八年にかけての冬学期に「自然法と国家学」という題目のもとに法の哲学の講義をはじめておこなったが、そののち、一八一八年一〇月にベルリン大学に移って以来、一八三一年一一月一四日にコレラで急逝するまで、六回にわたってそれをおこなっている。くわしくは、一八一八―一九年、一八一九―二〇年、一八二一―二二年、一八二二―二三年、一八二四―二五年、一八三一年（それぞれ冬学期）。ここで言及されている『法の哲学』は、一八二〇年に完成し、翌年一八二一年に出版されている。これは、本文と注解(一段下げて印刷されている)からなっているが、やがて、一八三三年にヘーゲル全集の一巻に加えられるときに、編集者のガンス(Eduard Gans)により、この要綱にもとづく講義の聴講者であったホトー(H. G. Hotho)とグリースハイム(K. G. von Griesheim)のノートが解説として採用された。それが補遺の部分である。なお《　》で示された補遺の小見出しは、ラッソン版による。

(3)　これ(*Enzyklopädie der philosophischen Wissenschaften im Grundrisse*, 1817)は、その後、大幅に改訂されて出版されている(一八二七年第二版、一八三〇年第三版。本訳注でこの書の出典を示すさいの節番号は第三版による)。ヘーゲルの体系全体が盛り込まれたものであって、「論理学」「自然哲学」「精神哲学」の三篇から構成されている。『法の哲学』の内容は、精神哲学——第一部主観的精神、第二部客観的精神、第三部絶対的精神からなる——の第二部客観的精神に相当する。そこでは、狭い意味での法学的内容が扱われているだけではなく、人間の共同的なあり方一般が扱われている。それゆえに、これをヘーゲルの社会哲学、倫理学、国家論として読むことができる。

(4)　ホメーロスの『オデュッセイア』に登場するオデュッセウスの妻。オデュッセウスがトロイ遠征のため二〇年間故郷の島イタケーの館を留守にしているあいだに、自分にいい寄る求婚者たちの求婚を舅の葬送の衣を織ることを理由に断り、そのため、昼に織った布を夜に解きほぐすことをしつづけた。

（5）「思弁的」は、通常は、「経験的」ということの反対概念であるが、それとは異なり、ヘーゲルにおいては、真理、すなわち全体を全体として把握するという知のあり方を示すことばである。

（6）ここでの『論理学』は『大論理学』第一版（*Wissenschaft der Logik*, Nürnberg, 1812–16）のこと。

（7）『新約聖書』「ルカ伝」第一六章一九節以下。ある金もちが、死後ひどい苦しみを受けていたが、それに反し、貧者のラザロが死後アブラハムの恵みを受けているのをみて、アブラハムに、ラザロを自分の家につかわして、自分の五人の兄弟にこのようなところに来ないように警告してくれることを頼んだのに対して、アブラハムが答えたことば。

（8）ヘーゲルにおいて「概念」は、一般に使われている単に主観的意識が事物について抱く観念という意味とは異なった意味をもつ。ヘーゲルの論理学では、存在論および本質論の場面とは異なって、概念論は、論理学的真理の立場、すなわち全体という観点から事物を把握する立場が登場する場面である。ここでも、法をそのような意味での学問的真理として把握することが要求されているのである。

（9）「実体」は、偶有の対立語であるが、ヘーゲル独特の意味もあたえられ、偶有をも含み込んで根底に横たわる真実のものという意味である。「実体はもろもろの偶有の総体であり、それらの偶有において、実体はそれらの絶対的否定として、すなわち絶対的力として、そして同時にすべての内容の宝庫として開示される」（『哲学的諸学のエンチュクロペディー』一五一節）。したがって、人倫に関してみれば、単に心のなかにある理想という類いのものではなく、客観的体制として実現された社会の現実を支えるものという意味をもっている。

(10) 「自己意識」は、もっぱら対象を自分にとっての他者として意識する「意識」の段階を越えて、対象において自己を認識する立場のことであるが、これはまた個人をさすことばとしても使われている。

(11) ヘーゲルにおいて、「反省」は多義的に使われているが、ここでの「反省」は、彼の初期の段階で、カント(Immanuel Kant, 一七二四―一八〇四)、ヤコービ(Friedrich Heinrich Jacobi, 一七四三―一八一九)、フィヒテ(Johann Gottlieb Fichte, 一七六二―一八一四)等の哲学を「反省哲学」の名でよび、有限なものを固定化し、絶対化する考え方として批判したことにつながる意味をもつ。緒論注(37)を参照。

(12) この文章は初版にはない。ガンスが初版のヘーゲル全集版の『法の哲学』にヘーゲルのノートからのものとして加えたが、ラッソン(Georg Lasson)は、一九一一年に、これが補遺であること、すなわちヘーゲルの書いた文章ではなく、一八二二年から二三年にかけての冬学期の講義に出席していた学生のノートからの文章であることをあきらかにした。

(13) 原語 Gesetz は「法則」と訳される場合もあれば「掟」、「法律」と訳されるときもある。ここでは、自然と法という異なった領域に属するものが同一のことばで表されていることの意味を汲んで、あえて「法の法則」という、一見日本語には馴染まない訳語をあてた。ただし、カントが moralisches Gesetz ということばを使うときに、自然法則と対置する意図で道徳法則という意味をもたせたという先例はある。

(14) 実証法学者(der positive Jurist)。本書三にあきらかなように、ヘーゲルも、法を実定的(positiv)なものと捉えるかぎりでは実証主義法学の立場にたつという側面をもつ。しかし、このあとの記述にみられるように、法のさらなる哲学的基礎づけに向かうという点では、この立場を越えている。

(15) an und für sich の訳語として、本書では、「即自的かつ対自的」をあてる。an sich も für sich も、ともにドイツ語として普通に使われていて、an sich は、「それ自体では」という意味であり、für sich は、「自分だけで」「それだけとしては」という意味である。それに、ヘーゲルにおいては、独特の意味が加えられている。an sich(以降「即自的」)については、すでにカントが、Ding an sich(「物自体」)を、われわれの認識がおよばない対象の内奥をさすことばとして用いているが、ヘーゲルも、それを踏まえたうえで、これに「それ本来のあり方では」と、「潜在的には」との二重の意味をあたえている。他方、für sich(以降「対自的」)には、潜在的なものが顕在化し、自分のうちで自分が自分に向かい合うというかたちで対立するあり方という意味があたえられている。さらに、「即自的かつ対自的」an und für sich には、その両者を統合したものとして、「絶対的で真実な」という意味がある。

(16) 『旧約聖書』「詩篇」第一二七章二節。

(17) ヤーコプ・フリードリヒ・フリース(Jacob Friedrich Fries, 一七七三―一八四三)は、ヘーゲルと同時期にイエーナ大学で哲学講師を務め、ついでハイデルベルク大学の教授となった人物であり、したがって、長期間ヘーゲルのライバルでもあった。当時のドイツにおける愛国主義的な学生運動の団体である「ドイツ学生連盟」によって、マルティン・ルターの宗教改革三〇〇周年およびライプツィヒ戦勝記念日を祝して、一八一七年一〇月一八日に開かれたヴァルトブルク祭において、フリースは感情的な愛国心を鼓舞するような演説をおこなった。この運動に刺激されて、カール・ルートヴィヒ・ザント(K. L. Sand)という学生が、一八一九年三月二三日に、ロシアのスパイとみられていた著作家、アウグスト・フォン・コッツェブー(A. v. Kotzebue)を刺殺するという事件が起きた。フリースの演説は、これを煽動したものとされ、彼は大学を追われた。ヘーゲルの、ベルリン大学への招聘は、このような状況に対処するものという意味をもっていた。いずれにせよ、ヘーゲルの彼に対する評価は辛辣なもので、友人であるニータマー(F. I. Niethammer)宛のつぎのような手紙がのこされている。「私は、長いことフリースを知っていました。私は、彼がカントの哲学を逸脱してしまったことを知っています。それも、それをまったく軽薄なやり方で解釈することによって、深刻に、どんどん水っぽくしてしまうことによって、どんどん軽薄なものにしてしまうことによって……。フリースの『論理学体系』の第一巻は、精神を欠き、まったく軽薄で、陳腐で、末梢的で、学問的一貫性の最小の呈示も欠いています。第二巻での説明は、まったくだらしなく放りだされた講壇上の駄作であって、まるでただほんとうに頭の空っぽな輩だけが腹ごなしついでに、ついてこられるといった体のものなのです。彼の哀れな思想についてはこれ以上何も申せません」(『書簡』*Briefe von und an Hegel*, hrsg. von Johannes Hoffmeister und Friedhelm Nicolin, Hamburg, Felix Meiner Verlag, 1981, 338-339)。

(18) 第三部人倫第三章国家においてあきらかな通り、ヘーゲルは、国家を有機体にたとえている。

そこでは、無機物が部分の集合と捉えられるのに対して、有機体は、より緊密に全体に結びつけられ、機能分化を遂げた分肢の集まり、すなわち分節化された全体と捉えられている。したがって、この概念には、ヘーゲルの国家観の精髄を示すものが認められるといえるが、ここでの文脈では、ロマン主義的あるいは復古主義的、さらには社会主義的国家観に対する、ヘーゲルの近代国家擁護の立場を読みとれば十分であろう。

(19) フリースはここでつぎのように語っている。「すべてのことがらの神聖な起源についての信念、神や永遠なる生命についての信念は、学問的に擁護されたり、供給されたりするべきではなく、また学問的に証明の原理として適用されたりしてはならない。むしろそれは、予感という生きた感覚についての直接的で根本的な思惟であるというのが正しい。それは、永遠の真理を霊感と、自然現象の美への、とりわけ、人間の生の霊的美への献身によって認知するのである」(*Handbuch der praktischen Philosophie*, Heidelberg, Mohr u. Winter, 1818, 6-7)。このヘーゲルのフリース批判の眼目は、さしあたりは、フリースおよびフォン・コッツェブー刺殺の咎ゆえに処刑された学生ザントの母親に慰めの手紙、自己の心情に忠実なら殺人も許されるという内容をしたためた手紙を送ったベルリン大学神学教授ドゥ・ヴェット(Wilhelm Martin Leberecht de Wette, 一七八〇―一八四九)、またこの事件をめぐってヘーゲルと対立したシュライエルマッヒャー(Friedrich Daniel Ernst Schleiermacher, 一七六八―一八三四)の批判であるが、それを越えて、彼の時代の思想のある種のタイプ、すなわち、ヤコービに代表される直観主義、理性に対する感情優先視の思想への批判を含んでいる。

(20) Epikouros(前三四一(三四二)—前二七〇(二七一))。古代ギリシアの快楽主義者として知られるが、自然観という点では、アトム論の立場にたった。ただエピクロスによれば、アトムは偶然的な衝突によって運動し、その軌道は本来のものから若干ずれているとされる。ヘーゲルの文章も、このずれを問題にしている。

(21) ゲーテ(Johann Wolfgang von Goethe, 一七四九—一八三二)『ファウスト』第一部(*Faust* I, 1808)。ただしヘーゲルの引用にはまちがいがあり、正しくは、つぎのようになる。

まったく、理性と学問を軽蔑すればよい、
この人間の最高の能力を。
そうすれば、悪魔に身をゆだねずとも
破滅まちがいなしだ。

(22) ここにヘーゲルの真理観、すなわち有機的全体の全体としての把握ということをもって真理とみなす真理観、また抽象的普遍ではなく、具体的普遍をこそ真理であるとする真理観が端的に示されている。

(23) **二五八**注解参照。

(24) シボーレト(Schibboleth)。『旧約聖書』「士師記」第一二章五—六節。ギレアデ人の勇士としてイスラエルを統治したエフタは、ギレアデ人を率いてエフライム人を打ち破った。そのとき、エフライムの落人を捕らえるのに、彼らが「シボレテ」というヘブライ語を「セボレテ」としか発音できないのを利用して、このことばをいわせ、多くを捕らえて、合計四万二〇〇〇人を殺したという。

(25) プラトン(Platon，前四二七―前三四七)『ゴルギアス』463a-465d，『国家』493a-495e，『ソピステス』217a-218a 等参照。

(26) この箇所には一八一九年のカールスバット布告における検閲強化という歴史的事実が関係している。ハインリヒ・フォン・シュタイン(Heinrich Friedrich Karl vom Stein，一七五七―一八三一)によって指導されたプロイセンの一連の政治改革運動は、一八〇八年の彼の失脚以降も受け継がれていたが、一八一九年のカールスバット(現在チェコ領)での会議は、この流れに変更を加える反動的側面をもっていた。この布告における学術的活動への検閲強化は、ザントによるフォン・コッツェブー刺殺事件を直接のきっかけとするものであったが、他方メッテルニヒの活動に代表されるヨーロッパでの反動的政治機運に呼応するものともみられる。しかし、ヘーゲルのここでの立場は、この検閲強化に表だって反対するものではなく、さらに反動的機運について論評するものでもなく、学問的手つづきを捨てた心情至上主義的哲学に対する、あるいは哲学軽視の風潮に対する批判という論点に終始するものである。

(27) Johannes von Müller(一七五二―一八〇九)。スイスの歴史家であるとともに、外交官、政治家。ゲーテ、シラー(Friedrich von Schiller，一七五九―一八〇五)と交友関係にあるとともに、皇帝ヨーゼフ二世やナポレオンに仕えもした。ヘーゲルはベルン時代に彼の『スイス史』を読んでいる。

(28) 本書二八頁参照。

(29) 『哲学的諸学のエンチュクロペディー』第一版、五節(第三版、六節)、および『精神の現象学』*Phänomenologie des Geistes*, 1807, stw III, 14 参照。

(30) **一八五**注解参照。

(31) プラトンの『国家』では、彼の理想とする国家を形成するものとして、国王(哲人王)、軍人階級、生産者階級の三身分が設定されて、軍人階級に属する者は、男も女も家族も財産ももつことが禁じられている。それは、個人の個人性、すなわち特殊的な欲求の充足追求こそが国家を危ういものにするという信念があったからである。その考えを、プラトンは、やがて一神教につながってゆく、イデア論を通じて展開した。古代ギリシアが近代西洋とは異なって家族共同体、ポリス共同体の圧倒的支配下にあったというヘーゲルの見解にしたがえば、このプラトンの考えもまたギリシア精神を体現したものであったという側面をもつことになるが、多神教のもとで展開し、古代デモクラシーを生みだしたギリシア本来の自由な精神を否定するという側面をもつことも否定しがたいということである。

(32) Was vernünftig ist, das ist wirklich;
 und was wirklich ist, das ist vernünftig.

ここでの文脈にもあきらかなように、このことばはそのままの意味で受け取るべきである。しかし、ヘーゲルにおける「理性」と「現実」ということばの独特な使い方については配慮すべきであろう。ヘーゲルの場合「理性」は「悟性」とはっきりと区別されていて、それがカント批判の背景をもつということである。真理を有機的全体として把握するのがこの理性であり、また善を現実と対立する当為として捉えるのではなく、現実化されたものとして捉えるのがこの理性である。他面で、「現実」の方も、一般に理解されているような観念的なものの単なる対立物を示す「実在」とは区別されて捉えられている。「現実とは、本質と現存在すなわち内的なものと外的なものとの直接的となった統一である。現実的なものの外化は現実的なものそのものであるが、それは、現実的なものがその外化においても同じく本質的なものでありつづけるのであり、また、その現実的なものが直接的で外的な現存在のうちにあるかぎりでのみ本質的なものであるというようにしてである」（『哲学的諸学のエンチュクロペディー』一四二節）。このように現実は、本質すなわち内的な真理との対立物の位置にあるのではなく、そこにもまた内的な真理が宿っているものとして捉えられている。

(33) 原語 Idee は、「理念」あるいは「観念」という意味である。このことばの起源はプラトンのイデア（ἰδέα）にある。ヘーゲルによる用法は、事物の真理というプラトン的意味を汲み取ったものということから、「理念」と訳すのがふさわしいが、それだけではなく、さらに、可視的世界と不可視的世界とを明確に区別してしまうプラトンを批判して、内外の区別を撤廃した有機的全体をこれによって表現しているところに特徴がある。「理念は、即自的かつ対自的な真理すなわち概念と客観との絶対的統一である。理念の理念的内容は、概念がみずからの規定のうちにあるものにほかならない。理念の実在的内容は、概念が外的定在の形式においてみずからにあたえた概念の叙述にほかならない」（『哲学的諸学のエンチュクロペディー』二一三節）。

(34) プラトン『ノモイ』789b–790a. ただし、ここでもヘーゲルの引用にはまちがいがあり、プラトンの主張は、そのようなことは必要がないという文脈のもとでのことである。

(35) フィヒテ『自然法の基礎』二一節(*Grundlage des Naturrechts*, 1796, *Fichtes Werke*, hrsg. von Immanuel Hermann Fichte, Berlin, Walter de Gruyter & Co., 1971(以下FW), III, 295)。なお、ここで、ヘーゲルは、嫌疑者のみが肖像画入りの旅券を身につけていなければならないような書き方をしているが、フィヒテの文章では、すべての市民が旅券をもつ必要があり、そのなかで重要な支払い能力ある人物は肖像画入りの旅券をもつ必要があるとなっている。

(36) 『イソップ寓話集』にある。日頃軽くみられていたある男がロドス島にゆき、帰ってくると、仲間に、そこでどんなオリンピック選手よりも高く跳んでみせた、その証人も連れてきてみせると自慢したのに対して、それを聞いた人物が、ここで跳んでみろ、ここがロドス島だといったという話である。

(37) ギリシア語で、ΡΟΔΟΝ(rodon)はバラをさし、ラテン語では、rosaになる。またラテン語のsaltaには「跳ぶ」と「踊る」の両方の意味がある。つぎにでてくる「十字架のうちのバラ」に関わらせた洒落である。

(38) 十字架は苦難を象徴し、バラは美と幸福を象徴する。そのかぎりでは、現実のうちにある相対立するふたつの性格の結合を意味する。しかしまた、一七世紀に端を発する神秘主義的団体であるRosenkreuzer「バラ十字会」からの連想もあるであろう。バラは、また、中世以来、聖母の象徴であり、赤いバラは殉教の象徴でもあった。

(39) 本書一三頁参照。

(40) すでにみたように、ヘーゲルは、フリースに代表されるような感情至上主義を批判しはするものの、ルター(Martin Luther, 一四八三―一五四六)の、個人が自分の内面の感情と心情において信仰の拠点をみいだすことを何より優先させた考え方は、近代(ヘーゲルにとっては、最近の時代)を特徴づけるもの、すなわち主観性の立場を打ちだしたものとして評価する。それは概念を通じて捉え直す手つづきも必要とするとはされているが、ここにも、ヘーゲルが「概念」とか「理性」とよんでいるもののもつ独自の拡がりをみることができる。

(41) カントの批判哲学の立場がこれにあたるであろう。『純粋理性批判』(緒論注(34)参照)では、神の存在証明の問題は、超越論的弁証論の理想の箇所で扱われるが、そこでの、神の存在に関する「存在論的証明」「宇宙論的証明」「自然神学的証明」のいずれも、人間の認識能力のかなたにおかれるべき物自体の認識という次元に踏み込んでしまうものであるがゆえに有効なものではない。したがって、神の存在証明の問題は、認識問題を扱う哲学の領域には属さないという結論が導きだされるのである。

(42) フランシス・ベーコン(Francis Bacon, 一五六一―一六二六)の『学問の進歩』に以下の文章がみられる。「哲学をわずかしかたしなんでいないことは、人を無神論へと向かわせるであろうが、より多くたしなむことは信仰へとたち返らせる」(*The Advancement of Learning*, 1605, *Works* I, ed. Spedding, Ellis, and Heath, London, Longman, 1857–74, 436)。

(43) 『新約聖書』「ヨハネ黙示録」第三章一五―一六節。

(44) ゲーテ『ファウスト』の第一部でファウストを訪ねてきた学生に向かって語るメフィストフ

エレスの台詞「いっさいの理論は灰色で、生の黄金の木は緑色だ」が背後にある。

(45) ギリシア神話における女神アテーナーは、ローマ神話ではミネルヴァである。知恵、学問の神であるとともに戦争の神として武装した姿で表現されるが、また梟としても象徴される。哲学が、一時代のおわりにその時代の精神を総括するかたちで登場するということと、梟が夜になって活動するということとが重ね合わされている。

緒論

(1) 「概念」は、通常特殊なものから抽出された一般的なものとみなされるが、これをヘーゲルは、「表象」あるいは「悟性の規定」とよぶ。ヘーゲルにとっては、「概念」は「自由なもの」であり、「生命の原理であると同時に絶対的に具体的なもの」である(『哲学的諸学のエンチュクロペディー』一六〇節補遺)。「自由である現存在を獲得したかぎりでの概念は、自我ないしは純粋な自己意識である」(『大論理学』stw VI, 253)。自分自身に現実的な客観的現存在をあたえた概念は、「理念」とよばれる。「理念は十分な概念である」(『大論理学』stw VI, 462)。「理念は即自的かつ対自的な真理であり、概念と客観性との絶対的統一である」(『哲学的諸学のエンチュクロペディー』二一八節)。三二補遺参照。

(2) 『法の哲学』は、『哲学的諸学のエンチュクロペディー』における精神哲学第二部客観的精神(四八三—五五二節)にあたる。法の概念の展開ないし「証明」は、四八五—四八七節においてあたえられている。

（3）哲学はひとつの円環をかたちづくるというこのテーゼが、ヘーゲルがみずからの哲学体系を完璧に呈示するため『哲学的諸学のエンチュクロペディー』というタイトルを選んだことの背景をなすといえる（同書、一五―一八節参照）。

（4）初版にしたがえば、以下は補遺ではなく、注解である。

（5）ユスティニアヌス『学説彙纂』(*Digesta*) 50. 17. 202 にみられることばで、一世紀のローマの法律家ヤウォレヌスのものとされる。注（11）を参照。

（6）**四三**および**一八〇**の各注解を参照。

（7）「意識の事実」ということばは、フィヒテの *Die Thatsachen des Bewusstseyns*, 1810 (FW II, 537–691) を想起させるが、ここでは、とりわけ、カントの超越論哲学のフリースによる心理学化の批判が目されている（『哲学史講義』*Vorlesungen über die Geschichte der Philosophie*, stw XX, 418f. 参照）。一七九〇年代の半ばには、「意識の事実」ということばは、また、イエーナの哲学者クリスティアン・エルハルト・シュミット (Christian Erhard Schmid, 一七六一―一八一二) のカント的な認識論と密接に結びつけられていた。彼は、フィヒテによる軽蔑的な攻撃の対象でもあった (FW II, 421–458 参照)。

（8）『哲学的諸学のエンチュクロペディー』二三八―二四三節を参照。

（9）「世界史の地理的基礎」（『歴史哲学』*Vorlesungen über die Philosophie der Geschichte*, stw XII, 105–132）参照。

（10）自然法の意義については、『哲学的諸学のエンチュクロペディー』五〇二節注解参照。

(11) 『法学提要』(*Institutiones*)と『法規全書』(*Pandectae.* これは *Digesta*『学説彙纂』ともいわれる)とは、東ローマ皇帝ユスティニアヌス(Justinianus, 在位五二七—五六五)によって五三三年に発布され、のちに『ローマ法大全』(*Corpus iuris civilis*)とよばれるようになった法典の四つの構成部分のうちのはじめの二つである。『法学提要』は、ガイウス(Gaius, 一一〇—一八〇頃)の『法学提要』(*Institutionum commentarii*)などに主にもとづいた、初学者のための教科書風の法典である。

(12) モンテスキュー(Charles Louis de Secondat, Baron de Montesquieu, 一六八九—一七五五)の『法の精神』(*De l'esprit des lois,* 1748)第一編第三章参照。

(13) これらの記述は、ベルリンでのヘーゲルの同僚サヴィニー(Friedrich Karl Savigny, 一七七九—一八六一)が領袖であった歴史法学派に向けられたものである。この学派は、法を非歴史的な理性によって解釈しようとする啓蒙主義の企てに反対して、法を歴史的に、すなわち、それが生まれた社会的文脈におけるオリジナルな意味から把握しようとした。この方法は、法の経験的な歴史を尊重する態度を示してはいるが、しかし同時にそこには、伝統と国民的遺産へのロマン主義的敬意が濃厚であり、啓蒙主義とフランス革命の理想に対するロマン主義的な拒否と連動する、社会および政治の領域における人間理性の要求の拒否がみられる。とりわけこの後者の局面が、ヘーゲルによって批判されることになった。サヴィニーは、プロイセン保守主義の代表的論客であり、哲学的にも、個人的にも、ヘーゲルとは折り合いが悪かったといわれる。なお、二一一および二一二の各注解を参照。

(14) フーゴー(Gustav Ritter von Hugo, 一七六四―一八四四)は、ゲッティンゲン大学の法学教授で、歴史法学派の先駆者である。なお、ヘーゲルは、『哲学史講義』においても、彼について触れている(stw XIX, 296 参照)。

(15) 十二表法は、前四五〇年頃発布されたローマ最初の法典。この記述は、キケロ(Marcus Tullius Cicero, 前一〇六―前四三)のつぎのことばに拠るものである。「実際、私には、哲学書の集成はすべて、その重要さと有用さの点からいって、法の十二表法を含む一冊の小さな書物より価値が少ないと思われる」(『弁論家について』*De oratore* 1. 44)。

(16) ファウォリヌス(Favorinus, 八〇頃―一五〇頃)は、ガリアのアルルに生まれ、プルタルコスやローマの文法家アウルス・ゲッリウス(Aulus Gellius, 一二三頃―一六五)の友人であり、多数の著書を著した、新アカデメイア懐疑論派の代表者であった。なお、次注参照。

(17) ゲッリウスの『アッティカの夜』(*Noctes Atticae*)は、彼がギリシアに滞在した冬の夜に書いたといわれる二〇冊からなる論集である。これは、広範で多様な主題を扱っており、古代ローマの生活についての逸話、引用、観察の貴重な源泉となっている。セクストゥス・カエキリウス(Sextus Caecilius)はアフリカ出身のローマの法学者で、九冊の quaestiones の著者であり、ファウォリヌスとともに、ローマ皇帝ハドリアヌス(Hadrianus, 在位一一七―一三八)の宮廷に属していた。彼らのあいだでの会話は、フーゴーの目的にかなっている。法の歴史の造詣が深い法学者は、伝統的な実定法の哲学者による批判を、それは法がつくられた歴史的状況を無視した誤解にもとづくものだとして、修正しているのである。

(18) 前三七六年に、ローマ共和制のもとで、護民官G・リキニウス・ストロ(G. Licinius Stolo)とL・セクスティウス(L. Sextius)は、農地改革、貴族と平民のあいだの不平等の縮小、そして貧者(とりわけ債務者)の困窮からの救済を目的とした立法措置(通常「リキニウスの法案」とよばれる)を提出した。貴族の反対を越えて、この法案は前三六七年に採用されたが、後一〇〇年頃までには、古臭いものと考えられるようになった。

(19) 前一六九年に発布されたウォコニウス(Voconius)の平民条例は、女性の遺産相続権を規定した(キケロの『国家論』*De republica* 3. 10を参照)。

(20) ゲッリウスがあきらかにしているように、ここで考えられている「リキニウスの法律」は奢侈禁止法のことであるが、これは、のちの繁栄によって、時代遅れのものとなってしまった(*Noctes Atticae* 20. 1. 25)。

(21) シェイクスピア(William Shakespeare, 一五六四—一六一六)『ヴェニスの商人』(*Merchant of Venice*, 1594–97)第一幕第三場参照。

(22) 取り決めに背いて輓馬《ばんば》で引き裂かれたフフェティウス(Fufetius)の例。十二表法における、偽証罪を犯せば、「タルペイアの岩」から投げられるという規定。

(23) 十二表法の、病気や老齢のゆえに歩行ができないひとを法廷に召喚するためには、輓馬の背に載せて運ぶという規定を、ファウォリヌスは、死体を取り扱うかのようで、残酷であると非難したのである。一〇〇年頃までは、iumentum は、役畜を意味した。法がつくられた頃には、これは、くびきで繋がれた牛馬によって引かれる車をさしていた。軽症のときに用いられるこの

iumentum に対して、重病人のための arcera は、覆いのある車であった(*Noctes Atticae* 20. 1. 28f.)。

(24) 古典的法学者は、「ひとの法」、「ものの法」、「訴訟の法」とか、「ローマ市民法」、「万民法」、「法務官法」というように三分し、カントは、四種類(量、質、関係、様相)のカテゴリーをそれぞれ三分している。

(25) ライプニッツ(Gottfried Wilhelm Leibniz, 一六四六—一七一六)は、法律上の「整合性」についての考えを示している。とりわけ、『法学の学習と教授の新方法』(*Nova methodus discendae docendaeque jurisprudentiae*, 1667)における、法体系の論理的・数学的基本構造と規範の演繹の相対的方法の考えを参照。

(26) フーゴーは、原理からの厳密な演繹的推論において、法学者が一般に形而上学者より優れているという要求のために、ライプニッツの権威に訴えている。これに対して、ヘーゲルは、演繹的推論を、哲学の表層的な側面(『哲学的諸学のエンチュクロペディー』一八一節、二三一節)にすぎないもの、ないし、悟性による独断的形而上学の性格(同書、二六—三六節)とみなしている。

(27) 原語は callide である。

(28) 十二表法は、父権(patria potestas)から解放された子ども(市民法 ius Quiritium, ius civile 上の相続人でない者)に父親の遺産を相続することを認めていなかった。これを無効にするために、法務官(praetor)の命令が、「遺産占有」(Bonorum possessio)という名のもとでの法的擬制(fictio, ὑπόκρισις)によって、こうした子どもに遺産の分有を認めたのである(ガイウス『法学提要』3. 25–

28, 34. ユスティニアヌス『法学提要』3. 9参照)。Bonorum possessio は、法務官法(ius praetorium)において、市民法の hereditas に該当する。

(29) 娘は filia, 息子は filius である。なお、一八〇注解参照。

(30) ハイネキウスは、Johann Gottlieb Heineke(一六八一—一七四一)のラテン名で、ドイツのローマ法、自然法学者、ハレ大学、フランクフルト大学等の教授を歴任。

(31) 『旧約聖書』「創世記」第二章二二—二三節参照。

(32) 第一部注(21)、および『哲学的諸学のエンチュクロペディー』九六節補遺参照。

(33) 以下は注解であって、補遺ではない。

(34) ここでは、意志の自由に関するカント的な立場、とりわけフリースのそれが念頭におかれている(『哲学史講義』stw XX, 419参照)。カントは、意志の自由を、神の存在と霊魂の不死性とともに、道徳的信仰の対象ともみなした(『純粋理性批判』*Kritik der reinen Vernunft*, 1781/87, *Kants Gesammelte Schriften*, Berlin, Ausgabe der königlich preußischen Akademie der Wissenschaften, 1910–(以下 GS), III, B XXX)が、人間が自由の直接的な意識をもっているということは拒否した(『実践理性批判』*Kritik der praktischen Vernunft*, 1788, GS V, 4)。これに対して、フリースは、「人間存在には、基本的な倫理的真理が直接的で、反駁不可能な必然性をもってあてはまるのであり、こうして、彼は自己の自由を意識するのである」と考える。フリースはこのことから、人間は、神と不死性を信じる必要があるのと同じようには、自由を信じる必要はないということを推論するのだが、しかし、道徳意識にもとづいて人間がもつ自由への信仰について語ってもいるのである(*Anthropologische Kritik der Vernunft*, Heidelberg, Winter, 1838, I, xvii–xviii, II, 259, III, 251)。

(35) 一八三〇年第三版では、四四〇―四八二節。

(36)『哲学的諸学のエンチュクロペディー』四四四節参照。

(37) 一八二四―二五年の講義では、つぎのようにいわれている。「反省という表現は、鏡から取ってこられている。光はまっすぐに進むが、鏡がその進行を中断し、光を反射する。精神もまた同様である。直接的ではない精神は、この中断(折れ返り)の能力をもっており、ある規定から身を引き、そこから抜けだし、それを遮断することができる」(*Vorlesungen über Rechtsphilosophie*, hrsg. von K.-H. Ilting, Stuttgart, Fromman Verlag, 1974(以下 VPR), IV, 111f.)。こうした精神の自分のうちへの還帰(折れ返り)の面のみに着目すれば、「自分のうちへの反省」は、いっさいを捨象して、抽象的な孤立的主観に引きこもり、閉じこもることを意味する。だが、ヘーゲルにおいて、Reflexion は、意識の対象へ向かう志向の自分への反転として、対他関係的に自己意識を成立させる機構でもあり、総じていっさいの認識・存在規定が同時にそれみずからに対立する「固有の他者」規定を含み、「それ自身の反対」であるという関係構造を表している。この(絶対者の動的な構造でもある)「他在において自分自身のもとにある」という構造は、「他在において自分自身のうちに反省すること die Reflexion im Anderssein in sich selbst」といわれるが、この場合には、(先と区別するためにも)「自分のうちへの反照」(「反省の反省」である)と訳した方がよいであろう。『精神の現象学』stw III, 23f.『大論理学』stw VI, 38–80,『哲学的諸学のエンチュクロペディー』六五節、一一五―一二二節参照。

(38) 一三、二一、一三二の各注解参照。『哲学史講義』では、「自由はまさしく思惟そのものである。思惟することを斥けて、自由について語るひとは、自分が何を語っているか知らないのである。思惟の自分自身との統一が自由であり、自由な意志なのである」(『哲学史講義』stw XX, 307f.)といわれている。これらの言説の向けられたターゲットは、ヴォルフ的な合理主義であろう(『哲学的諸学のエンチュクロペディー』二八節補遺、四六八節、『哲学史講義』stw XX, 312参照)。

(39) 『宗教哲学』*Vorlesungen über die Philosophie der Religion*, stw XVI, 345–350 参照。

(40) フランス革命が念頭におかれている。二五八注解参照。ヘーゲルは、テロリズム(恐怖政治)を、自由の原理が国家に適用される単に抽象的な形式から結果するものとみなしているが、フランス革命は精神の自己疎外の克服をなし遂げたものとされている(『精神の現象学』stw III, 431–441 参照)。ジャコバン主義者ではなかったが、ヘーゲルはつねに、フランス革命を巨大で進歩をもたらした世界史的できごとと考えていた(『歴史哲学』stw XII, 531–535)。

(41) 一八二四―二五年の講義ではつぎのようにいわれている。「人間はすべての内容を捨象することができ、それから自分を自由にすることができるのであり、私の表象における内容が何であれ、私はそれを放棄することができ、私をまったく空虚なものにすることができる。私自身のもとで単に私は私である。……人間はあらゆる内容を受け入れることができるという自己意識をもつと同様に、すべてを、友情、愛といったすべてのきずなを放棄することができる」(VPR IV,

111f.）。

(42)『ヴェーダ』において、宇宙の最高原理、創造主とされ、『ウパニシャッド』では、万物に遍在し、宇宙の最高原理として、個我の本質であるアートマンとの合一（梵我一如）が説かれている。

(43)『大論理学』stw V, 26, 149f, VI, 277–279, 300, 352, 359,『哲学的諸学のエンチュクロペディー』二四節補遺、九三節、九四節補遺、一六四節、一七六節補遺、および二四参照。

(44)『全知識学の基礎』(*Grundlage der gesamten Wissenschaftslehre*, 1794)における第一原則は、「自我は根源的に端的に自分自身の存在を定立する」という「自我」の自分自身との同一性である(FW I, 91–101)。第二原則は、自我が自分自身の規定的な概念を形成するために、「自我に対して非我が端的に反定立される」という対立を意味する(101–105)。ヘーゲルによれば、自己意識と非自己の意識は、二つの継起的な原則なのではなく、相互に不可分離なのである(『哲学的諸学のエンチュクロペディー』四四九—四五〇節、『哲学史講義』stw XX, 388–396)。

(45)『哲学的諸学のエンチュクロペディー』九一節補遺参照。

(46) 同書一二〇節、四〇三節、『大論理学』stw V, 165, 172 参照。

(47) ヘーゲルは手書きで、「よりよくは、主体性」と書き入れている。

(48) 第三版では、一六三—一六五節。

(49)『哲学的諸学のエンチュクロペディー』八二節補遺参照。

(50) 同書一五九節補遺、四七一節参照。

(51) 第三版では、四四〇節。

(52) 二五、二八、一〇八、一〇九参照。

(53) 「われわれにとって」＝絶対知の立場にたっている「哲学者(著者であるヘーゲル)にとって」の意味。

(54) ヘーゲルは手書きで、「すなわち、内容と目的とする」と書き入れている。

(55) 一一―一八、二一以下参照。

(56) ここで念頭におかれているのは、ヴォルフ的な合理主義であろう(『哲学的諸学のエンチュクロペディー』三五節補遺参照)。

(57) 一八二四―二五年の講義ではつぎのようにいわれている。「すべての衝動が理性的であるのではないが、しかし、すべての理性的な意志規定は衝動としても存在する。自然的なものとしての意志は、一部は理性に反して非理性的でもありえ、一部は偶然的でもありうる。……非理性的な衝動、嫉妬の衝動、邪悪な衝動は、いかなる実体的な内容も、概念によって規定された内容ももっておらず、それらは偶然的で、非理性的であって、そういうものとして、ここでのわれわれの関心事ではない」(VPR IV, 128)。

(58) 一九、一五〇とその注解参照。

(59) 『哲学的諸学のエンチュクロペディー』二〇六節補遺参照。

(60) たとえば、デカルト(René Descartes, 一五九六―一六五〇)は、誤謬の可能性を、人間の知性が有限であるのに対して、意志の自由が無限であるという点においている(『省察』(*Meditationes*, 1641)四参照)。また、カントとその亜流も考えられているであろう。

(61) これは、ゲーテ、シラーそしてロマン派によって展開された「美しい魂」の理想への言及である(『精神の現象学』stw III, 490–491参照)。なお、一四〇注解、第二部注(80)参照。

(62) これは、ゲーテのソネット「自然と芸術」の最後の三行から採られているが、正確な引用ではない。ゲーテの句はつぎの通りである。

Wer Großes will, muß sich zusammenraffen;
In der Beschränkung zeigt sich erst der Meister,
Und das Gesetz nur kann uns Freiheit geben.

(Goethe, *Werke* I, hrsg. von Erich Trunz, Cristian Wegner Verlag, 1966, 245)

(63) 『哲学的諸学のエンチュクロペディー』四七六—四七八節参照。

(64) ヘーゲルの「覚え書き」によれば、「単に可能的なものとして規定された存在者は、偶然的なものである——存在することもありうるし、存在しないこともありうる——」。

(65) クリスティアン・ヴォルフ(Christian Wolff, 一六七九—一七五四)は、ライプニッツの後継者であるが、一七二三年に、敬虔主義派の煽動で、ハレ大学の教授を免職になった(フリードリヒ大王の就任によって、一七四〇年に復職している)。論争点のひとつは、ヴォルフが、意志はすべて十分な理由によって規定されていると主張しているがゆえに、意志の自由を否定したという申したてであった(『哲学史講義』stw XX, 256f.『哲学的諸学のエンチュクロペディー』三五節補遺参照)。

(66) カントによれば、意志ではなく、恣意(意思)のみが自由である(『人倫の形而上学』*Die*

Metaphysik der Sitten, 1797, GS VI, 212f.)が、しかし、これは、人間は勝手気ままに行為するとき、もっとも自由に行為するということを意味しているのではない。むしろ、人間の自由は、選択能力を合理的に法によって規制する意志の能力よりむしろ、どの格率(第二部注(26)参照)を採用するかを選択する能力(恣意の能力)にあるというのである。ヘーゲルはまたこの見方をフリースにも帰している(『哲学史講義』stw XX, 419)。自由が勝手気ままさに存するという考えは、フリードリヒ・フォン・シュレーゲル(Friedrich von Schlegel, 一七七二—一八二九)のようなロマン派の思想家によって主張された。

(67) フィ(フェイ)ディアス(Phi(Phei)dias, 前四九〇頃—前四三〇頃)は、アテーナイの彫刻家で、アクロポリス復興にさいして総監督の立場にあり、パルテノンのフリーズなどの彫刻制作に主導的役割を果たした。ここでのヘーゲルによる言及は、作品は芸術家の個人的な特殊性と任意性を表現するという点から、古代詩に対する近代詩の優位性を唱えるロマン派の芸術論を批判するためである。フリードリヒ・フォン・シュレーゲル『アテネーウム断章』(*Athenäums Fragmente*)116, 1798 参照。

(68) 『哲学的諸学のエンチュクロペディー』八一節補遺参照。

(69) 「単調で退屈なきまり文句」は、おそらく、カントが「利口の命法」とよぶものであろう。それは、「たとえば食養生や節約や礼儀や控え目などについての助言」であり、「経験の教えるところでは、これらのことがらが、快適状態の平均値をもっともよく増大させる」のである(『人倫の形而上学の基礎づけ』*Grundlegung zur Metaphysik der Sitten*, 1785, GS IV, 418)。

(70) 人間の本性が根本的に善であるという考えは、ヘーゲルの時代、一般に、ルソーの名前と結びついていた。カントは、人間の本性には悪への根本的な傾向性があるというキリスト教的な考えを擁護したが、カントの立場は、人間の自然的な衝動や性向が悪であるということではなく、自然的衝動を理性法則に自由にしたがわせることができる人間の意志には、これを転倒させる傾向性があるということである（『単なる理性の限界内の宗教』 *Die Religion innerhalb der Grenzen der bloßen Vernunft*, 1793, GS VI, 26, 36 参照）。

(71) **一三九**参照。

(72) カント『単なる理性の限界内の宗教』GS VI, 19ff., **一三九**とその補遺参照。

(73) これは、「人間理性の衝動」に関するフリースの議論に対する皮肉な言及であろう。フリースは、形成陶冶への人間の知的で道徳的な熱望を、人間のなかに経験的にみいだされる「衝動」として扱っている（*Anthropologische Kritik der Vernunft*, III, §§ 178–183 参照）。

(74) **二**および**四**の各注解参照。

(75) **一三三**、**一四八**および**一五〇**の各注解参照。

(76) **一二三**参照。一八二二―二三年の講義ではつぎのようにいわれている。「反省の必然的な行程はつぎのようである。人間は何をなすべきか、という問いからはじめられる。この問いへの答えは、人間の本性を知るようにならなければならないということである。人間はこれこれの衝動をもっている。これらがひとつの目的へとまとめられることによって、幸福の理論がなりたつ。どこに人間は満足を探しもとめるべきなのか。諸衝動においてであるが、しかし個々のそれにおいてではない。それよりも、どの程度ある衝動が他の衝動に優先するのかを算定するべきなのである」(VPR III, 143f.)。『哲学的諸学のエンチュクロペディー』四七九節以下も参照。

(77) この語(Bildung)には教育、教化、育成、学識、文化ないし文化形成等の意味もある。

(78) **五**参照。

(79) 『哲学的諸学のエンチュクロペディー』一五八節以下参照。

(80) 同書五四節補遺参照。

(81) 自由は、抽象的には、「自分のもとにあること」(注(41)参照)であるが、具体的には、「他者のうちにあって、自分のもとにある」(**七**補遺、『哲学的諸学のエンチュクロペディー』二四節補遺二、三八二節補遺、四六九節参照)ということである。対象として、私が私自身に対立させるものでさえまた私であるとき、私は自由である。「私がそこにおいて自由であるものは、私自身であるべきである」(VPR III, 180)。それが「私によって定立され」、「私のもの」であり、私がそれにおいて「我が家にあるようにくつろぐ」とき、私はそこに「現在している」のである(VPR IV, 106, 102, 105, 124)。ここで、「主体はその故国(Heimat)に、その適所〔境位〕(Element)に(いて、水をえた魚のようである)」(*Philosophie des Rechts: Die Vorlesung von 1819/1820*, hrsg. von Dieter Henrich, Frankfurt, Suhrkamp Verlag, 1983, 122)。「国家は具体的自由の現実性である」(**二六〇**)というヘーゲルの考えは、個人がもっとも十全にくつろいで、自分のもとにあるのは、国家においてであるということ、あるいは、自分がくつろぐことができる諸対象は、その現実性のために国家の諸制度を必要とするということだといってよい。

(82) 二八〇注解参照。
(83) 第三版では、一六九―一七八節。
(84) 注(43)参照。
(85) 一八二四―二五年の講義ではつぎのようにいわれている。「習俗に盲従している意志は、(意志の)普遍的な現存在である。主観的な意志が習俗のうちに埋没しているかぎり、それは人倫的ではあるが、しかし、単に客観的に、普遍的にそうであるにすぎない。この意志は人倫的になることはできるが、しかし、単に一般的に客観的であるにすぎず、そのような意志として意識と同一であるかぎり、それは非人倫的な内容をもつこともありうる。そこには、主観的自由が欠けているのであり、この自由はわれわれの時代においてようやく本質的な契機として認識されるようになったのである」(VPR IV. 146)。
(86) 『哲学的諸学のエンチュクロペディー』四六九節参照。
(87) 一八二四―二五年の講義ではつぎのようにいわれている。「法は自由にもとづいているのであり、この自由は理念でなければならず、定在を、実在性をもたなければならないのであって、この実在性が、法であるものなのである。法はまたしばしば、直線方式的なもの(eine linea recta)であるという、すなわち他のものに、規則に相応したものであるという意義をもつが、しかしここにおいては、法は自由な意志の定在なのである。……われわれは、法の表象、ひとびとが法とみなすものからははじめない。われわれの規定(使命)は自由なのであり、これは実現されなければならず、この実現が法である。さらにいえば、法についてのその他の表象は誤っている。

というのも、自由がみずからに定在をあたえるということが唯一必然的なのであり、これが必然的内容である。この定義はいくつかの例によって解明されるだろう、そして、この論考全体がそのような例のひとつである」(VPR IV, 149)。なお、『哲学的諸学のエンチュクロペディー』四八五節以下参照。

(88) カントの、法の基本的原理は、「汝の恣意の自由な行使が、普遍的法則にしたがって、何びとの自由とも両立することができるような仕方で、外的に行為せよ」(『人倫の形而上学』GS VI, § C, 230)ということである。

(89) ルソー(Jean-Jacques Rousseau, 一七一二—七八)の『社会契約論』(*Du contrat social ou principes du droit politique*, 1762)第一編第六章参照。

(90) **二六一**補遺参照。

(91) フランス革命とテロルへの言及である。**五**参照。

(92) **一三三**、**一四八**—**一四九**参照。一八一七—一八年のハイデルベルク講義ではつぎのようにいわれている。「法は、一般に、意志の自由とその実現とによって構成される関係を表現する。義務は、本質的なものとして、私にとって重要でなければならないかぎりでのそのような関係であり、私はそれを承認し、敬意を払い、果たさなければならない」(*Die Philosophie des Rechts: Die Mitschriften Wannenmann (Heidelberg 1817–1818) und Homeyer (Berlin 1818–1819)*, hrsg. von K.-H. Ilting, Stuttgart, Klett-Cotta Verlag, 1983(以下 VPR *17–18*), 40)。

(93) 「法の概念」と同じように、ということ。**二**参照。

(94)　『哲学史講義』stw XIX, 62-86 参照。とはいえ、『哲学的諸学のエンチュクロペディー』ではヘーゲル自身、弁証法を否定的な結果をもつものとして、弁証法的に対立し合うものをそれらの統一において捉える理性の思弁的段階と対比している(八一節以下参照)。

(95)　「懐疑主義の哲学への関係　そのさまざまな変容の叙述および最近と古代との比較」Verhältnis des Skeptizismus zur Philosophie (verkürzt), 1802, stw II, 213-272, および『精神の現象学』stw III, 159-163,『哲学史講義』stw XIX, 358-402 参照。

(96)　『哲学的諸学のエンチュクロペディー』八一節参照。

(97)　ヘーゲルは手書きで、「すなわち、他の諸主体」と書き入れている。

(98)　『法の哲学』は、その段階が絶対的理念の諸契機であるという思弁的方法にしたがって構造化されているのであり、これらの諸契機は思弁的論理学の構造に対応しているともいえる。

(99)　**一四一**参照。道徳は反省されたものであるが、人倫は主観的なものと客観的なものとの相互浸透である。……法と道徳は、観念的な契機にすぎない。それらの現存在は人倫のうちにのみある。「ここに道徳と人倫との区別がある。現実的な道徳は、唯一人倫における全体の道徳なのである」(VPR *17-18*, 89)。

(100)　mores→Moralität, Sitte→Sittlichkeit. mores も Sitte も、習俗、風習、風俗、慣習を意味する。

第一部　抽象法

（1）　抽象法の場面では、意志において対立が顕在化していない。普遍的意志と特殊的意志とのあいだのものとして対立が顕在化するのは、道徳においてのことであるというのである。

（2）　意志は、即自的かつ対自的に自由、すなわち本来的にもまた自覚的にも自由なものであるにしても、この抽象法の場面では、まずは実質的内容を欠いた、自分のなかでの思い込みでしかない自由が浮上してくるという意味が、この対自的ということばに込められている。

（3）　人格、人格性には、ヘーゲルの場合、独特の意味があたえられている。これらは、『精神の現象学』では、古代ギリシアのポリス共同体が崩壊して、ばらばらの個人が法(ローマ法)の支配のもとに登場してきた段階での個人のあり方を規定する概念として使われている。ヘーゲルの場合、大まかにみて、ここから近代までは共通の場面にあるということになっている。『法の哲学』では、そのような彼の歴史哲学的前提を踏まえながら、ばらばらのものとして抽象化された個人の規定、権利が何であるかをあきらかにするために、この人格ということばを設定しているといえる。その点で、自然状態を設定して個人の自然権をあきらかにしようとしたホッブズの社会契約説の立場、また基本的にそれを踏襲したカントの「法哲学」(くわしくは、『人倫の形而上学』の法論)の立場につながる。基本的には、ヘーゲルは、社会契約説もカントも批判するのであるが、それらのもつ思想内容、すなわち個人や自由についての近代的法規定の類いは『法の哲学』

のなかに取り込んでいるのである。しかし、他面で、人格は、まだ個人を抽象的なものとしてしか捉えていないという限界を負っているのであり、それが、のちに具体的内容規定を含んだ人倫の立場によって克服される理由になる。

（4）『精神の現象学』では、B自己意識のはじめの箇所である。意識の段階ではもっぱら自分の他者である自然的事物が意識の対象となっているのに対して、自己意識においては対象的事物の対象性が克服されて、そこに、みずからがみいだされている。「自我は関係の内容であるとともにまた関係すること自身でもある。自我は他者に対立して自分自身であると同時に、この、自我にとって自我自身であるにすぎない他者を越えて、これを包摂してもいる」(stw III, 137–138)。『哲学的諸学のエンチュクロペディー』の三四四節（第三版では、四二四節）は、精神哲学の第一部主観的精神に属するものである。「意識の真理は自己意識であり、自己意識は意識の根拠であるが、それは、自分とは別のものである対象についてのすべての意識が、同時に自己意識でもあるということにおいてである。これを表現すれば、自我＝自我となる」。このように、対象意識の場面から自己意識の場面へと移る段階、ヘーゲルによれば、そこではじめて哲学の場面が開けてくる段階が、人格概念の登場と対応することになる。

（5）　抽象法での法は、このように、個人の具体的特殊的事情が顧慮されない形式的なものであるところに特徴がある。それが近代的自由を保障してもいるが、あくまでもそれは外側からのものであって、自由の内面についての考察とか、具体的な人間関係、社会関係を通しての考察という立場からみれば、それだけでは十分ではないということにもなる。

(6) 占有は、物に対する事実上の支配を意味する。まず、とりもなおさず個人が何物かを手にもっている状態をさすが、それがすでに自由であるものとしての人間の権利という性格を帯びているということである。

(7) 所有(Eigentum)ということばが「自分の」(eigen)という形容詞からくることにかけたいい回し。Eigentum は法概念としては「所有権」とも訳され、「占有」より法的に保証された権利という性格がはっきりしているものといえる。

(8) 現存在ということばは、ヘーゲルにおいては、独特の使われ方をしている。『哲学的諸学のエンチュクロペディー』第三版では、本質論のなかでつぎのように規定されている。「現存在は、自分－のうちへの－反照と、他者－のうちへの－反照との直接的な統一である。……諸根拠はそれ自身、諸現存在であり、現存在するものは同じく、多くの側面からみて根拠であるとともに根拠づけられるものでもある」(一二三節)。このように、現存在は、単なる存在を意味するのではなく、根拠づけと根拠づけられるものというような二項関係(本質論的関係)の観点からみて、内なる根拠というだけではなく、他者との関係において規定され、そとに現れてもいる事実という意味をも担っている。ここでは、双方の人格のあいだの本来の同一性が、契約による所有の移行によって、白日のもとにあきらかで確固たるものとなるという意味である。

(9) ヘーゲルは不法と犯罪とを、個人と他者のあいだのトラブルとしてではなく、個人自身の内部での矛盾として捉えている。

(10) 法を「ひとともの法」(Personen-Sachenrecht)と「訴訟の法」(das Recht zu Aktionen)へ

と分類するのは、東ローマ皇帝ユスティニアヌスが編纂させた『法学提要』(*Institutiones*)が、法を「ひとの法」(ius personarum)、「ものの法」(ius rerum)、「訴訟の法」(ius actionum)に区分したことに由来をもとめることができる。

(11) ここでヘーゲルは、物件法を sächliche Rechte, 人格法を persönliche Rechte, 物件的人格法を dinglichpersönliche Rechte と表記しているが、カントの『人倫の形而上学』の法論では、物件法は das Sachenrecht, 人格法は das persönliche Recht, 物件的人格法は das auf dingliche Art persönliche Recht と表記されている。本訳書では das persönliche Recht は、「人格法」と訳したが、対物的関係に関わる物件法と対立関係にあって、債権、貸借関係、授受の契約等、対人的関係に関する法ということで、「債権法」と訳すことができる(その場合は、das auf dingliche Art persönliche Recht は、「物件的債権」となる)。『人倫の形而上学』吉沢伝三郎、尾田幸雄訳(『カント全集』第一一巻、理想社、一九六九年)では、「債権」と訳されている。また、その方が法学界の常識にそっているともいえるかもしれないが、人格の概念にもとづいて抽象法を展開するヘーゲルの意を伝えるには、「人格法」の方がわかりやすいとも思われる。

(12) ヘーゲルがローマ法の知識をえた典拠であるハイネキウスの『市民法要綱』によれば、つぎのようになっている。「法においては、ひとと人格とはまったく区別されている。ひとは身体と理性を授けられた魂とを所有する者である。人格は、一定の立場をもつ者とみなされている」(J. G. Heineccius, *Elementa iuris civilis*, Amsterdam, 1728, § 75)。

(13) カントの『人倫の形而上学』の法論では、das auf dingliche Art persönliche Recht(「物件的

人格法」と訳すが、直訳をすれば、「物件のあり方での人格法」となる)という概念のもとで家族関係が扱われている。端的には、家族のはじまりをなす、男女の性愛関係が、両性のあいだでの身体の所有に関する契約関係であると解釈することによる。のちの第三部人倫の家族(とくに一六一以下)であきらかなように、ヘーゲルはこの考え方を痛烈に批判している。

(14) obligatio にはもともと拘束の意味がある。なお、ローマ法の概念の訳語については、『ローマ法』(原田慶吉、有斐閣、一九四九年)、『ローマ法入門』(船田享二、有斐閣、一九六七年)を参考にした。

(15) 「人格法」(persönliches Recht)によって扱われている関係は人間に対するものであり、物件法(Sachenrecht)は物に対するものであるというように一見対立するもののようにみえるかもしれないが、基本的には異なるものではない。双方の法によって生ずる権利の主体となるのは人格である。他方、人格としての個人間での契約といっても、それも物件を対象として、それに媒介されてのことである。それゆえに、「人格法」はむしろ普遍的なものであって、物件に関する特定の内容をなす契約による給付ということに関して、これに、こと改めて「人格」の名をあたえるのはふさわしくないというのである。

(16) 「外的なもの」は Äußerliches,「外化」は Äußerung,「譲渡する」は veräußern というように、同根(「外(そと)」)のことばとなっている。

(17) 取得権は、Zueignungsrecht(自分のものとする権利)のこと。

(18) 外的事物の存在をそのまま肯定するような素朴実在論の哲学をさす。

(19)　認識可能なものを現象界に限定し、物自体を認識可能な領域のかなたにおいたカント哲学をさす。ここに、主観・客観の対抗図式にもとづくいわゆる認識論に代わって、認識に対しても実践の契機が介在することを指摘しているのである。

(20)　ここで「観念論」は、ヘーゲルの立場であり、主観・客観の認識論的図式を乗り越える役割をあたえられている。これはフィヒテに由来する。

(21)　aufheben をここでは「揚棄」と訳した。普通は「廃棄」と訳すのが適切であるが、aufheben には、auf「上に」という意味の部分と heben「上げる」という意味の部分がある。ヘーゲル自身もそのことに配慮して、対立を廃棄してそれぞれの対立項をより高い段階で総合するという意味をこれに込めているからである。

(22)　元素的な対象というのは地水火風のこと。そこでさっそく、土地が共有のものか私有されうるものかが問題となるわけである。

(23)　これについては、ヘーゲルは、古代ローマのグラックス兄弟による改革とその挫折のことを念頭においているとみられている。兄ティベリウスは、紀元前一三三年に護民官に選ばれると、ローマの本領および征服地の私的所有の規模を制限し、その制限を越える土地を没収し、小土地所有者に分配する立法をおこなおうとしたが、大土地所有者の反対にあい、紀元前一三三年に暗殺された。弟のガイウスも兄の遺志を継ぎ、紀元前一二三年護民官になると土地改革に乗りだしたが、これも反対派のまえに挫折した。

(24)　家族信託遺贈による所有は、財産相続に関して、正規の相続人の権利を制限して、財産の一部あるいは全部を家族の所有にとどめおく処置をおこなうための法。一八〇の注解でも言及されるが、ヘーゲルは、遺産相続はのこされた子ども全体によって平等になされなければならないと考えているので、家族の保存の原理(たとえば長子相続の原理)は、相続に関する不平等を意味し、したがって私的所有の原則に対立することになる。

(25) moralische Person を「法人」と訳す。普通ドイツ語で法人は juristische Person だが、フランス語では personne morale である。

(26) 「死手」は、譲渡、相続、分割が不可能な財産の所有者としての教会や団体(おもに宗教団体)をさすか、または譲渡不能の所有権をさす。教会財産の拡大に対抗する世俗権力からの法的措置による。

(27) 「もつ」というのは、外的対象として、自覚的にもつことを意味する。

(28) ここに示された内容は、『哲学的諸学のエンチュクロペディー』第三版では、自然哲学三六六節以下、二一三節、二一六節、および三七六節、人間学三八八節で述べられている。

(29) 『大論理学』の存在論の場面(stw V, 125f.)。定在は、一定のものとして規定された存在ということであるから、その同一性が示されるところでも、他のものではないという否定のかたちで他者性の契機を含んでいる。それとの類推で、自由も、自分の心のなかに引きこもって自由だと思い込んでいるのは真の自由ではなく、他者との関わり合いのなかで証示されなければならないということである。

(30) ここで自由といわれているものは、人倫的自由という水準での自由のように、特殊と普遍を統一させた自由ではなく、形式的な、ただ各自は占有する権利を有しているという水準での自由である。そこで、何をどれだけ占有するかなどは個人の勝手にまかされているのである。

(31)　反省的な思惟の「反省」ということばは、『論理学』では、その本来の活動の場を本質論のうちにもっている。それは、事態を二項対立的関係として一面的に把握するレヴェルにとどまるかぎり、ヘーゲルが悟性的立場とよんでいるものに重なっている。この悟性の立場にたつかぎり、内容への配慮を欠いた抽象的、形式的平等しか思いつかないというのである。ヘーゲルは、このような抽象的平等が、社会の実際の内容を把握するうえで無力であることを指摘しはするが、しかし、それが形式という水準にとどまるかぎり、すなわちすべての国民には所有権が等しく認められているといった抽象法の場面では、近代社会の必要不可欠な前提となっていることは認めている。なお、序言注(11)および緒論注(37)参照。

(32)　占有や資産の平等への要求は、古代においても、ドイツ農民戦争期(ことにトーマス・ミュンツァー)においても、また近代の共産主義においても、繰り返しなされてきた。それに対してヘーゲルは、これを抽象的な悟性の要求にすぎないというように一蹴する。それは、ヘーゲルが理性とよぶものが、特殊性を排除した普遍の把握へと向かうものではなく、無限の特殊性、区別を包摂したうえでの普遍の把握へと向かうものであることと重なってくる。その特殊性や区別の契機にともなって占有、資産の不平等も生じはするが、それは決して本質的なことではないというのである。逆に、この平等の要求が、特殊性に媒介されたものとしての普遍を否定するようなものとして生じたならば、それこそ理性に反することとなろう。

(33) 占有が抽象法段階での人間の基本的権利に関することであり、それゆえに徹底的に形式的な扱いが要求されるのに対して、生計の方は、具体的社会関係のなかで考察される対象となる。

(34) 『法の哲学』第三部人倫第二章市民社会。一九九以下、二三〇、二三七以下参照。

(35) 占有取得は、ローマ法では、occupatio.「無主物先占」とも訳される。所有権の源泉として、占有に関する時間的先後が決定権を有するという考え方である。カントの『人倫の形而上学』の法論での私法を論ずる場面でも、所有権の源泉に関しては、この考え方が採られている(第一章一四節)。ヘーゲルは、これをいわずもがなのこととして、所有権のはじまりのところに自由な意志をもつ人格の、他者との関係があることの方を重視している。

(36) 「占有獲得」と「占有取得」とのあいだにはあまりちがいはない。あえてちがいをもとめれば、前者の方がより直接的な能動性を感じさせるというところであろう。

(37) 類は種の対抗概念としてヘーゲルの自然哲学では使われる。種が限定されたものを表現するのに対して、類は無限定なものをさす。

(38) ここでは、アリストテレス(Aristoteles, 前三八四—前三二二)による事物の真理という意味での形相という性格づけもされていることが注目される。

(39) フィヒテ『自然法の基礎』一九節、A(FW III, 217f.)。

(40) ここでの三つの判断の類型は、『哲学的諸学のエンチュクロペディー』の論理学では、概念論の主観的概念の質的判断のところにある。肯定判断の例が「バラは赤い」(個別は特殊である)であるのに対して、否定判断の例は「バラは赤くはない」(個別は特殊ではない)という判断である。後者は、それでも他の色ではあるという肯定判断も潜ませているともいえるが、しかし他方、個別は普遍ではないということも含意している。そこで、つぎの段階では、判断は、(a)個別は個別であるという空虚な同一判断と、(b)主語と述語がまったく合致しない無限判断に分裂するというのである。占有取得が肯定判断に対応し、使用が否定判断に対応するのは一応わかったとしても、譲渡が無限判断に対応するのはわかりにくい。自分の手もとからはなれさせることが主語と述語のあいだのまったくの離反に対応するという理屈である。「精神はものである」というようなもっともかけはなれたもののあいだでの結合こそが、もっとも深い結合を示すというヘーゲル一流の発想にもとづいて、いったんは自由の直接性という意義をあたえられた占有を放棄することに自由についての高い意義をあたえていると解することができるであろう。

(41)「肉体でもって獲得すること」は、手等による直接的な取得である。

(42) ローマ法でも、一七九四年の『プロイセン一般ラント法』(*Allgemeines Landrecht für die Preußischen Staaten*)でも、土地所有者はそこの堆積土砂の所有者となり、動物の所有者はそれが産むものの所有者でもあるとされている。ローマ法では accessio(『法学提要』2. 1. 18–37)ということばが使用されている。

(43) フィヒテ『自然法の基礎』一九節、C 4 (FW III, 219)。

(44) この場合の、主観と客観とを統合するものとしての形成とはもちろん労働のことである。労働によってはじめて人間は外界の自然をわがものとすることができるという近代の経済思想を、ヘーゲルは明確に打ちたてている。同時に、そのことによって自分自身の自覚に達するということも指摘しているのである。それは、所有が対自的なものとなると表現されている。このことは、bilden(形成する、陶冶する)ということばによっても表現される。次節の陶冶はAusbildungの訳語であり、当然この関連から捉えられる。

(45) 奴隷制を肯定する立場が人間を自然的な存在とみなす誤りに陥っているというだけではなく、奴隷制に反対するのに、ただ即自的には、すなわち本性上は人間は自由なのだ、精神としての人間という概念には自由というものが具わっているという理由をもちだすだけなのも、一面的であるというのである。概念を直接性において捉えているにすぎないということと、理念をそれにふさわしく捉えていないということが等置されているのがヘーゲル的表現である。理念は、ヘーゲルにとっての真理の場をさすのに対して、この場合の概念は、まだ実在的内容をえていないものという、その意味では一般的な使い方に近いものである。

(46) 二律背反は、カントの三批判書に登場する。ことに『純粋理性批判』の超越論的弁証論のものが重要である(そこでは、宇宙について、われわれが経験的知識を越えて推論しはじめると、決着のつかない対立に、すなわちこの宇宙にはじまりのときがあるか否かとか、自然法則以外に自由にもとづく因果性が存在しうるか否かという対立に陥るという)が、総じてヘーゲルはあらゆる場面に(まずは悟性的に)二律背反をみて、その弁証法的統一を図るのである。『哲学的諸学のエンチュクロペディー』四八節参照。

(47) 『精神の現象学』では、人間精神の発展は、はじめ対象世界にのみ向かっていた心――「意識」――が自分自身を対象としてみいだすようになる、すなわち「自己意識」になるという歩みをするとされている。この自己意識の登場にともなって承認をめぐる闘争もおこなわれるのであるが、そのような主人と奴隷のあいだの闘争が必要なのも、まだ意識の段階が完全に克服されてはいないからだと説明されている。

(48) 『精神の現象学』stw III, 145f.『哲学的諸学のエンチュクロペディー』四三〇節以下参照。

(49) ヘーゲルの見解では、人間は、ただ自然的存在として生きているだけでは人間ともいえないのであり、自由な存在でなければならない。自由であるということは、自分の自由を他者によって承認されなければならないということを意味する。しかし、歴史の初期の段階では、それは承認をめぐる戦いとして現れてしまい、奴隷制を生んでしまうということになるのである。このような奴隷制の是非といった問題を考察するには、抽象化された個人を出発点としてはならないのであって、歴史とそこから生成する現実の国家の場面で捉えなければならないというのである。

(50) 「手中物」(res mancipi)と「非手中物」(res nec mancipi)との区別はローマ法で重要であった。res mancipiは、譲渡において、特定の儀式(譲受者が物件を手でつかみ、銅衡を打ち鳴らし、証人のまえで自分の所有を宣言する等)が必要となる物件であって、イタリア本土内の土地、地役権、奴隷、軛《くびき》や鞍などで馴らす四つ足の家畜等がこれに含まれる。res nec mancipiは、それ以外の物件をいう。

(51) もともとは、dominium Quiritariumが本来のローマ市民のための所有権を示し、dominium Bonitariumからは区別されたが、この区別はユスティニアヌスによって廃止された。res mancipiとres nec mancipiとの対立同様に、ヘーゲルはこれを実定法上の派生的区別とみなし、法哲学本来の区別ではないとみている。

(52) dominium directum には、「直接的所有」のほかに「上級所有権」「領主の所有権」、dominium utilie には「用益的所有」のほかに「下級所有権」「領民の所有権」という訳語をあてることができる。中世ゲルマンの世界において、ローマにおける訴訟分類の用語を手本にして、土地に対する領主の所有権と領民の用益的所有権とを区別するために設定された概念。

(53) 一連の記述から、ヘーゲルが封建的な地主と小作の関係に反対する立場にたっていることはあきらかであろう。その文脈で土地の貸借関係が、封建的小作制度の関係から地代をめぐる純然たる打算、すなわち資本主義的関係に変貌することを、ヘーゲルがあえて「理性的」とよんでいるのが注目される。

(54) ある物件が、交換の場で価値あるものとして他の物件と比較され、そのような意味での量的普遍性を獲得するためには、その物件が何か有用なものであるという特有性を具えていなければならない。しかし同時に、そのさいの価値は、量的なものに還元されており、当該物件の特定の質からは切りはなされているというパラドキシカルな関係にある。

(55) この記述はマルクス(Karl Marx, 一八一八—八三)の使用価値と交換価値との対関係を思いださせる。たとえばつぎのような文章を。「ある物の有用性は、その物を使用価値たらしめる。しかしその有用性は空中に浮遊していない。それは商品体の属性によって条件づけられており、商品体なしには現実存在しない。……商品体のこうした性格は、その商品体の使用上の属性を獲得するために人間が多くの労働を費やすか少しの労働を費やすかには関係しない。……使用価値は、われわれによって考察されるべき社会形態においては、同時に交換価値の質料的担い手となる。交換価値は、さしあたりは、ある種類の使用価値が他の種類の使用価値と交換される量的関係すなわち比率、ときとところによって変動する関係として現象する。だから交換価値は何か偶然的で純粋に相対的なもののようにみえ、したがって、商品に内的な、内在的な価値というのは形容矛盾のようにみえる」（『資本論』(*Das Kapital: Kritik der politischen Oekonomie*, 1867) 第一巻第一篇第一章一節）。マルクスが、ヘーゲルの『法の哲学』から大きな示唆をえたことは確実である。しかし、ヘーゲルにおける「有用性」と「価値」とがそのまま「使用価値」と「交換価値」に対応するかというと、必ずしもそうではないということを銘記すべきである。ヘーゲルが普遍性、比較可能性としての価値の名でよんでいるものは、あくまでも有用性を量化して捉えたものである。いってみれば、使用価値を量化して捉えたものである。それに対して、マルクスの交換価値は、さしあたりは市場での需給関係によって決定される価値であり、彼の場合、これが、結局は当該商品体に注ぎ込まれた労働の量によって決定されるということになっている（労働価値説）。それは、ここでヘーゲルのいう価値の普遍性とは微妙に異なる。しかし、一商品において使用価値と交換価値をつなぐものを想定すれば、ヘーゲルの捉え方がそれということになるだろう。

(56)　封建制度のもとでは、小作農民が自分の土地を所有できない一方で、地主もその土地を商品化して売り払うことができないのであり、ただ小作農民の土地使用を支配できるだけであるということである。

(57)　定量は、『哲学的諸学のエンチュクロペディー』の論理学ではつぎのように規定されている。「量は、そのうちに含まれている排他的な規定によって定立されて、定量すなわち制限された量である」(一〇一節)。「定量はみずからの展開と完全な規定を数のうちにもつ」(一〇二節)。

(58)　時効は近代の法に特徴的な規定であるが、ヘーゲルは、これを単なる社会的有用性からみているのではなく、その原理に遡って考えていることが注目される。

(59)　一八〇一—〇三年に、イギリスの駐トルコ大使トーマス・エルギン卿により、当時トルコの支配下にあったギリシアのアテネのパルテノン神殿の付属彫刻(現在大英博物館にある)が大量にもち去られ、国際的にも物議を醸したことなどが、ヘーゲルの念頭にあったのであろう。

(60)　かなりの額の費用を要する「ミサ寄進」は、中世においては、遺産の寄進の普通の形態であった。それがイギリスでは宗教改革の時代に、またヨーロッパ大陸ではフランス革命の時代に、聖職者の特権拒否の動きのなかで廃止された。このような運動が、いわゆる「世俗化」である。

(61)　「放棄」(Entäußerung)、「外化」(Äußerung)、「譲渡」(Veräußerung)のそれぞれは、物の「外面的なこと」(Äußerliches)を介して関連し合っている。Entäußerungは、放棄という訳語では覆いきれないところもあり、「手ばなす」と訳した方がよい場合もある。

(62)　放棄が真の占有獲得であるというのは奇妙に聞こえるかもしれないが、つぎのように解釈できる。占有取得を構成してきたこれまでの二契機に加えて、放棄することで、所有される物件の外面性が最終的にあきらかにされた。そのことによって、私の独立の人格、私の自由、私の物件を占有取得する能力があきらかにされたということなのである。

(63) 抽象法の場面での所有は、一方では自由の直接的定在であるとともに、他方では自由な人格を前提とするものであることがここであきらかにされている。

(64) このよく知られた定義は、しかしスピノザ(Baruch de Spinoza, 一六三二—七七)の場合には、神の定義として語られている。人間の意志については、スピノザは決定論にしたがい、自由意志を否定しているのだから、ヘーゲルの引用の仕方は、すでに多くのずれを含んでいるわけである。ここに、ヘーゲルの実体即主体の思想が披瀝されているということはいえる。

(65) 自分の労働またその産出物を譲渡するにしても、その時間的また量的に限定された一部を譲渡するだけならば、それは人格の自由の保持と両立するという指摘である。

(66) 著作権については、カントの『人倫の形而上学』の法論でも言及され、著作の復刻が罪に問われるとされている。以下、先行研究者の業績の剽窃問題について、著作権は当然守られなくてはならないが、それでもどこまでが著者、作家、発明家の所有の範囲内にあり、どこから公共の所有となるかの境目の確定しがたさを指摘しているところにも、ヘーゲルの優れた洞察力をみることができる。

(67) ギリシア神話によれば、夫を失うことを恐れた妻デーイアネイラから送られた、ケンタウロス族のネッソスの血の塗られた衣を着たヘラクレスは、その毒による苦しみから逃れるために焼身自殺を遂げたとされる。

(68) 古代ローマのブルートゥス(Brutus, 前八五—前四二)は、カエサル(シーザー)が共和制をくつがえして王となることを恐れて、彼を暗殺したが、アントニウスおよびオクタウィアヌスとの戦いに敗れて自殺した。シェイクスピアの『ジュリアス・シーザー』(*The Tragedy of Julius Caesar*, 1599)では高潔な英雄的人物として描かれている。

(69) 私が自分の所有を放棄できるのは、所有物が自分にとって外的なものであるから、当然のことであるということにもなる。しかし、それだけではなく、所有は私の自由の直接的表明でもあるという側面に照らしてみれば、私の意志がそこに投入された物件を放棄することは、その物件において自分の自由な意志が確認されるという積極的意味が加わることになる。それが「概念によって」ということばに示されている。というのも「概念」にはことがらの真理(真なるあり方)という意味が込められているからである。それがまた、物件を手ばなす私の意志とそれを受け取る他者の意志との同一と非同一という矛盾の統合という弁証法を含むことになる。

(70) 契約を両者の意志の一致とするのはローマ法に由来するが、カント、フィヒテも踏襲している。「承認」はここに位置する。ヘーゲルの特徴は、これを基本的には恣意に由来するものとして捉えて、「即自的かつ対自的に」すなわち真の意味で普遍的な意志によるのではない関係として、限定を加えていることであろう。

(71) カントの『人倫の形而上学』の第一部法論の二四節から二七節(GS VI, 277f.)参照。結婚を両性間での、生殖器官と性的能力の相互使用に向けての契約とみなすのがカントの立場であるが、愛を出発点とする家族の解明にそれは馴染まないというのがヘーゲルの主張である。注(13)参照。

(72) ホッブズ(Thomas Hobbes, 一五八八—一六七九)、ロック(John Locke, 一六三二—一七〇四)、ルソー、カント等に代表される社会契約説を、ヘーゲルは、すでに「自然法論文」(Über

die wissenschaftlichen Behandlungsarten des Naturrechts (verkürzt), 1802/03, stw II, 434–530) において批判していた。市民社会とは異なり、国家を形成する原理は、人格としての個人のあいだでの契約に還元しえないものであるというのである。

(73) 国家のあり方を「御恩奉公」的な私的従属関係に代えてしまった封建制度をさす。

(74) 一六二参照。

(75) 実質的契約は、前者の形式的契約とは異なり、単に物件を譲渡するのではなく、交換することであり、次節であきらかとなるように、物件は変わっても、所持する価値は変わらないということになる。

(76) ローマ法においては、ある物件が、その真の価値の半値以下で売られてしまったことがあきらかとなった場合には、過剰の損失という理由から売却の契約を無効にすることができた（『ユスティニアヌス法典』4. 44. 2）。

(77) 協定のラテン語 stipulatio は、ローマ法では、当事者間の儀式化された問答によって債権が成立するような契約をさす。そこで、「問答契約」と訳される。ヘーゲルは、これによって、契約が何らかの記号としての形式をえたものをさしている。

(78) ローマ法においても、交換に関する契約における公平さへの配慮がなされていたが、譲渡されえない財、すなわち、みずからの人格およびその自由を譲渡する契約をしてしまったら、損害の高を云々する段階ではなくなってしまうということである。

(79) 二一七参照。

(80)「記号は、ともあれ、直接的な直観である。しかし、その直観がそれだけであるのとはまったく異なった内容についてのある一個の表象である。ピラミッドは、そこにピラミッドそのものとは無縁な魂を安置し保存するのである」(『哲学的諸学のエンチュクロペディー』四五八節)。

(81) 契約における実体となるもの、すなわち内面をなすものは、あくまでも当事者相互のあいだでの合意であり、その契約にもとづいて実際の給付がおこなわれるのはその外面である。それが、所有と占有との区別に対応するというのである。しかも、その合意は、表象のうちにしかないから、給付される対象そのものとは異なった記号という定在を必要とするのである。

(82) ローマ法では、pactum(「約束」)は、法的債務の基礎となるものであったとしても、法的契約という形式はとっていないとされていた。「単なる約束から訴権は発生しない(Ex nudo pacto actio non nascitur.)」という原則が保持されていたのである。それに対して、contractus(「契約」)は、法的に正式の形式を具え、拘束力のあるものであるが、必ずしも合意を要素としてともなわないということもあった。その点で、近代的な意味での契約自由の原則は確立していなかったことになるということが、ヘーゲルのこのあたりの記述の背後にあるのだろう。

(83) フィヒテ「フランス革命についての公衆の判断を正す」(Beitrag zur Berichtigung der Urteile des Publikums über die französische Revolution, 1793, FW VI, 114)を参照。

(84) 両者のあいだには、物件を直接ともなうか、単なる合意かという相違があるようにみえるが、契約そのものの本質に遡ってみれば、このような区別も表面的なものでしかないというのである。

(85) カント『人倫の形而上学』第一部法論三一節(GS VI, 285f.)参照。

(86)　一七九以下。

(87)　ここで、ヘーゲルは、各々の人格のもつ意志が、即自的、すなわち本来的には他の人格と同一のものであるという側面を有しつつも、その現れにおいては特殊的なものにとどまりもするという矛盾関係にあるところから、不法の可能性が生ずるとしている。

(88)　法という概念は、即自的法と対自的法の両側面をもつが、この両者がまだ統合される以前の、分裂した状態にあるとき、法という概念はまだ抽象的にしか捉えられていないのであって、真に実在してはいないのである。

(89)　現象と本質との関係は、隠れた真実であるとされる本質も現象を前提にしなければ成立してこなかったという点では、スタティックに対立したものではない。しかし、仮象（みせかけ）の方は、ただ、本質から切りはなされた「否定的なもの」（『哲学的諸学のエンチュクロペディー』一一二節）である。

(90)　合法が善であり、不法が悪というのが世間の通り相場であろうが、ここで、ヘーゲルは、不法も法をわれわれの自覚にもたらす契機になるという役割を担っているというのである。

(91)　『哲学的諸学のエンチュクロペディー』の論理学ではつぎのようにいわれている。「区別は、(1)直接的な区別すなわち差別であって、この差別においては、区別されたものはそれぞれ対自的にあり、他者へのみずからの関係に対して無関心的である。したがって、この関係は、区別に対して外的なものである」（一一七節）。このように差別は、区別に内包され、その区別項が相互に無関係なあり方をする段階をさしている。

(92) 「現実性」については、序言注(32)、また第一部注(106)参照。

(93) これは、ある行為をなすことを正当とする法律上の原因であるが、他者による「承認」の場面において、行為の是非の法的ないし権利根拠となる。行為は、他者による承認を受けることもあれば、否定されることもあるという不確定性に漂うのである。

(94) 否定判断は、ヘーゲルの論理学での説明では、つぎのようになる。「このバラは赤い」という判断(肯定判断)が正しい判断だとしても、ここには、「このバラ」(個別)は「赤い」(特殊)ということで、個別者は特殊者であるという判断も含まれていることになる。しかし、バラという個別者は赤いという特殊的性質でいい尽くせるものではない以上、ここには、この「このバラは赤い」という判断の否定(否定判断)も含まれているということなのである(『哲学的諸学のエンチュクロペディー』一七二節、一七三節)。同様に、民事上の訴訟において、ある人物の所有権が否定されたとしても、それは、その当該物件についての所有権を失っただけであって、当人の人格なり、他の物件への所有権なりを失ったわけではないということである。**八六**補遺参照。

(95) 即自的な法といっても、それは単にそのような本来的な法があってほしいという要求にとどまるかぎり、主観的なもの、さらには単なるみかけのものの位置に落ちてしまうということもできる。そうであれば、法の抜け穴を利用しての詐欺行為も、法自体のもつ本質問題に関わることになってくる。

(96) 『哲学的諸学のエンチュクロペディー』一七三節参照。それによれば、肯定判断、否定判断を経過して、判断は(a)空虚な同一判断、すなわち個別者は個別者であるという判断となるか、(b)

ものである」）、空虚なトートロジーであり、客観的実在とかけはなれた主観的整合性しか示しえないものである。この意義は、(a)と同じく（「ＳはＳである」）、主語と述語のあいだがまったく不適合であるような判断、すなわち無限判断（「ＳはＰでない

(97) これは、不法なものである場合には、当人の占有、存在を脅かすような暴力を背景に、犠牲や行為を強いることである。しかし、別に、自然性からの陶冶の側面をもつことが**九三**で説かれている。

(98) VPR III, 294f., IV, 272f. 参照。

(99) **一〇二**、**一五〇**、**三五〇**参照。

(100) 注(96)の(b)の判断。主語と述語のあいだのまったき不適合性を通じて、犯罪の有するまったき否定的性格（他人の権利一般の否定）を表現している。

(101) 『大論理学』 stw VI, 324f. 参照。

(102) ストア派の哲学では、諸徳はそれぞれに関連し合っていて、分離しがたいとみられていた。

(103) アテーナイにおけるドラコンによる立法は、紀元前六二一年におこなわれ、その意図はそれまでの私的な復讐に代わってポリスの公的正義を確立することにあったが、苛酷な法規定をもって知られている。プルタルコスによれば、ソロンの立法（前五九四年）まで施行されていた。

(104) **二一八**、**三一九**参照。

(105) **一一三**以下。

(106) 現実性は、単に消極的に実在的であることを示すことばではない。法は、その否定である犯

罪にであい、その犯罪の否定によって、みずからと媒介される、すなわち和解させられ、それの十分な姿、現実性に到達するというのである。

(107) 二二〇参照。

(108) Ernst Ferdinand Klein(一七四三—一八一〇)。ベルリン高等法院判事。著書に、*Grundsätze des gemeinen deutschen peinlichen Rechts*, Halle, 1795がある。

(109) 刑罰の根拠づけ問題は、今日なお最終的決着をみていない問題、非西洋圏の法学事情が視界のなかに入ってくればますます困難さを増す問題であろう。ここに挙げられている予防理論、懲戒理論、威嚇理論、矯正理論等の理論は、社会的効用の観点からのもので、今日なお有力な理論として語られるものであるが、ヘーゲルは、これらをきっぱりと斥けている。その点で、刑罰の前提として個人の自由意志を据えたカントに近づいている。

(110) Paul Johann Anselm Ritter von Feuerbach(一七七五—一八三三)。やがてヘーゲルの観念論哲学を批判するようになる哲学者Ludwig Andreas Feuerbach(一八〇四—七二)は、その息子である。その著、*Lehrbuch des gemeinen in Deutschland geltenden peinlichen Rechts*, 1801は当時よく読まれた。

(111) 犯罪者の行為(犯罪者の法、すなわち侵害)は個別的なものであるが、それは、同時に、理性的なものの行為として普遍的な意味をもち、法則として現れるのであり、犯罪者自身にも妥当しなければならない。犯罪者はみずからの法によって罰せら(侵害さ)れてしかるべきなのである(VPR IV, 289f. 参照)。

(112)　Cesare Beccaria（一七三八―九四）。ベッカリーアはイタリアの法学者であり、『犯罪と刑罰』(*Dei delitti e delle pene,* 1764)という著作で死刑廃止論を説いたことで知られている。一八世紀、啓蒙主義の時代に、多くの論議をよんだ。ヘーゲルは、死刑廃止論の立場はとらないが、独特の形で彼に同情を示しているのが注目される。

(113)　神聖ローマ帝国皇帝(在位一七六五―九〇)。法典の制定に尽くした。一七八七年に公布された刑法において、死刑を廃止したが、のちに復活させられた。

(114)　その種類が多岐にわたる犯罪に対して、その報復としての刑罰の方が、死刑、禁固刑、罰金刑と、種類も少なく、かつ、死刑を除くと、量的なものに還元されていることに関して、刑罰のうちには、侵害の個々の特殊的性状への報復ではなく、侵害の即自的性状(価値)の同等性にしたがう報復が追求されるからだという。このような、犯罪内容に比しての刑罰の一般化のうちにも、ヘーゲルは、法制度の近代化を認めているのであり、したがって、この報復という概念は、私的な復讐の類いとは峻別される。

(115)　『新約聖書』「ロマ書」第一二章一九節。

(116)　ギリシア神話における復讐の女神。アイスキュロスの『エウメニデス』によれば、復讐の女神たちエリーニュエスが、父の敵討ちのための母殺しゆえに、神前裁判の場でオレステースを糾弾するのに対して、女神アテーナーの計らいでオレステースが許されるとともに、エリーニュエスもエウメニデス(慈しみの女神)になることを勧められるのである。第二部注(8)参照。

(117)　ローマ法においては、窃盗も強盗も crimina privata に分類され、国家に対する犯罪 crimina publica から区別された(ガイウス『法学提要』3. 182)。また盗難の損害に対する補償は、民事裁判でおこなわれた(ユスティニアヌス『法学提要』4. 1. 11–15, 4. 2.)。

(118) **九三**注解と補遺、**三五〇**参照。

(119) ヘーゲルは、偶然性を単に必然性と対立するものとしてのみ設定するのではなしに、偶然性がその本性を尽くしたところで、必然性に転化するという捉え方を示している(『大論理学』stw VI, 206)。

第二部　道　徳

(1) これは、「主観的な意志」からすれば、教化され、陶冶されることである。

(2) カントの哲学における「要請」にあたる(『実践理性批判』GS V, 122f. 参照)。

(3) 第三部人倫の家族・市民社会・国家を参照。

(4) 限界と制限との区別は、有限なものからの、真無限の規定の展開の一部として生起する。あるものが一般にもつ限界は、あるものが同時に自分自身のなかでこの限界を越えて、しかもこの限界に関係するとき、制限となる。そして、制限に対する否定的関係が当為である。『大論理学』stw V, 142–150,『哲学的諸学のエンチュクロペディー』九一—九四節参照。

(5) **一一一**の方がふさわしい。

(6) **三八**参照。

（7）主体の「行果における定在のうち、その知と意志のなかに存していたもの」が、「その故意であったもの」（『哲学的諸学のエンチュクロペディー』五〇四節）である。

（8）それと知らずに、オイディプースは、父親を殺し、母親と結婚するであろうという予言を実現してしまう。真実を知った彼は自分の眼をえぐり、テーバイを去って、アテーナイの近くのコローノスにいたる。そこで彼は、アテーナイの支配者であるテーセウスの庇護のもとで、復讐の女神たちの聖なる森に慰安をもとめる（ソポクレース『コローノスのオイディプース』参照）。また、オレステースは、母親殺しのあと、アポローンの忠告にしたがい、復讐の女神たちエリーニュエスから逃れ、アテーナイのアレイオス・パゴスに避難する。そこで彼は、アテーナーが主宰する裁判において、無罪となる（アイスキュロス『エウメニデス』参照）。

（9）シラーの『ヴァレンシュタインの死』（*Wallensteins Tod*, 1799）第一幕第四場におけるヴァレンシュタインの台詞を参照。「俺の胸のなかにあるうちは、俺のおこないは俺のものだったが、いったんその生まれた場所から、心のなかの安全な隠れ家からはなれて、み知らぬ世のなかへ押しだされてしまうと、いかなるひとの術をもってしても打ち解けさせられぬ、あの意地悪いもろもろの力のままになってしまう」（*Sämtliche Werke* II, Carl Hanser, 1985, 415）。

（10）ヘーゲルによれば、何かあるものの「本性」とは、われわれがそのものとその他のものとの関連を理性的思惟によって把握したものである。すなわち、思惟は客観的な思想を生みだすのである（『哲学的諸学のエンチュクロペディー』二三節、二四節参照）。したがって、行為の本性も理性的思惟が予想したであろう結果を含んでいるのである。「一般的にいえば、行為の結果を考えることは重要である。というのも、これによってひとは直接的な観点にとらわれないで、それを越えていくことになるからである。結果を多面的に考察することによって、ひとはまた行為の本性に導かれることになる」(『哲学入門』*Philosophische Propädeutik*, 1810ff, stw IV, 230)。

(11) 知らずして、親殺しと近親相姦を犯したオイディプースは、みずからを罪人とみなしたのであるが、ヘーゲルは、これを、道徳的な主観性がいまだ発展していないギリシア的な人倫的生の態度にみられる、人倫的実体に対して「堅固な信頼」をいだく素朴な「純真さ」を示すものと解している(『精神の現象学』stw III, 267 参照)。ヘーゲルはまた、狂気からなされた行為の責任についての古代ギリシア人の見解に言及している。「人間がなすものはすべて彼の行為とみなされる。一部分が彼から免ぜられて他の存在に転嫁されることはない。たとえば、アイアースがアキレウスの甲冑を手に入れなかったことの怒りから発狂してギリシア人の牛や羊を殺したとき、彼がそのときには別の人間であったかのように、責任を彼の狂気に帰するというわけにはいかず、彼は行為全体を行為者としての自分に引き受け、羞恥から自殺したのである」(『哲学入門』stw IV, 224, ソポクレース『アイアース』参照)。

(12) 「意図 Absicht」は、「度外視する」の意味をもつ動詞 absehen に由来するので、ヘーゲルは、これを、「度外視」「捨象」としての「抽象 Abstraktion」と関連させている。なお、『哲学的諸学のエンチュクロペディー』五〇五節以下参照。

(13) 「命題もたしかに文法的意味においては、主語と述語とをもつが、しかしそれだからといってまだ判断ではない。判断であるためには、述語が概念の三規定の関係にしたがって主語に関係するということ、すなわち述語が普遍として特殊または個別に関係するということが必要である。個別的な主語についていわれることが、それ自身単にある個別的なものをいい表すにすぎないならば、それは単なる命題である。たとえば、「アリストテレスは第一一五オリュンピアーデの第四年に七三歳で死んだ」というのは、単なる命題であって、判断ではない」(『大論理学』stw VI, 305. なお、同書 VI, 37,『哲学入門』stw IV, 104f. 参照)。

(14)「直接的故意 dolus directus」と「間接的故意」との区別、とりわけ、後者の場合、行為者の意図が、結果として生じた不法を(しかし単に軽微なそれを)犯すことではなかったという意味での区別は、いまやまったくすたれている(Joachim Wilhelm Franz Philipp von Holtzendorff, *Enzyklopädie der Rechtswissenschaft in systematischer und alphabetischer Bearbeitung*, I, Duncker & Humblot, 1870-71, 402)、といわれる。

(15) この諺のオーストリア的な表現は、「手からの石は悪魔のあかし〔担保〕なり」(„Der Stein aus der Hand, ist des Teufels Pfand.")である(*Deutsches Sprichwörter Lexikon*, IV, Wissenschaftliche Buchgesellschaft, 1977, 809. 20)。

(16) 第三版では、四七八―四八〇節。なお、「幸福」と「利福」との区別については、同書(第三版)五〇五節参照。

(17) ヘロドトスによれば、リュディア王クロイソス(Kroisos, 在位、前五六〇頃―前五四六)が、ギリシアの政治家で詩人であるソロン(Solon, 前六四〇頃―前五六〇頃)に、自分の幸福を讃美させようとして、世界で誰が一番幸福であるかと問うたのに対して、何びとをもその死のまえに幸福と讃えるわけにはいかないと、ソロンは答えた(『歴史』第一巻三〇―三三節。なお、アリストテレス『ニコマコス倫理学』第一巻第一〇章 1100a10–b7 参照)。ヘーゲルはこの対話を『哲学史講義』(stw XVIII, 186f.)において取り上げて、そこには「幸福が状態全体への反省を含む」ことが示されており、この「反省の立場は、単なる欲望と、法としての法、義務としての義務であるものとの中間にたち」、ここにはすでに「普遍性の形式があるが、しかし、普遍的なものはまだ自覚的には現れてはいない」といっている。また、一八二二―二三年の講義では、つぎのようにいわれている。「われわれがギリシア哲学史を考察するならば、ソロンがクロイソスに語りかけるとき、普遍的な幸福が、彼の念頭に浮かんでいることがみいだされる。この幸福説のもとでは、当然、より寛大な習俗が歩み入る。というのも、普遍的なものが切望され、人間の自然の強制力は砕かれているからである。ソロンはまた、クロイソスに、目下所有しているものが幸福をつくりなすのではなく、生全体と死の流儀がはじめてそれをなすことを要求している。ソロンの思想は、この幸福を越えてはいない」(VPR III, 144. なお、『哲学的諸学のエンチュクロペディー』三九五節および三九六節の各補遺参照)。

(18) 『哲学的諸学のエンチュクロペディー』一四〇節、および一一二節補遺参照。

(19) 「主観の特殊性」ないし「主観的自由」の法の市民社会における出現については、**一八五**、**二〇〇**、**二〇六**、**二二八**を、国家の場合については、**二六〇**、**二九九**、**三〇一**、**三一四**を参照。

(20) シラーによる『格言的短詩』(*Xenien*)のなかの「哲学者たち」からの、カント倫理学のパロディーの詩句を、ヘーゲルなりに引用したもの。「良心のとがめ　私は友だちに喜んで尽くすが、私はそれを、悲しいかな、傾向性をもって〔好んで〕するのである。そこで、私が道徳的でないということが、私を悩ますのである。――裁定　他のどんな方策もありはしないのだから、汝は友だちを軽蔑し、つぎに義務の命ずるところを、嫌悪をもっておこなわねばならぬ」(*Sämtliche Werke* II, 299f.)。なお、この *Xenien* というのは、ゲーテとシラーの共同作品である。Goethe, *Werke* I, Christian Wegner Verlag, 1966, 221 参照。

(21)　『歴史哲学』stw XII, 34f. および『哲学的諸学のエンチュクロペディー』一四〇節参照。

(22)　『精神の現象学』stw III, 489 参照。これは、フランスの諺、"Il n'y a point de héros pour son valet de chambre."(「いかなるひとも、その侍僕にとっては英雄ではない」)にもとづくものであり、ヘーゲルのこの見解を、ゲーテは一八〇九年に『親和力』(*Die Wahlverwandtschaften*) 第二部第五章「オティーリエの日記から」(Aus Ottiliens Tagebuche) において受け入れている (*Werke* VI, 398. なお、『歴史哲学』stw XII, 48 参照)。このフランスの諺は、普通、セヴィニェ侯爵夫人マリ・ドゥ・ラビュタン＝シャンタル (Marie de Rabutin-Chantal, Marquise de Sévigné, 一六二六―九六) のものであるとされるが、シャルロット・エリザベト・エッセ (Charlotte Elisabeth Aissé, 一六九五―一七三三) は、これをコルニュエル夫人 (Mme Cornuel, 一六〇五―九四) に帰している (*Lettres de Mlle Aissé à Mme Calendrini*, 一七二八年八月一三日書簡参照)。しかし、この考えはもっと古いものとみられる。たとえば、モンテーニュ (Montaigne, 一五三三―九二) は、「身内の者から称讃されたひとはほとんどいない」といっている (『随想録』(*Essais*) 第三巻第二章参照)。ここでのヘーゲルによる言及は、フリースの態度を批判したものであろう

(Fries, *Handbuch der praktischen Philosophie*, Heidelberg, Mohr & Winter, 1818, 242 参照)。

(23) これは、ローマの詩人セクストゥス・アウレリウス・プロペルティウス(Sextus Aurelius Propertius, 前五〇頃—前一五頃)の『エレゲイア詩集』(*Elegeia*) 2. 10. 6 からの引用。

(24) ヘーゲルは手書きで、「特殊性(β)自由な抽象的人格性」と記している。

(25) 『精神の現象学』stw III. 275–283(「心胸の法則と自負の錯乱」)参照。

(26) これは準則ともいわれ、本来は理論上または実践上最大の権威をもつ命題あるいは公理のことであるが、一八世紀のフランスでは、実践上広く承認された重要な原理をさす。カントの倫理学では、意志規定の原理として、個人がみずからその行為の規則となす主観的に妥当する原理であり、客観的に妥当する実践法則と区別される。ヘーゲルも後者の意で用いている。

(27) シラーの戯曲『群盗』(*Die Räuber*, 1781)(*Sämtliche Werke* II, 481–618)をさしているであろう。この戯曲では、専制と戦い、不正を正すという目的で盗賊団の首領となる青年カール・モールが登場する。善き意図、高貴な心をもった犯罪者というモティーフは、ドイツのシュトルム・ウント・ドラング(疾風怒濤時代)の戯曲に共通したものであったが、シラーのそれは、この種のタイプのもっともよく知られた例である。

(28) ある売れない諷刺作家が、彼の職業を恥ずべきものだと非難したリシュリュー(Cardinal Richelieu, 一五八五—一六四二)に対して自己弁護したとき、フランスのこの大臣はこのように答えたといわれる(ルソー『エミール』(*Emile*)第三編参照)。

(29) クリスピヌス(Crispinus)は、三世紀のローマ貴族出身のキリスト教の殉教者、聖人であり、弟のクリスピニアヌス(Crispinianus)とともに、キリスト教徒迫害のさいに、フランスのソアソンに逃れて、靴屋をしながらキリスト教を広め、のちに殉教したといわれる。靴屋、鞍工《あんこう》、皮鞣《なめ》し工の保護聖人とされている。

(30)　これは、「緊急権」とも訳され、(生命を失うような)危険を回避するために、他人の所有を侵害する権利であるが、他人の権利そのものの侵害を認めるものではない(VPR IV, 341f. 参照)。一般にカントは、法の原理の形式性からみて矛盾する「緊急権」を認めてはいない(カント『人倫の形而上学』GS VI, 235f, 321 参照)。

(31)　これは、一般法の欠陥を(公平を意図して)道徳律で補正した法。カントは、「強制の権能がいかなる法則によっても規定されえないような広義の法」「曖昧な法」として「衡平」(と「緊急権」)を挙げている(『人倫の形而上学』GS VI, 233f. 参照)。

(32)　これは、生活費保留利益ともいわれ、ローマ法のもとでは、債務者および民事訴訟で負けた被告は、許された財産以上の、つまり、生活が不可能になるほどの支払いを要求されることはなかった。これは、夫婦間や兄弟間の訴訟に適用されることが多かった(ユスティニアヌス『法学提要』4. 6. 29, 37–38)。

(33)　「正義よおこなわれよ、世界が滅びるとも」は、神聖ローマ皇帝フェルディナント一世(Ferdinand I, 一五〇三―六四、在位一五五六―六四)のことばとされる。これはカントによって、称讃をもって引用されている(カント『永遠平和のために』GS VIII, 378)。また殺人者に対する極刑(死刑)の正義について、カントはつぎのように述べている。「もし正義が滅びるならば、人間が地上に生きることはもはや何の価値もない。……もし彼(窃盗をなす者)がひとを殺害したのであれば、彼は死なゝなければならない。このさいには、正義を満たすに足る(死刑以外の)いかなる代替物もない」(『人倫の形而上学』GS VI, 332f.)。

(34) ヘーゲルは手書きで、「主観的意志の自分のものであるべきである」と記している。

(35) 前者はカント、後者はハーマン(Johann Georg Hamann, 一七三〇―八八)、ヤコービなどによる主張である。

(36) 一五一とその補遺参照。

(37) 一二〇注解参照。

(38) 一二七が正しい。

(39) 一二〇注解が正しい。

(40) C・ヴォルフの「明晰な表象」と「不分明な表象」の理論を参照(Wolff, *Psychologica empirica*, *Gesammelte Werke* II, 5, Halle, 1962, § 31, § 220)。ここでのヘーゲルの言及の実際のターゲットは、法的帰責と道徳的帰責とを区別したフリースによる後者についての説明であろう(Fries, *Handbuch der praktischen Philosophie*, §§ 48–52 参照)。

(41) 二八二参照。

(42) 一三一参照。

(43) カント『人倫の形而上学の基礎づけ』GS IV, 397–400, 『実践理性批判』GS V, 80–89 参照。カントの表現はたいてい、「義務から(義務にもとづいて) aus Pflicht」である。ここでのヘーゲルの主張の含意は、義務が、カントがいうように、義務のためだけになされなければならないということではない。
(44) 一二五参照。
(45) 『新約聖書』「マタイ伝」第一九章一六節以下、「ルカ伝」第一〇章二五節以下参照。
(46) カントによる「自分に対する義務と他人に対する義務」および「完全義務と不完全義務」の説明(『人倫の形而上学の基礎づけ』GS IV, 421f.)を参照。
(47) 『精神の現象学』stw III, 442ff. 『哲学的諸学のエンチュクロペディー』五〇七節以下参照。カント倫理学の立場の「空虚さ」と「形式主義」に関するヘーゲルの批判については、さらに、「自然法論文」stw II, 459–468, 『精神の現象学』stw III, 311ff. 『哲学的諸学のエンチュクロペディー』五四節、『哲学史講義』stw XX, 367–369 参照。
(48) カント自身による表現はつぎの通りである。「汝の格率が普遍的法則となることを汝が同時にその格率によって意志しうるときにのみ、その格率にしたがって行為せよ」(『人倫の形而上学の基礎づけ』GS IV, 421)、「汝の意志の格率がつねに同時に普遍的立法の原理として妥当しうるように行為せよ」(『実践理性批判』GS V, 30)、「汝の行為の格率が普遍的法則となりうるように行為せよ」(『人倫の形而上学』GS VI, 389) など。
(49) 『精神の現象学』stw III, 464–494 参照。ヘーゲルは、「良心 Gewissen」「確信 Gewißheit」「知 Wissen」の語幹的関連性に着目している。
(50) 真実の良心とは「人倫的志操」のことであり、これは家族においては、愛(一五八)であり、国家においては、愛国心(**二六八**)である。

(51)「宗教的な良心」については、『哲学的諸学のエンチュクロペディー』五五二節参照。

(52)ヘーゲルは道徳的主観性の勃興と、古代世界とりわけローマ帝国の時代における人倫的生活の衰退とを結びつけ、このことにストア派の出現とローマ帝国下の生活における社会的疎外を関連させているが、それによって示唆されているのは、習俗にもとづく人倫的生活への主観的反省が不可避であり、しかもこの反省は不可避的にこうした人倫的生活が限定された不十分なものであることをみいだすがゆえに、この生活の衰退が免れがたいということである(『精神の現象学』stw III, 156–159, 355–359,『歴史哲学』stw XII, 383–385,『哲学史講義』stw XIX, 286)。なお、**二七九**、**三四三**参照。

(53)イルティングの編纂したテクストにもとづく補正(VPR II, 496 参照)。

(54)ラッソンによる補正。

(55)『旧約聖書』「創世記」第二章八―一七節、第三章一―二二節参照。堕罪の神話のヘーゲルによる解釈については、『哲学的諸学のエンチュクロペディー』二四節補遺三参照。なお、『精神の現象学』stw III, 562も参照。

(56)ヘーゲルの自家用本で挿入された。

(57)パスカル(Blaise Pascal, 一六二三―六二)の『プロヴァンシアル』(*Lettres à un provincial*)(全一八通、未刊断片一通)は、一六五六年から五七年までに書かれ(「第四の手紙」には一六五六年二月二五日と記されている)、ジェスイット(イエズス会士)とジャンセニスト(コルネリウス・

ジャンセニウス(Cornelius Jansenius, 一五八五―一六三八)の信奉者)のあいだでの、カトリックの道徳神学における論争に寄与したものである。これは、とりわけ、ジャンセニスム教義への忠実な支持ゆえに、一六五五年に譴責されたアントワーヌ・アルノー(Antoine Arnauld, 一六一二―九四)を弁護している。ヘーゲルによって引用された件は、さまざまなジェスイットの著作で示された見解へのアイロニカルなコメントである。

(58) ヘーゲルは手書きで、「有効な恩寵――人間は絶対的に受動的。恩寵は人間に内在的なものを何もみいださない」と記している。この恩寵(grâce efficace, gratia efficax「効果的聖寵」とも訳される)も、パスカルの『プロヴァンシアル』で論議の的になった神学的トピックである。恩寵は万人にひとしくあたえられていて、自由意志によって有効にも無効にもなるのであり、行為にはこの恩寵だけで十分である(grâce suffisante, gratia sufficiens「十分な恩寵」ないし「充足的聖寵」)というジェスイットの説に対して、ジャンセニストは、実際に行為へと意志を促さないような恩寵は「十分な恩寵」ではないのであり、(魂が逆らえないほど強い)「有効な恩寵」がなければ、人間は行為することができないと主張する。さらに新トミストはこれら両説を認めながら、「有効な恩寵」は誰にでもあたえられているとはかぎらないという(『プロヴァンシアル』「第二の手紙」参照)。ヘーゲルは客観的な恩寵と人間の主観的な自由との関係をめぐるこの論争を、善の客観的知と主観的良心との関係のあり方として捉え、この関係は分離された両者の、無関心で、偶然的なものと解されてはならないというのである。

(59)『新約聖書』「ルカ伝」第一三章三四節参照。

(60) アリストテレスは、「無意識で」なされた行為と、「無知で(にもとづいて)」なされた行為とを区別するが、後者の場合、善悪の「選択」における「無知」、あるいは一般的な「無知」ではなく(これは非難される)、個々の事実と特殊な事情についての「無知」による行為は不随意的な(自由意志にもとづかない)ものとされている(『ニコマコス倫理学』第三巻第一章1110b27–1111a2参照)。

(61) 『ニコマコス倫理学』第三巻第一章1110b30–1111a21参照。

(62) 同書1110b28–30参照。

(63) これは、フリースへの言及である。

(64) 『精神の現象学』stw III, 485ff. 参照。

(65) これは、メディナのバルトロメーウス(Bartholomaeus de Medina, 没一五八一)によって擁護された、ジェスイットの教義のひとつ。ヘーゲルは、パスカルの『プロヴァンシアル』「第五の手紙」に拠っている。蓋然説によれば、われわれが行為するためにしたがう道徳的見解が「蓋然的」であるかぎり、たとえ悪いことをなしたとしても、われわれは罪を負わないことになる。

(66) 一二〇も参照。

(67) 「信仰と知」Glauben und Wissen (verkürzt), 1802, stw II, 426, 『精神の現象学』stw III, 467参照。

(68) これは、暗にザントによるコッツェブーの暗殺事件をめぐる世のなかの動きをさしているであろう。

(69)「目的は手段を正当化する」という格言は、通常、イギリスの詩人で外交官であったマシュー・プライアー(Matthew Prior, 一六六四―一七二一)のものとされるが、聖ヒエロニムス(St. Eusebius Hieronymus, 三四七頃―四二〇頃)に、「……論争において強いひとびとによってしばしば採用される、目的によって手段を正当化する路線」(『書簡』*Epistle* 48)ということばがあるといわれる。なおここには、詩人で政治家のカール・フォレン(Karl Follen, 一七九五―一八四〇)やその他一般に「ドイツ学生連盟」の立場も暗に意味されているであろう。

(70)「自然法論文」stw II, 528 参照。

(71) ヘーゲルは手書きで、「諸義務――本質的には体系として――客観的な従属関係」と記している。

(72) これらの言及のターゲットは、フリースおよびその一派であろう。フリースの友人であり弟子であったドゥ・ヴェットによるザントの母に宛てた慰めの手紙にも、こうした考えが示されている。序言注(19)参照。

(73) ヘーゲルは手書きで、「哲学的形式」と記している。

(74) ヘーゲルは手書きで、「諸原則」と記している。

(75) この格言のよく知られたかたちは、「あやまつはひとのつね、許すは神のさが(To err is human, to forgive divine.)」(Alexander Pope, *Essay on Criticism* 2. 325)である。

(76) ヤコービは一八世紀後半のドイツで影響力のあった思想家であり、啓蒙主義とドイツ観念論的合理主義とをともに批判して、フリースの見解と共通した信仰ないし直観の哲学を擁護した。

まさしくそれゆえにここでヘーゲルは、フリースに対して、ヤコービを引用しているのであろう。ヘーゲルは「信仰と知」(一八〇二年)(stw II, 333–393)でヤコービを批判したが、両者の関係は後年は友好的であった(『哲学的諸学のエンチュクロペディー』六一―七八節、『哲学史講義』stw XX, 315–329, 『哲学入門』stw IV, 429–461参照)。なお、この手紙は、ヤコービが、「ゲッティンゲン詩社」(Göttinger Dichterbund)のひとりである詩人フリードリヒ・レオポルト・フォン・シュトルベルク(Friedrich Leopold von Stolberg, 一七五〇―一八一九)のカトリックへの改宗について記したものである。

(77) ヘーゲルは、フリードリヒ・フォン・シュレーゲルによって提唱された、主に『リュツェウム断章』(*Lyceum Fragmente*, 1797)におけるイロニーの理論(Schlegel, *Kritische Ausgabe*, Ferdinand Schöningh. Vol. II: Charakteristiken und Kritiken I, 1966)に言及している。ヘーゲルは、ロマン主義的イロニーはソクラテスのイロニーとは基本的に異なると主張して、シュレーゲルのイロニーの概念を、有限と無限の対立に直面したパラドキシカルな人間的状況の表現としてではなく、むしろ過度に放縦な、自己神格化的でさえある主観主義と解釈する。

(78) ソクラテスのイロニーについては、『哲学史講義』stw XVIII, 457ff. 参照。

(79) ヘーゲルは手書きで、「巨匠たること、天才――人倫的なものの主人」と記している。

(80) 『精神の現象学』stw III, 481ff. 参照。「美しい魂」の意想は、シラーの『優美と品位について』(*Über Anmut und Würde*, 1793)(Schiller, *Werke* V, 468f.)に由来し、『ヴィルヘルム・マイスターの修業時代』(*Wilhelm Meisters Lehrjahre*, 1795–96)において、ナターリエに言及するため

にゲーテによって採用された(Goethe, *Werke* VII, 350, 358f.)。初期ヘーゲルは、これを、好意的な意味を込めて、イエス・キリストにあてはめている(『初期著作集』*Frühe Schriften*, stw I, 349-351)が、『精神の現象学』(stw III, 483f.)では、たいていノヴァーリス(Novalis, 本名 Friedrich von Hardenberg, 一七七二―一八〇一)に言及するために用いている。ゲーテ、ノヴァーリスそして(『精神の現象学』の)ヘーゲルでは、これは、活動的な生活は内なる純粋性を汚すかもしれないがゆえに、こうした生活を避けようとする精神的志向を意味している。

(81) ゾルガー(Karl Wilhelm Ferdinand Solger, 一七八〇―一八一九)は、ベルリンでヘーゲルの同僚であった美学者である。「歴史的なコメントとしてつけ加えられるべきなのは、とりわけゾルガーとルートヴィヒ・ティークがイロニーを芸術の最高原理として採用したということである。……彼は、規定されたものやそれ自身において実体的な親和関係をイロニー的に解体することと結びつく〔理念の〕否定性に固執し、そこに芸術活動の原理を認めたのである」(『美学』*Vorlesungen über die Ästhetik*, stw XIII, 98f.『ベルリン著作集』*Berliner Schriften*, stw XI, 205-274)。なお、アウグスト・ヴィルヘルム・フォン・シュレーゲル(August Wilhelm von Schlegel, 一七六七―一八四五)は、フリードリヒ・フォン・シュレーゲルの兄。

(82)『罪』(*Die Schuld*, 1816)は、ミュルナー(Adolf Müllner, 一七七四―一八二九)の作で、人妻と恋に落ちた主人公が、その夫を殺して結婚したあと、彼が自分の弟だとわかり、ふたりとも自殺するという通俗的なメロドラマである。『美学』stw XV, 537 参照。

(83)『精神の現象学』stw III, 343ff., 533ff. 参照。

(84) モリエール(Molière, 本名 Jean-Baptiste Poquelin, 一六二二—七三)作の喜劇『タルチュフ』(*Tartuffe*, 1664)に登場する同名の偽善的信者。『美学』stw XV, 570 参照。

(85) 「決疑論」は、「良心例学」ともいわれ、倫理神学の一部門であり、多くの道徳的規則が同一の行為に対してたがいに矛盾することを規定している場合ないし具体的な個々の特殊例に大まかな規定を適用する場合に、良心がであう諸問題を例解的に探求するものである。一二、三世紀頃に考えられるようになり、イエズス会で熱心に取り組まれた。

(86) ヘーゲルは、ロマン主義的イロニーを、フィヒテの、抽象的で主観的な自我の哲学の非哲学的な展開のひとつとみなす。フィヒテは自我を絶対の原理とするが、この抽象的自我には非我が対立する。にもかかわらず、あくまで自我が絶対者とされ、非我は仮象とされる。これが、シュレーゲルのイロニーの考えを生んだゆえんだと、ヘーゲルは解するのである(『哲学史講義』stw XX, 415f.『美学』stw XV, 93 参照)。一般に、ロマン主義者はフィヒテ哲学の一面的な主観主義的解釈をその極端にまで展開した、フィヒテの徒だとみなされている。

(87) シュトルベルク伯爵(注(76))がそうであるが、もっとも有名なのはフリードリヒ・フォン・シュレーゲルである。

解説（上巻）

佐藤康邦
山田忠彰

序言

ヘーゲルの『法の哲学』（*Grundlinien der Philosophie des Rechts oder Naturrecht und Staatswissenschaft im Grundrisse*（正しくは『法の哲学の基礎あるいは自然法と国家学の要綱』））とは何ものなのであろうか。法哲学、法学、あるいは国家学一般にとっての、その意義はいかなるものであろうか。そしてまた、なぜ今日なおヘーゲルの『法の哲学』なのであろうか。

史実にしたがえば、この『法の哲学』は、一八一七年以来、ハイデルベルクとベルリンの大学においておこなわれたヘーゲルの講義にもとづいて彼自身の手で執筆された著書であり、一八二一年にベルリンで出版された。それは、現行版の「本文」と「注解」

からなるものであったが、その後一八三三年に、エードゥアルト・ガンスによりヘーゲル全集に加えられるときに、幾人かの講義の聴講者の講義筆記録からの抜粋が加えられ、現在流布している版のもとになるものが成立した。

この『法の哲学』が講ぜられた時代といえば、ヨーロッパ大陸では、フランス革命につづいて登場して帝国を築いたナポレオンが没落し、それに代わって、一八一四年のウィーン会議以降、メッテルニヒの反動政策が支配していた時代である。一方、イギリスでは、産業革命たけなわの時代である。また、ドイツ、ことにプロイセンに関していえば、遅れたドイツの状況を脱すべく政治、経済、軍事の改革に乗りだしたフォン・シュタインは失脚した(一八〇八年)が、その後も改革は一応継承されていった時代である。文化の点でみれば、啓蒙主義の思想の時代は去り、フランス革命とナポレオン戦争の熱狂もさめたあと、ロマン主義の新たな胎動のときを迎えていた時代でもある。それに呼応するように、ドイツの学生のあいだでは民族主義的社会運動が大きな影響力を示し、そこで、熱狂にかられたひとりの学生(ザント)による、ロシアのスパイと目されていた著作家(コッツェブー)の暗殺事件がおこり、世間を騒然とさせていたという事情もあった。大変動のまっただなかというのではないが、近代というものがその肯定面も否定面も含めて展望されうる状況になっていたといえる時代である。ヘーゲルのベルリン大学への招聘も、民族主義的アジテーター、フリースの学生への影響力への対抗措置という意味があると推測されていることからすれば、『法の哲学』の講義にも、巨視的な意味での時代背景と並んで、差し迫ったドイツの社会事情が反映していることも事実であろう。そういったことは、すでに彼自身の序言にも散見される。そして、彼自身のことばにもあるように、哲学が時代の子であるならば、『法の哲学』もこのような時代背景に引きつけて読むべきであるということにもなろう。

しかし、いくらそのようなことを挙げてみても、それでヘーゲルの『法の哲学』のもつ独特な意味が浮かび上がってくるかというと、納得しきれないところがあるといわざるをえない。否、むしろ逆に、ヘーゲルの記述の歴史的背景などを克明にあさり、あげつらえばあげつらうほど、この本のもつ本当のすごみがみえにくくなってしまわないかという危惧の念さえ起こりかねないのである。というのも、そのことによって、この本のなかに散りばめられたヘーゲルの洞察のもつ普遍的な意義が損なわれるとさえ思われるからである。それほどまでに、この『法の哲学』には、いまなお新鮮な内容が込められているということなのである。

講義用のテクストをもとにしたとはいえ、ヘーゲル特有の哲学言語によって書かれたこの本の記述もまた難解なものである。きわめて抽象的で、観念的な記述がなされているようにもみえるかもしれない。また、その内容は、法についての即物的ともみえるような概説であり、近代社会、近代国家についての常識的とも思えるような追認であって余り面白くないといわれるかもしれない。しかし本当に「常識的な」で済まされるであろうか。このヘーゲルの記述が常識的とも思えるということこそが曲者ではないだろうか。というのも、この『法の哲学』が現れてから、すでに二〇〇年が経過しようとしているのであるから。その年月をものともせず、資本主義という形態をとる近代社会の日常が、また巨大な官僚機構を具えた近代国家の基本構造が、いまなお変わらざる姿で描出されているということこそ真に驚くべきことである。しかも、一見しての即物的で、足が地につかぬようにもみえる観念的な記述の背後に、豊かな経験的内容が横たわり、また柔軟な人間性への洞察が横たわっている。さらにまた、哲学という名にふさわしく、知性というものに関する根本的な洞察、近代社会を解明する知性もまた近代が生みだしているといったことへの洞察が厳然として横たわっている。そのことこそが、『法の哲学』の記述を、その一見しての抽象的性格、一見してのあたりまえさ、一見しての平板さの印象とは異なって、つねに新鮮で知的緊張をたたえたものとしているのである。

それにしても、『法の哲学』の記述が今日なお新しいということは、ヘーゲルの洞察がよほど深かったということなのか、それとも、この二〇〇年の人類の歴史、動乱と革命、希望と失意、繁栄と悲劇に満ちた近代の歴史が、基本的には、人類世界に新たな法や国家の枠組みをあたええなかったということなのか。答えはにわかにだせるものでもなく、この『法の哲学』の読者ひとりひとりが自分で探しだすべき類いのものであろうから、ここで断定することは差し控えるべきであろうが、このような問いかけが、『法の哲学』の内容を読み解くうえで必要不可欠なものであるということぐらいは断言できるであろう。つぎには、この『法の哲学』の形式に関わるごく概略的な説明をつけ加えておくことにしよう。

はじめに、ヘーゲルの『法の哲学』が、その題名とはいささか異なって、純然たる法学的著作ではないということを断っておかなければならない。たしかに、純然たる法学的記述もありはする。所有権からはじまり、犯罪と刑罰の規定にまでいたる第一部抽象法においては、法の原理的考察がおこなわれている。しかし、同時に、この著書は、単なる法学的学問の常識を大幅に逸脱してゆく。それは、単に、哲学的に法の問題を扱っているというところにとどまらず、むしろ、いわゆる法によってはまったく決定されないような領域の問題が法の名のもとで扱われているというところに示されるものである（ヘーゲルは、普通の意味での法概念を越えた領域にまで法概念を拡げて使っていることを忘れてはならない）。家族間の愛の問題、市場原則の問題、そして愛国心のような志操の問題、世界史の問題等々がそれである。そのことが、この『法の哲学』を、単に法学、国家学の著作であるだけではなく、優れた社会科学の著作ともしているのである。そのことがまた、『法の哲学』を、ホッブズ、ロック、ルソー、モンテスキュー、カント、フィヒテとつづく近代国家論、近代法哲学の系譜に属させもすれば、逆に、それらとは一線を画するものともしているのである。そこで、ここには、マルクスの資本主義論、ウェーバーの官僚制論、デュルケームの社会有機体論、パーソンズやルーマンの社会システム論、ディルタイからガーダマーにいたる解釈学等々の理論がすでに先取りされているのをみることもできるのである。さらに、家族論での男女の性差の分析、国家の有機体的性格と自然の有機体とのアナロジーの指摘といったことは、これを今日のフェミニズムや環境論に関しても問題提起をなしえるものとさせているといえるだろう（とりわけ環境論に関しては、経済問題をエントロピーの観点から扱ったジョージェスク・レーゲンのヘーゲル哲学への高い評価を、またさらに、現代経済学ならびに他の人間諸科学との接点において、ヘーゲル哲学の意義に注目するカーステン・ヘルマン＝ピラートとイヴォン・ボルディレフの研究を挙げておこう）。

そして、まさに、こうしたことを踏まえたうえで、この著作は、独特の意味で倫理学の著書たりえているといえる。それは、カントの倫理学との対決として展開された。個人の内面の動機の次元に倫理学を収斂させるカントの道徳法則に対して、その一定の歴史的意義を評価しつつも、ヘーゲルは「人倫」という立場を打ちだして対抗する。『法の哲学』で展開される家族、市民社会、国家の現実を内容として踏まえたうえで、倫理の問題が考察されるのである。それは、行為を規範意識の次元でのみ裁くのではなく、事実としての人間関係のなかで理解し、評価しようとするものである。そこから、あの、「理性的なものは現実的であり、そして現実的なものは理性的である」ということばもでてくる。これは、たとえば、事実についての言語表現と規範的言語表現とを混同する「自然主義的誤謬」を批判する倫理学説からの非難を受けるようなことばでもあろうが、しかし、ヘーゲルの場合、いかにも豊かな学問的成果を挙げるものとなっていたことを忘れてはならない。

以上のことからも、ヘーゲルの『法の哲学』への批判もそう簡単にできるものではないということが気づかれよう。この『法の哲学』に、近代というものの驚くべき自画像が描かれていることを喝破したのがマルクスであったが、まさにこの『法の哲学』への批判から出発した彼が懐いた共産主義の思想が夢破れた今日、改めて、ヘーゲルの国家論が依然として有効なものであることに愕然とせざるをえないというのが実状なのである。

緒　論

『法の哲学』の本文でおこなわれることになる法の具体的な考察に先だって、ヘーゲルは、この緒論で、法の概念についての概括的な説明をおこなっている。

〈法の理念〉　ヘーゲルは、『法の哲学』が対象とする哲学的な法学について、それは法の理念を研究の対象とするものであるという。この理念とは、一般の場合と異なって、ヘーゲルの場合、現実と対決するものではなく、生命が霊魂と肉体の統一として存在するように、現実と一致するものでなければならないとされる。法の理念ならば、法の概念が、具体的に制定された法律や諸個人のうちなる道徳意識や人倫的組織という定在のもとで実現されていなければならないのである。そのうえで、法の理念は自由であるといわれる。ということは、この自由が、主観的な思い込みにおわらずに、客観的な制度や関係を通して現実のものとして実現されていなければならないという意味である。

そこで、ヘーゲルは、「法は、あるひとつの国家のなかで通用しているという形式によって、一般に実定的である」（三）と語る。法は、実定法として、実際に国家権力を背景に制定され、通用していなければ法の名に値しない。しかし、他方で、哲学的法学が、実定法についての専門法学研究に終始するだけでは済まないこともたしかである。哲学的法学は、刑罰の種類や量を規定したりはしない。そのように実定法を実定法の水準で扱うのではなく、実定法の個々の規定の根本にある考え方が何であるかをあきらかにしようとするのが、哲学的法学の使命である。したがって、「即自的かつ対自的」にある法とは何かという問いが、いつもついて回る。では、それをヘーゲルはどのように捉えているのだろうか。

哲学的法学ということでは、一方で、近代自然法の立場が思い起こされる。これは、人間の本性(自然)にしたがって、時間を超越した普遍的な正義の観点から、法と国家を説明しようとする立場である。しかし、それに対しては、ヘーゲルはそれの非歴史的性格ゆえに対抗する立場を押しだす。国家は、ひとが人為によってつくりだすものではなく、おのずから生成してくるものだというのである。他方で、まさにその歴史的観点を取り入れるということに関して、サヴィニーに代表される「歴史法学派」の立場が思い起こされる。これは、法をもっぱら歴史的、社会的文脈のなかで解釈しようとするがゆえに、慣習法のみを正統な法と認め、制定法に正統性を認めない立場である。しかし、それに対しても、ヘーゲルは、制定された法のみを正統の法と認める立場から、結局は法に対する合理主義的立場から対決の姿勢をとる。そうはいっても、ヘーゲルも、近代自然法の発想をみずからの『法の哲学』に取り入れていないわけではない(とくに第一部抽象法の部分に)。また、歴史的文脈と社会的文脈の重視という点では、ヘーゲルに歴史法学派と軌を一にする部分があることも否定しがたい。しかし、それら両者と袂を分かち、歴史的変動に開かれつつも、単なる相対主義を越えた独自の普遍性の立場にたつところに、ヘーゲルの哲学的法学の真骨頂が示されている。

〈意志の概念〉 一方で、法は客観的なものとされ、ひとの別を問わないように適用されるところに特徴がある。その点では冷たい機械的なもののように思われるかもしれない。しかし、ヘーゲルは、この法の基盤が精神的なものであり、法が意志のうえになりたつものであることを強調する。意志の特性は自由であるのだから、自由こそ法の実体であるということになる。ところで、ヘーゲルにおける自由とは、単に強制がないとか、他によって決定されていないとかといった消極的なものではなく、意志が自分の可能性をそとの世界に外化しながら、それを自分のうちに取り戻すにいたっているという積極的な内容をもつものである。その観点から意志が、つぎのように三つの契機に分けられて、分析される。

(α)意志は、「純粋な無規定性」、「自我の純粋な自分のうちへの反省」である。私たちは、どんな内容的なことをも越えた、あるいは捨象した純粋意志を想定することができる。これは、さしあたり普遍性の契機とみなすことができる。しかしまた、私たちは

それにとどまりつづけることもできない。そんなことをすれば狂気にでも陥るしかないこともあきらかである。そこで、

（β）自我は、区別を欠いた無規定の状態の自分を区別し、規定する。自我は、意志一般をもつのではなく、具体的な何ものかを意欲し、定在一般のうちへと歩み入るのである。これが特殊性の契機である。

（γ）意志は、この（α）と（β）の統一である。「自分のうちへ反照し、これによって普遍性にまで連れ戻された特殊性」（**七**）である。これが個別性の契機である。こうして、普遍、特殊、個別の三契機からなる推論関係が完成する。ここで、自我は、自分の可能性が投入された産出物のうちに自分自身の姿をみいだすことになる。このような行程において、はじめに普遍、特殊、個別の役割をあたえられていた始、中、終の三項は、それぞれがまた、普遍、特殊、個別の三つの役割を具えているものであることがあきらかとなる。ここで全体の統一という事態がみえてくる。ここから真の自由の場が開けることになる。こうして、自由とは、意志の主観的な目的を客観的世界へと移し入れることにほかならないこととなり、したがって、この自由において、主観と客観、形式と内容、有限と無限、即自と対自といった区別項が統一へともたらされることになる。

そこで、つぎには、この自由についてのさらなる検討がおこなわれる。

(1)即自的にあるだけの自由、すなわちいまだ陶冶されていない段階での自由は、生理的な衝動、欲望、傾向性の類いである。これが、人間にとって不可欠なものであり、その意味で、ここにもまた理性的性格を認めることができはするが、しかし、ここにとどまっているかぎりでは、有限な意志の段階というほかはなく、真の自由の段階にはないのである。

(2)つぎに、さまざまな衝動のあいだで、どれを取るかの決定をくだす段階の自由がくる。それを通じて、他者とは異なった特定の個人意志も定立されるにいたるが、それでも、これはまだ恣意の段階にある自由である。それは、個々の衝動に従属していないという点で、自由であるかにみえるが、その実、単に形式のみに関するものであって、その内容の方は、外界からたまたまあたえられる素材に依存せざるをえない。恣意は、その点で空虚で、偶然的で、結局は自己矛盾に陥ることを免れえない。

(3)この意志の内容が意志固有のものに高められるとき、意志は即自的かつ対自的に自由な意志となる。それは、ただ衝動を排除するのではなく、衝動間の比較検討を重ねる反省によって純化されたものとなってゆく。意志の自由はもはや単なる可能性としてあるのではなく、意志は現実のうちに自分自身をみいだすというようにして、自由を知るにいたる。すなわち、意志は、思惟する知性となっている。その思惟される現実は、普遍性という性格をあたえられたものではあるが、しかし、この現実は特殊的なものを排除するのではなく、特殊を特殊として保持したうえでの普遍となっている。そして、このような、特殊を排除するのではない普遍こそが、人倫において頂点を迎える『法の哲学』の全内容にほかならない。

〈『法の哲学』の方法〉　『法の哲学』の内容は、ヘーゲルの哲学体系が叙述されている『哲学的諸学のエンチュクロペディー』(論理学・自然哲学・精神哲学から構成されている)の精神哲学の第二部客観的精神(第一部は主観的精神、第三部は絶対的精神)の内容と重なっている。したがって、この『法の哲学』もまた、論理学において定式化されたヘーゲルの方法にしたがって展開されてゆくものとして位置づけられている。すなわち、「概念にしたがって」展開されてゆくのである。『法の哲学』は、抽象法、道徳、人倫という順序で進み、またその人倫は、家族、市民社会、国家という順序で進んでゆく。しかし、これは、歴史的な順序を意味しているのではない。抽象法の段階が人倫的諸関係の形成より時間的にまえにあったとか、市民社会が国家よりまえに形成されたとかということではない。そうではなく、抽象的なものから具体的なものへ、無媒介(直接的)なものから媒介されたものへと進行し、その行程を通じて、本来あったはずの真理、すなわち普遍、特殊、個別の推論関係を経たうえでの理念の段階における統一の実現という真理が徐々に顕在化してくるという、ヘーゲル固有の体系構成の原理に則って、この『法の哲学』は構成されているのである。

第一部　抽象法

抽象法の場面は、基本的には「即自的かつ対自的にある自由な意志」がまだその抽象的概念においてある状態、すなわち直接性(Unmittelbarkeit)という規定にしたがっている状態とされる。すなわち自由についての自覚は生じていて、自分を無限なもの、普遍的なものと意識してはいるが、まだそれが形式的で、単純で、無内容な自己関係でしかないという段階にある、こうした人間のあり方を、ヘーゲルは、人格(Person)あるいは人格性(Persönlichkeit)ということばによって規定する。したがって、ヘーゲルにとっての人格は、無限なもの、普遍的なものにまで高められているという肯定的規定ももつ点で、一般の規定と同質の面をもつが、他面では、まだ抽象的にそうであるにすぎず、対立につきまとわれているというように消極的規定をあたえられている点で、一般の規定とは異なる面ももつ。

その人格が、自分が自由であることをまずはじめに具体的なかたちで示す表現、すなわち、「自由が直接的な仕方でみずからにあたえる直接的な定在」(四〇)は、所有である。何はともあれ、外的な物件を自分のものにすること、占有することが、端的に自由のあかしであるというのである。当然、所有には、欲求を充足させるために所有するという意味があるはずであるが、しかし、「自由の定在」ということの方が、それにもまして重要な意味をもつとされる。そこで、自由な人格を前提とする抽象法は、この所有からはじまり、契約、不法へと進むことになる。

第一章　所　有

人格は、理念として存在するためにも、自分が自由であることを外界において確認できるようなものを所有しなくてはならない。その第一のものは、肉体の所有である。私は、有機的肉体のうちに生きているのであって、肉体と心とは不可分なものである。自由が心の問題だといっても、肉体が囚われの状態にあっては自由とはいえない。しかし、同時にまた、肉体は、私が意志するかぎりで所有されるという側面ももつ。だから、良し悪しはともかく、心の原理にしたがってのみ肉体を殺す自殺も可能なのである。

そして第二に、この肉体を通じて、人格は物件を所有する。この物件の所有をめぐって、A　単に、早い者勝ちということで物件の占有取得がなりたつ段階、B　物件の使用の段階、C 所有の放棄あるいは譲渡の段階の各段階が検討される。

A 占有取得にも、手で物件にしがみつき、自分の所有権を表明するもっとも直接的な段階もあれば、直接占有はしていないが、何らかのかたちで自分の所有のもとにあるという痕跡をあたえて、自分の所有権を示す(標識づけ)という、より抽象的段階もある。また物件に働きかけて、これを自分の意のままに変えること(形成)を通じて、所有権を示す段階もある。いずれにせよ、占有取得する権利そのものは無条件にすべての個人に認められている。所有それ自身は理性的なもの、したがって、正当な権利として認められている。とはいえ、その具体的なあり方は、特殊的事情、偶然に左右されるのであって、必ずしも理性的であるわけではないが、しかし、その所有にともなう不公平の類いをも含めて、所有の自由が全面的に認められているのである。そのうえで、今度は、同一物件についての所有と使用との関係が問題となる。

B 所有権の源泉となるのは、あくまでも自分の所有を主張する所有者の意志である。したがって、さしあたりその所有者が使用していない物件でも、自分の所有権を放棄していない以上、使用していないという理由でもち主のないものになるわけではない。しかし現実には、ある物件のもともとの所有者とは別の人物がそれを使用しているという例がありうる。ところで、所有しているということは、その物件をいかようにも処理しうるということであるし、また、物件の使用についてみれば、それは物件の全体におよぶものである。とすると、仮に同一の物件に関して、名義上の所有者と実際の使用者の二人の人物が現れてしまうようなことがあれば、深刻な対立が生ずることになろう。それに関して、ヘーゲルは、現に使用している人物の方に所有権が認められるとしている。これは、彼の時代を考えれば、小作制度への批判という意味をもつ重要な見解であるのだが、それにしても、使用の事実よりもともとの所有権が優越するという所有についてのはじめの前提と矛盾しているようにみえる。しかし、それが矛盾ではないということが、時効という概念の導入によってあきらかにされる。所有の基礎が、意志にもとづく占有取得にあるとしても、その所有権が確保されるためには、つねにその意志の表明が、何らかのかたちでされつづけなければならない。さもなければ、現に使用している者の権利によって取って代わられてしまう。単なる過去の権威による所有権など(たとえば封建領主の土地所有権のような)は、その所有の意志表明が長期間にわたっておこなわれていない場合、有効性を失うのである。

このように、ヘーゲルは、時効概念の説明を、たとえば司法業務の能率化のためといった便宜的説明で済ませるのではなく、法の基礎となる所有権の原理に遡って捉えているのである。しかも、これは、近代的所有関係の擁護という性格を具えたものとなっている。さらに、使用に関連して、ヘーゲルは、物件の価値が、使用にとってどれほどの価値をもつかという数量的評価におきかえられるものであることに注目している。封建時代においては、農奴が土地や地主の支配に拘束されていただけではない。領主もまた、自分の土地を、他の同等の価値をもつ物件と交換することを禁じられていたのである。無限の質差をもつ物件の価値が数量化されることによって、経済活動の自由が保証される。同様に、所有権の確保は、いつまで所有権を主張しつづけたかという時間の長さの問題に還元される。また、ヘーゲルは、近代の労働者と過去の奴隷との相違を、奴隷がその全存在を主人に拘束されているのに対して、労働者は一定時間だけ自分の技能、労働を使用者に譲渡するだけであるというところにみている。このような物件の所有や譲渡に関する数量化という処理方式が近代的関係の基礎にあることを、ヘーゲルはみ抜いている。

C　最後に所有の放棄、譲渡がくる。意志の自由が所有の源泉をなすならば、この所有を放棄することもまた、同じ意志の自由がなすことである。あるいは、これによって、所有することよりいっそう多く自由意志の存在が確証されるというのである。そこで、放棄が真の占有取得であるというような一見逆説的ないい方もされるのである。また、それに加えて、放棄できるものは外的なものにかぎられており、私の固有な本質をなすもの、すなわち私の人格性、意志の自由、人倫、宗教的信念は放棄ないし譲渡しえないものであるし、そのような権利には時効もないとされる。さらに、著作権のような、物件の価値のうちどこまでがもち主に属していて、どこからが公共のものなのか断定の困難な事例について触れられ、最後に、生命の放棄についても言及され、生命の放棄（自殺）は可能ではあるが、認められた権利ではないという結論が引きだされる。

さて、この所有の放棄の前提をなす、所有物が私のものであるとともに外的物件でもあるということは、所有物が他者に対する存在でもあるということを意味する。そして、この他者もまた、私と同様に人格的意志をもつものであるから、ここに、自他の（共通の）意志を地盤とする関係が問題となる。これが契約である。

第二章　契　約

所有が、単なる物件の占有ではなく、真の所有、すなわち自由の現実化としての所有、権利としての所有となるには、所有が意志の契機を含んでいることが改めて確認されなくてはならない。そして、そのような所有は契約を通して成立するのである。契約は、ある個人の、たとえば私の所有物が他者に譲渡されるさいに取り交わされる。そこには、私の意志と他者の意志との一致の契機が必要となる。より正確には、私が自立した人格として物件に対する排他的所有者であることは、他者と同一の意志をもって私が所有者であることをやめることと一致するかぎりでのことであるという、一見矛盾した関係が必要とされるのである。この契約を支えるものとして、相互承認が登場してくる。相互承認は、ヘーゲルの主要概念として取り上げられることが多いが、もともとはフィヒテの概念であり、独立した個人同士が、相手を人格として承認し合う関係を表現するものである。こうして、この契約関係には、所有を真に合法的に基礎づけるものという規定があたえられるが、その反面、契約当事者は人格の恣意から出発し、単なる共通の意志にもとづいて契約を結ぶのであって、即自的かつ対自的意志にしたがってそうするのではないという側面がある。その理由から、この契約は、ヘーゲルによって、市民社会での利害の調整にはふさわしいが、婚姻や国家の構成原理としてはならないとされている。

これにつづく、よりたち入った分析から、契約を支えるのは、当事者相互の意志が即自的には同一であるということではあるが、当事者の意志はまた特殊的意志でもあり、当然、恣意や偶然にまつわりつかれていて、即自的に法であるものに対抗して現れる可能性ももっていることが指摘される。これが不法を引き起こすのである。

第三章　不　法

ヘーゲルは、不法を、第一義的には、個人と集団との軋轢と捉えるのではなしに、個人の意識のなかでの二つの意志のあいだの対立として捉えている。個人の意志が、即自的には普遍的でありながら、その個々の現れにおいては特殊的なものにとどまるという矛盾関係にあることが不法の根拠とされるのである。それは、不法をも含めて、抽象法全体を、あくまでも意志の展開として捉えようとしていることの結果である。そして、法は、この不法にであうことによって、その自覚的実現により近づくとされるのである。この不法は、A 犯意のない不法、B 詐欺、C 強制と犯罪、という三段階にわたって検討されている。

A 同一の物件に関して、複数の個人が何らかの権原にもとづいて所有権を主張し合う関係が、犯意のない不法である。これは、民事訴訟の対象となる場合をさす。

B それに対して、詐欺は、はっきりとした犯意のもとで犯される不法ではあるが、しかし、不法を犯す者の側にも法に対する尊敬の類いがあって、あるべき法の仮象(みかけ)によって他人の物件の取得を図るといった行為のことをさす。

C それらとは異なり、真の不法となるのが、他者の所有に属する物件を、暴力を背景に奪い取ること、強制と犯罪である。それにしても、この段階の不法に対するヘーゲルの定義は独特である。意志は、外的物件のうちに自分をおき入れることによって真に自由をえる。したがって、この所有を否定する暴力や強制は、さしあたりは他人の所有の否定であっても、それとともに、犯罪者自身のものでもある所有を通じて自由を獲得する権利の否定という意味をもあわせもってしまう。したがって、犯罪者は、犯罪において自分自身に矛盾していることになるから、不法である。また、そのようなものとして、犯罪はさしあたりの被害者だけではなく、普遍的なものを侵害しているというのである。したがって、この不法は取り除かれなくてはならない。第一の強制(犯罪)に対しては、第二の強制(刑罰)が加えられなければならない。犯罪に対する刑罰は、この観点から根拠づけられることになる。

ヘーゲルは、刑罰に関する予防理論、懲戒理論、威嚇理論、矯正理論等を斥ける。刑罰は、社会的効用の類いや教育的見地の類いから導きだされてはならず、自由、法、不法の概念からのみ導きだされなければならない。法に対する侵害は、本来的には無効なものである。したがって、刑罰はこの無効なものを無効化することにほかならない。刑罰は個人的報復のようなものではない。刑罰は、侵害された法の回復を図るものとして、実は犯罪者が潜在的には心の底で望んでいるものでもあり、刑罰に服することは犯罪者自身の義務であるだけではなく、権利でもあるというのである。そして、さらに進んで、量刑の問題が考察される。法の侵害にも質差もあれば程度の差もある。それに応じて、刑が、古代の「目には目を、歯には歯を」式の犯罪と同質の刑罰を追求するものとしてではなく、禁固期間の長さや罰金の額という量化されたものとしてあたえられることは、犯罪がその種類の別を越えて、法の侵害一般という観点から捉えられる見方が徹底されたことによるのである（ただし、殺人に関しては、被害者の自由の基盤そのものを奪ってしまったという犯罪の特殊性にしたがい、死刑の適用のみが要求されているが）。この量化の過程に、なぜ、たとえば、窃盗が懲役三年で強盗が一〇年でなければならないのかがはっきりしないといった恣意性が介在することもたしかなことではあるが、しかし、量化によって刑罰の普遍的性格が確保されるというのである。いずれにせよここにも、ヘーゲルによる、量化されることのもつ近代的特性の指摘をみることができる。

ヘーゲル自身は、本来、法学の専門家ではないが、抽象法全体を通じて観取できることは、専門家ではないがゆえに、かえって、法の原理原則への素朴な問いかけが可能となり、それが、法そのものを、哲学的言語、論理を通して捉え直す結果を生んでいるということであろう。

すでにみたように、抽象法も、不法に対する刑罰が問題となる場面となると、不法を犯した犯罪者のそとに現れた行為に規制を加えるという側面だけではなく、これに応分の刑罰を加えるためには、犯罪者の動機に遡ってその行為の質を突きとめなければならないという側面も有するようになっている。その、行為の動機を問いただし、個人に責任を帰するということを、単に法規に照らしておこなうのではなく、個人の内面において純粋に追求することこそ、道徳の本来の主題である。

ヘーゲルは、道徳的立場の定義として、「対自的に無限」、「対自的に自由」あるいは「意志の自分のうちへの反省(Reflexion)」ということを挙げる。それが意味するのは、個人が、自分のうちへと反省し、自分についての自覚に達し、自分のあり方を、自分で、自分の責任にもとづいて決定するようになったという(歴史的)段階である。そのとき、この個人は、抽象法での「人格」とは異なって、「主観」(Subjekt)とよばれる。

ところで、意欲することは、何か特定のものを欲することである。だから、この意志は、具体的な何かに向けて行為へと歩みだすのであり、それゆえ、自分を一定のものとして定立することになる。そこで、意志はみずからが抱える二重性にであうことになる。すなわち、この意志の主観的なあり方（抽象的で、制限されており、形式的である）は、意志の本来のあり方（意志の概念とか即自的かつ対自的なあり方といわれ、また無限性をその規定とする）とはさしあたり異なるものとして定立されるということである。この主観的なあり方と本来のあり方の対立を踏まえて、「道徳的立場は関係の立場であり、当為ないし要請の立場である」（一〇八）といわれるのである。主観的なものと客観的なものとのあいだの、概念と定在とのあいだの、また意志となされた行為とのあいだの、さらにこの私の行為と他者の意志とのあいだの、対立、緊張、さらにその対立の解消へ向けての努力が、この道徳の場面で展開される内容である。その点で、これは、カントの倫理学が扱っている問題とほぼ重なるのであるが、それにヘーゲルは独自の見解をあたえようとする。それは、つぎの三段階を通じて展開される。

第一章　故意と責任

意志は、外的対象の存在（定在）を前提とし、それに、行為を通じて、何らかの変化を加える。そこで、ヘーゲルは、行為の対象となる定在が私のものという述語をもつかぎり、私の意志はこの行為に責任（Schuld）がある、というい方をするのである。ただ、この場合の責任というのは、まだ、生起したことがらの原因であるという外的次元でのことであって、それだけでは内面的に責めを負わされる(imputiert)段階でのものにまで進んではいない。たとえば、自分のもち物が、あるいは自分の身体が、自分の意志とはまったく無関係に他人を傷つけてしまったような場合、単に原因になったということで責任があるだけのことであり、内面にまで遡って責めを負わされることはないというような場合である。「行果」(Tat)において、単なる「おこない」(Tun 外的運動一般)と「行為」(Handlung 意志的活動)のあいだの次元の違いが、はっきりさせられなければならないのである。

そこで、意志は、「自分の行果において、その行果の前提について、自分の目的のなかにあるものとして知っているもの、意志の故意のうちにあったものだけを、自分の行為として承認し、それだけに責任を負う」(一一七)と語られる。ギリシア神話に登場するオイディプースは、そうとは知らずに、いさかいで父を殺し、母と婚姻関係をもった。そのさい、オイディプースが父殺しと近親相姦の罪に問われたのは、まだ古代においては意志の故意という考え方が十分に確立していなかったからである。ということは、主観性や自由意志についての考え方が確立していなかったことを意味している。また、他方、行為の結果は外的諸力にゆだねられるという側面をもっており、意志通りにはゆかない側面をもつという問題がある。個人がおこなった行為のうちで何が偶然で何が必然であるかは、不確定ということにもなる。そこで、つぎには、個人のさしあたりの故意とは別に、行為にあたえられる普遍的連関という側面の検討に移らなくてはならない。それが、意図を問う場面である。

第二章　意図と利福

意図とは、ヘーゲルによれば、行為に関して故意が含んでいる、個別性を越えた普遍的側面のことである。そこで、意図(Absicht)が語源的に抽象(absehen)という意味を含むことが着目される。ひとつの行為からその普遍的側面を取りだしたり、逆に、特殊的側面を取りだしたりすること(absehen)が意図(Absicht)なのである。

放火を例に取ろう。まず、あるひとが建物の木材に火をつけたことによって火災が発生したとする。そのひとは、自分はただ木材の一部に火をつけようとしただけだといい張るかもしれない。しかし、その火は、思いがけず燃え拡がり、建物全体を灰にしてしまうばかりか、住人の命さえ奪ってしまう結果を生んだ。まさに、「手から投げだされた石は悪魔のものだ」という古い諺の語るようなことが起こったのである。故意というレヴェルでは、木材の一部だけを燃やすつもりでしかなかったということで済むことが、行為の普遍的連関をみなければならない意図のレヴェルでは通用しないのであり、そのひとは火災全体に対する責任を問われるのである。意図には、行為の普遍的連関を行為者が知っているはずだという契機、したがって、行為者は行為に付随する結果まで意欲していたはずだという契機が含まれていることにもなり、行為の結果に対する責任を免れえないということになる。他方、この普遍的連関への知という契機が問題となるがゆえに、子どもや精神薄弱者、精神異常者が自分の行為に対して、意図のレヴェルで責めを負わされることがないという事態も生ずる。もとより、それは、行為の責任について免責される人間には、思惟し、意志する者であるという名誉が認められないという条件つきでのことであるが。

さて、行為には、その普遍的質以外に、さらに、行為する人間、すなわち自分のうちに反省した主観の特殊的質も属している。行為する主観の自由が具体的に実現されるためには、行為者が自分の行為のうちに満足をみいだすこともなければならない。その、主観の満足にとっての価値という観点からみて、ある無媒介におこなわれた行為、それ自身が目的であった行為が別の行為(目的)のための手段の位置に下落するといった事態が生ずることにもなり、それによって目的、手段の連鎖(ハイデガーの道具連関を思わせるが)が形成されることにもなる。これらの目的、手段関係に関して現れてくるものには、(α)まず、形式的活動がある(一二三)。すなわち、主観が目的とみなしたものに自分の活動をもって関わることである。しかし、(β)つぎには、この活動には具体的に規定された内容もなければならない。すなわち、さまざまの自然衝動、欲求、煩悩、臆見、思いつきの対象となるような内容が具わっていなければならない。そして、これらの内容の面での行為主観の満足が利福(Wohl)、幸福である。

個人の主観的満足も、即自的かつ対自的に妥当する目的の実現という完成した倫理的状態のうちには含まれていなければならない。だから両者を切りはなし、一方の即自的かつ対自的な目的だけの実現を願ったり、両者を抗争するものとみたりすること――カントの『実践理性批判』分析論がそのような図式を掲げているが――はまちがいである。主観がなす行為は、すでに主観が何であるかをあきらかにしているはずである。主観が自分のうちへと反省し、そこに満足をみいだすことに価値をみる思想に、ヘーゲルも近代の特徴をなすものを認めており、それがロマン主義的なものの基盤をもなしているとみている。そこで、ヘーゲルは、ともすれば義務の命ずるところを、嫌悪をもっておこなえといっているかにみえるカント倫理学に対する批判的姿勢をあきらかにするのであるが、しかし同時に、ロマン主義の、自分の主観性の契機をきわだたせ、普遍と対立させるばかりの態度をも批判している。あくまでも主観性と即自的かつ対自的なものとの一致がもとめられているのであるが、その問題は、さらに、つぎの善と良心の問題を扱う箇所にもち越される。

第三章　善と良心

ヘーゲルは、善(das Gute)について、「善は意志の概念と特殊的意志との統一として理念である」(**一二九**)と定義している。意志の本来のあり方と、個人によって懐かれた特殊的意志との統一だというのである。そこでさらに、善は、「実現された自由」、「世界の絶対的な究極目的」であるとされ、その立場からみるならば、抽象法も利福も善の一契機にすぎないといわれる。このいささか大仰な表現には、最高の善を幸福として捉えたアリストテレスの善の解釈、あるいはそれを受け継いだ、『実践理性批判』弁証論におけるカントの最高善(徳と幸福の一致)の概念が反映していることはあきらかである。しかし同時に、ヘーゲルは、『法の哲学』道徳の場面で扱われるかぎりでは、この善も「抽象的理念」であり、実現されるべき目的にとどまるとして、そこに限界を認めているのである。ここでは、何が善であるか、何が正しいかは主観が洞察し、承認するものとみられている。たしかに、それこそが主観的意志の法、正しいあり方というものであろう。カントの『実践理性批判』では、「定言命法」はつぎのように語られている。

「汝の意志の格率がつねに同時に普遍的立法の原理として妥当しうるように行為せよ」

ここでは、個人は、自分の意志の原則を自分だけの利益を目ざすものとしてはならず、普遍的立法に適合させなければならないと要求されているのではあるが、一体その普遍的立法が何であるのかといったことには何も触れられていない。それが何であるかを主観みずからが知らなければならないというところにこそ、道徳と自由との結合の根拠があるということであろうが、これでは、義務のためにのみ義務を果たすことが要求されているようにもみえるのである。ヘーゲルが問題とするのは、それである。義務の内容に対するそれぞれの主観の洞察は、真でもあれば思い込みでもありえよう。だから、客観的状況についての知見を踏まえたうえで、この義務の内容をあきらかにしなければ、善について十分に語ったことにはならない。義務の内容もまた善の一部をなしているのである。

ここには、倫理学についての考え方に関する岐路が示されているといえよう。二〇世紀になって、ジョージ・ムーアは、善は直覚の対象であり、事実についての言明方式とは次元を異にしているのだから、両者を混同する自然主義的誤謬(naturalistic fallacy)を犯さぬようにと戒めた。これは、カントの義務論の立場に連なるものとみることができるであろうし、この立場からすれば、規範的意識をきわだたせることこそが、倫理学の第一の課題なのであって、内容に関する知識を混入させることは、倫理の基本を危うくすることになりかねないということになろう。これに対してヘーゲルは、あえて自然主義的誤謬を犯すことを要求する立場にたっているといえる。ヘーゲルにもカントの道徳の立場にたつ倫理学を、内面的自由の主張として積極的に評価する観点がなくはないのだが、それは、時間を越えて通用する善の形式を主張する立場さえも近代の歴史の産物として捉え直さなければならないかぎりにおいてのことである。その意味では、この対立はさまざまな次元で繰り返される可能性をもつものであるといえよう。

さて、この善の内容、すなわち即自的かつ対自的に善であるものは、ヘーゲルの場合、人倫にいたってはじめて、本来のかたちであたえられることになる。しかし、その人倫についての記述に移行するまえに、ヘーゲルは、この即自的かつ対自的に善であるとみなしうるものを主観がもとめるあり方、しかもまったく主観的にもとめるあり方の行く末を、良心という概念を通じて検討している。

良心(Gewissen)とは、ヘーゲルによれば、端的に、即自的かつ対自的に善なるものを意欲し、知ろうとすることである。人間は、社会的に制裁を受けるか否かとは別に、また、うわべの言動とは別に、心のなかでは、自分の行為が正しかったのか否か、そもそも何が正しく、何がまちがっているかを知っている(wissen)はずである。これが良心である。ヘーゲルは、ドイツ語の「知ること」(Wissen)と「良心」(Gewissen)が同根のことばであることに注目している。これは、日本語の「天知る、地知る、己れ知る」といういい回しの意味するところに近い。自分が道に外れた行為をした場合、誰かがみとがめなくとも、自分の心が知っているはずなのである(良心のやましさは、ドイツ語で「悪しき良心」(böses Gewissen)という)。そしてこの自分が知っていることについては、自分は確信をもっている(ここでも、確信(Gewißheit)と良心(Gewissen)のことばとしての近親性が注目されている)。そうであるがゆえに、良心は神聖不可侵なものと一般に認められている。

しかし、まさにここに、良心のもつ問題点もあると、ヘーゲルはいう。すなわち、この良心の立場は、即自的かつ対自的に善なるものを意欲するといっても、所詮それは、自分に対する確信という次元でのことである。自分が良心にかけて善と確信したものが、客観的世界における善と一致するとは保証されていない。良心は、内容を欠いた自己確信の形式にとどまるということにもなるのである。そこから、良心には、即自的かつ対自的に善なるものを原理とする可能性が具わっているのと同様に、自分にだけ都合のよい特殊性を普遍的なものとみなしてしまうという可能性、すなわち悪へと転落する可能性も具わっているという宣告がなされる。

ここから、ヘーゲルの悪についてのたち入った分析がはじまるが、それは、基本的には、「人間は即自的に、ないしはその本性（自然）によって悪であると同時に、その自分のうちへの反省によっても悪である」（一三九）という可能性をみ据えたことばに要約されるように、独特なものである。すなわち、悪を、単なる規範に対する違反として捉えて済ますのではなく、近代的な自己確信の延長線上にあるものとして捉えているからである。それは、悪のロマン主義的解釈とでもいえるものであるが、道徳を意志の主観性の問題として捉えたヘーゲルの構想の帰結にふさわしい解釈であるとはいえよう。

法《ほう》の哲学《てつがく》（上）〔全2冊〕　ヘーゲル著
——自然法《しぜんほう》と国家学《こっかがく》の要綱《ようこう》

2021年1月15日　第1刷発行
2023年7月 5 日　第3刷発行

訳　者　上妻《こうづま》 精《ただし》　佐藤康邦《さとうやすくに》　山田忠彰《やまだただあき》

発行者　坂本政謙

発行所　株式会社 岩波書店
〒101-8002 東京都千代田区一ツ橋 2-5-5
案内 03-5210-4000　営業部 03-5210-4111
文庫編集部 03-5210-4051
https://www.iwanami.co.jp/

印刷・理想社　カバー・精興社　製本・中永製本

ISBN 978-4-00-336302-7　Printed in Japan

読書子に寄す

――岩波文庫発刊に際して――

岩波茂雄

真理は万人によって求められることを自ら欲し、芸術は万人によって愛されることを自ら望む。かつては民を愚昧ならしめるために学芸が最も狭き堂宇に閉鎖されたことがあった。今や知識と美とを特権階級の独占より奪い返すことはつねに進取的なる民衆の切実なる要求である。岩波文庫はこの要求に応じそれに励まされて生まれた。それは生命ある不朽の書を少数者の書斎と研究室とより解放して街頭にくまなく立たしめ民衆に伍せしめるであろう。近時大量生産予約出版の流行を見る。その広告宣伝の狂態はしばらくおくも、後代にのこすと誇称する全集がその編集に万全の用意をなしたるか。千古の典籍の翻訳企図に敬虔の態度を欠かざりしか。さらに分売を許さず読者を繋縛して数十冊を強うるがごとき、はたしてその揚言する学芸解放のゆえんなりや。吾人は天下の名士の声に和してこれを推挙するに躊躇するものである。このときにあたって、岩波書店は自己の責務のいよいよ重大なるを思い、従来の方針の徹底を期するため、すでに十数年以前より志して来た計画を慎重審議この際断然実行することにした。吾人は範をかのレクラム文庫にとり、古今東西にわたって文芸・哲学・社会科学・自然科学等種類のいかんを問わず、いやしくも万人の必読すべき真に古典的価値ある書をきわめて簡易なる形式において逐次刊行し、あらゆる人間に須要なる生活向上の資料、生活批判の原理を提供せんと欲する。この文庫は予約出版の方法を排したるがゆえに、読者は自己の欲する時に自己の欲する書物を各個に自由に選択することができる。携帯に便にして価格の低きを最主とするがゆえに、外観を顧みざるも内容に至っては厳選最も力を尽くし、従来の岩波出版物の特色をますます発揮せしめようとする。この計画たるや世間の一時の投機的なるものと異なり、永遠の事業として吾人は微力を傾倒し、あらゆる犠牲を忍んで今後永久に継続発展せしめ、もって文庫の使命を遺憾なく果たさしめることを期する。芸術を愛し知識を求むる士の自ら進んでこの挙に参加し、希望と忠言とを寄せられることは吾人の熱望するところである。その性質上経済的には最も困難多きこの事業にあえて当たらんとする吾人の志を諒として、その達成のため世の読書子とのうるわしき共同を期待する。

昭和二年七月

《哲学・教育・宗教》〔青〕

ソクラテスの弁明・クリトン　プラトン　久保勉訳
ゴルギアス　プラトン　加来彰俊訳
饗宴　プラトン　久保勉訳
テアイテトス　プラトン　田中美知太郎訳
パイドロス　プラトン　藤沢令夫訳
メノン　プラトン　藤沢令夫訳
国家　全二冊　プラトン　藤沢令夫訳
プロタゴラス　—ソフィストたち　プラトン　藤沢令夫訳
パイドン　—魂の不死について　プラトン　岩田靖夫訳
アナバシス　—敵中横断六〇〇〇キロ　クセノポン　松平千秋訳
アリストテレス　ニコマコス倫理学　全二冊　高田三郎訳
アリストテレス　形而上学　全二冊　出隆訳
アリストテレス　弁論術　戸塚七郎訳
アリストテレース詩学・ホラーティウス詩論　松本仁助・岡道男訳
物の本質について　ルクレーティウス　樋口勝彦訳
エピクロス　—教説と手紙　出隆・岩崎允胤訳

生の短さについて　他二篇　セネカ　大西英文訳
怒りについて　他二篇　セネカ　兼利琢也訳
エピクテトス　人生談義　全二冊　國方栄二訳
マルクス・アウレーリウス　自省録　神谷美恵子訳
老年について　キケロー　中務哲郎訳
友情について　キケロー　中務哲郎訳
弁論家について　全二冊　キケロー　大西英文訳
キケロー書簡集　高橋宏幸編
エラスムス＝トマス・モア往復書簡　沓掛良彦・高田康成訳
方法序説　デカルト　谷川多佳子訳
哲学原理　デカルト　桂寿一訳
精神指導の規則　デカルト　野田又夫訳
情念論　デカルト　谷川多佳子訳
パンセ　全三冊　パスカル　塩川徹也訳
知性改善論　スピノザ　畠中尚志訳
スピノザ　エチカ（倫理学）　全二冊　畠中尚志訳
モナドロジー　他二篇　ライプニッツ　谷川多佳子・岡部英男訳

ハイラスとフィロナスの三つの対話　バークリ　戸田剛文訳
市民の国について　全二冊　ヒューム　小松茂夫訳
自然宗教をめぐる対話　ヒューム　犬塚元訳
人間機械論　ド・ラ・メトリ　杉捷夫訳
エミール　全三冊　ルソー　今野一雄訳
ルソー　告白　全三冊　桑原武夫訳
人間不平等起原論　ルソー　本田喜代治・平岡昇訳
ルソー　社会契約論　桑原武夫・前川貞次郎訳
政治経済論　ルソー　河野健二訳
学問芸術論　ルソー　前川貞次郎訳
演劇について　—ダランベールへの手紙　ルソー　今野一雄訳
言語起源論　—旋律と音楽的模倣について　ルソー　増田真訳
ディドロ、ダランベール編　百科全書　—序論および代表項目　桑原武夫訳編
ディドロ　絵画について　佐々木健一訳
道徳形而上学原論　カント　篠田英雄訳
啓蒙とは何か　他四篇　カント　篠田英雄訳
純粋理性批判　全三冊　カント　篠田英雄訳

カント 実践理性批判　波多野精一・宮本和吉・篠田英雄訳
判断力批判 全二冊　カント／篠田英雄訳
永遠平和のために　カント／宇都宮芳明訳
プロレゴメナ　カント／篠田英雄訳
学者の使命・学者の本質　フィヒテ／宮崎洋三訳
シュライエルマッハー 独白　木場深定訳
哲学史序論 —哲学と哲学史　ヘーゲル／武市健人訳
ヘーゲル 政治論文集 全二冊　金子武蔵訳
歴史哲学講義 全二冊　ヘーゲル／長谷川宏訳
法の哲学 —自然法と国家学の要綱　ヘーゲル／上妻精・佐藤康邦・山田忠彰訳
自殺について 他四篇　ショウペンハウエル／斎藤信治訳
読書について 他二篇　ショウペンハウエル／斎藤忍随訳
知性について 他四篇　ショーペンハウエル／細谷貞雄訳
将来の哲学の根本命題 他二篇　フォイエルバッハ／松村一人・和田楽訳
不安の概念　キェルケゴール／斎藤信治訳
死に至る病　キェルケゴール／斎藤信治訳
体験と創作 全二冊　ディルタイ／柴田治三郎・小牧健夫訳

眠られぬ夜のために 全二冊　ヒルティ／草間平作・大和邦太郎訳
幸福論 全三冊　ヒルティ／草間平作・大和邦太郎訳
悲劇の誕生　ニーチェ／秋山英夫訳
ツァラトゥストラはこう言った 全二冊　ニーチェ／氷上英廣訳
道徳の系譜　ニーチェ／木場深定訳
善悪の彼岸　ニーチェ／木場深定訳
この人を見よ　ニーチェ／手塚富雄訳
プラグマティズム　W・ジェイムズ／桝田啓三郎訳
宗教的経験の諸相 全二冊　W・ジェイムズ／桝田啓三郎訳
純粋経験の哲学　W・ジェイムズ／伊藤邦武編訳
純粋現象学及現象学的哲学考案 全二冊　フッセル／池上鎌三訳
デカルト的省察　フッサール／浜渦辰二訳
愛の断想・日々の断想　ジンメル／清水幾太郎訳
ジンメル宗教論集　深澤英隆編訳
笑い　ベルクソン／林達夫訳
道徳と宗教の二源泉　ベルクソン／平山高次訳
物質と記憶　ベルクソン／熊野純彦訳

時間と自由　ベルクソン／中村文郎訳
ラッセル教育論　安藤貞雄訳
ラッセル幸福論　安藤貞雄訳
存在と時間 全四冊　ハイデガー／熊野純彦訳
学校と社会　デューイ／宮原誠一訳
民主主義と教育 全二冊　デューイ／松野安男訳
歴史と自然科学・道徳の原理に就て・聖「プレルーディエン」より　ヴィンデルバント／篠田英雄訳
我と汝・対話　マルティン・ブーバー／植田重雄訳
アラン 幸福論　神谷幹夫訳
アラン 定義集　神谷幹夫訳
天才の心理学　E・クレッチュマー／内村祐之訳
英語発達小史　H・ブラッドリ／寺澤芳雄訳
日本の弓術　オイゲン・ヘリゲル述／柴田治三郎訳
饒舌について 他五篇　プルタルコス／柳沼重剛訳
ことばのロマンス —英語の語源　ウィークリー／寺澤芳雄・出淵博訳
人間 —シンボルを操るもの　カッシーラー／宮城音弥訳
国家と神話 全二冊　カッシーラー／熊野純彦訳

天才・悪　ブレンターノ　篠田英雄訳
人間の頭脳活動の本質 他一篇　ディーツゲン　小松摂郎訳
プラトン入門　R・S・ブラック　内山勝利訳
反啓蒙思想 他二篇　バーリン　松本礼二編
マキアヴェッリの独創性 他三篇　バーリン　川出良枝編
論理哲学論考　ウィトゲンシュタイン　野矢茂樹訳
自由と社会的抑圧　シモーヌ・ヴェイユ　冨原眞弓訳
根をもつこと 全二冊　シモーヌ・ヴェイユ　冨原眞弓訳
重力と恩寵　シモーヌ・ヴェイユ　冨原眞弓訳
全体性と無限 全二冊　レヴィナス　熊野純彦訳
啓蒙の弁証法 —哲学的断想　M・ホルクハイマー　T・W・アドルノ　徳永恂訳
ヘーゲルからニーチェへ 十九世紀思想における革命的断絶 全二冊　レーヴィット　三島憲一訳
統辞構造論 付『言語理論の論理構造』序論　チョムスキー　福井直樹　辻子美保子訳
統辞理論の諸相 方法論序説　チョムスキー　福井直樹　辻子美保子訳
言語変化という問題 —共時態、通時態、歴史　E・コセリウ　田中克彦訳
快楽について　ロレンツォ・ヴァッラ　近藤恒一訳
古代懐疑主義入門 判断保留の十の方式　J・アナス　J・バーンズ　金山弥平訳

ニーチェ みずからの時代と闘う者　ルドルフ・シュタイナー　高橋巖訳
人間精神進歩史 全二冊　コンドルセ　渡辺誠訳
人間の教育 全二冊　フレーベル　荒井武訳
フレーベル自伝　長田新訳
旧約聖書 創世記　関根正雄訳
旧約聖書 出エジプト記　関根正雄訳
旧約聖書 ヨブ記　関根正雄訳
旧約聖書 詩篇　関根正雄訳
新約聖書 福音書　塚本虎二訳
文語訳 新約聖書 詩篇付
文語訳 旧約聖書 全四冊
キリストにならいて　トマス・ア・ケンピス　大沢章　呉茂一訳
聖アウグスティヌス 告白 全二冊　服部英次郎訳
アウグスティヌス 神の国 全五冊　服部英次郎　藤本雄三訳
新訳 キリスト者の自由・聖書への序言　マルティン・ルター　石原謙訳
シュヴァイツェル イエスの生涯 メシアと受難の秘密　シュヴァイツェル　波木居齊二訳
キリスト教と世界宗教　シュヴァイツェル　鈴木俊郎訳

水と原生林のはざまで　シュヴァイツェル　野村実訳
コーラン 全三冊　井筒俊彦訳
エックハルト説教集　田島照久編訳
ムハンマドのことば ハディース　小杉泰編訳
新約聖書外典 ナグ・ハマディ文書抄　荒井献　大貫隆　小林稔　筒井賢治 編訳
後期資本主義における正統化の問題　ハーバーマス　山田正行・金慧訳
シンボルの哲学 —理性、祭礼、芸術のシンボル試論　S・K・ランガー　塚本明子訳
ジャック・ラカン 精神分析の四基本概念 全二冊　ジャック＝アラン・ミレール編　小出浩之　新宮一成　鈴木國文　小川豊昭 訳
精神と自然 生きた世界の認識論　グレゴリー・ベイトソン　佐藤良明訳

《法律・政治》〔白〕

人権宣言集　高木八尺・末延三次・宮沢俊義 編
新版 世界憲法集 第二版　高橋和之 編
君主論　マキアヴェッリ／河島英昭 訳
フィレンツェ史 全二冊　マキアヴェッリ／齊藤寛海 訳
リヴァイアサン 全四冊　ホッブズ／水田洋 訳
ビヒモス　ホッブズ／山田園子 訳
法の精神 全三冊　モンテスキュー／野田良之・稲本洋之助・上原行雄・田中治男・三辺博之・横田地弘 訳
ローマ人盛衰原因論　モンテスキュー／田中治男・栗田伸子 訳
第三身分とは何か　シィエス／稲本洋之助・伊藤洋一・川出良枝・松本英実 訳
教育に関する考察　ロック／服部知文 訳
完訳 統治二論　ジョン・ロック／加藤節 訳
寛容についての手紙　ジョン・ロック／加藤節・李静和 訳
キリスト教の合理性　ジョン・ロック／加藤節 訳
ルソー 社会契約論　桑原武夫・前川貞次郎 訳
アメリカのデモクラシー 全四冊　トクヴィル／松本礼二 訳
犯罪と刑罰　ベッカリーア／風早八十二・五十嵐二葉 訳

リンカーン演説集　高木八尺・斎藤光 訳
権利のための闘争　イェーリング／村上淳一 訳
近代人の自由と古代人の自由・征服の精神と簒奪 他一篇　コンスタン／堤林剣・堤林恵 訳
民主主義の本質と価値 他一篇　ハンス・ケルゼン／長尾龍一・植田俊太郎 訳
外交談判法　カリエール／坂野正高 訳
危機の二十年 ―理想と現実　E・H・カー／原彬久 訳
アメリカの黒人演説集 ―キング・マルコムX・モリスン 他　荒このみ 編訳
モーゲンソー 国際政治 ―権力と平和 全三冊　原彬久 監訳
現代議会主義の精神史的状況 他一篇　カール・シュミット／樋口陽一 訳
第二次世界大戦外交史 全二冊　芦田均
憲法講話　美濃部達吉
日本国憲法　長谷部恭男 解説
民主体制の崩壊 ―危機・崩壊・再均衡　ファン・リンス／横田正顕 訳

《経済・社会》〔白〕

政治算術　ペティ／大内兵衛・松川七郎 訳
国富論 全四冊　アダム・スミス／水田洋 監訳　杉山忠平 訳
道徳感情論 全二冊　アダム・スミス／水田洋 訳
法学講義　アダム・スミス／水田洋 訳
コモン・センス 他三篇　トーマス・ペイン／小松春雄 訳
経済学における諸定義　マルサス／玉野井芳郎 訳
オウエン自叙伝　ロバアト・オウエン／五島茂 訳
戦争論 全三冊　クラウゼヴィッツ／篠田英雄 訳
自由論　J・S・ミル／塩尻公明・木村健康 訳
ミル自伝　朱牟田夏雄 訳
大学教育について　J・S・ミル／竹内一誠 訳
功利主義　J・S・ミル／関口正司 訳
ユダヤ人問題によせて ヘーゲル法哲学批判序説　マルクス／城塚登 訳
経済学・哲学草稿　マルクス／城塚登・田中吉六 訳
新編輯版 ドイツ・イデオロギー　マルクス・エンゲルス／廣松渉 編訳　小林昌人 補訳
マルクス エンゲルス 共産党宣言　大内兵衛・向坂逸郎 訳
賃労働と資本　マルクス／長谷部文雄 訳
賃銀・価格および利潤　マルクス／長谷部文雄 訳
マルクス 経済学批判　武田隆夫・遠藤湘吉・大内力・加藤俊彦 訳
マルクス 資本論 全九冊　エンゲルス 編／向坂逸郎 訳

- 文学と革命 全二冊 — トロツキイ 桑野隆訳
- ロシア革命史 全五冊 — トロツキー 藤井一行訳
- 空想より科学へ —社会主義の発展 — エンゲルス 大内兵衛訳
- イギリスにおける労働者階級の状態 —一九世紀のロンドンとマンチェスター 全二冊 — エンゲルス 一條和生・杉山忠平訳
- 帝国主義論 全二冊 — ホブスン 矢内原忠雄訳
- 帝国主義 — レーニン 宇高基輔訳
- 国家と革命 — レーニン 宇高基輔訳
- ローザ・ルクセンブルク獄中からの手紙 — 秋元寿恵夫訳
- 雇用、利子および貨幣の一般理論 全二冊 — ケインズ 間宮陽介訳
- シュムペーター経済発展の理論 全二冊 — 塩野谷祐一・中山伊知郎・東畑精一訳
- シュムペーター経済学史 —学説ならびに方法の諸段階 — 中山伊知郎・東畑精一訳
- 租税国家の危機 — シュムペーター 木村元一・小谷義次訳
- 日本資本主義分析 — 山田盛太郎
- 恐慌論 — 宇野弘蔵
- 経済原論 — 宇野弘蔵
- 資本主義と市民社会 他十四篇 — 大塚久雄 齋藤英里編
- 共同体の基礎理論 他六篇 — 大塚久雄 小野塚知二編

- ユートピアだより — ウィリアム・モリス 川端康雄訳
- 民衆の芸術 — ウィリアム・モリス 中橋一夫訳
- 社会科学と社会政策にかかわる認識の「客観性」 — マックス・ヴェーバー 富永祐治・立野保男訳 折原浩補訳
- プロテスタンティズムの倫理と資本主義の精神 — マックス・ヴェーバー 大塚久雄訳
- 職業としての学問 — マックス・ウェーバー 尾高邦雄訳
- 社会学の根本概念 — マックス・ヴェーバー 清水幾太郎訳
- 職業としての政治 — マックス・ヴェーバー 脇圭平訳
- 古代ユダヤ教 全三冊 — マックス・ヴェーバー 内田芳明訳
- 宗教と資本主義の興隆 歴史的研究 全二冊 — トーニー 出口勇蔵・越智武臣訳
- 世論 全二冊 — リップマン 掛川トミ子訳
- 王権 — A・M・ホカート 橋本和也訳
- 鯰絵 —民俗的想像力の世界 — C・アウエハント 小松和彦・中沢新一・飯島吉晴・古家信平訳
- 贈与論 他二篇 — マルセル・モース 森山工訳
- 国民論 他二篇 — マルセル・モース 森山工編訳
- ヨーロッパの昔話 その形と本質 — マックス・リュティ 小澤俊夫訳
- 独裁と民主政治の社会的起源 —近代世界形成過程における領主と農民 全二冊 — バリントン・ムーア 宮崎隆次・森山茂徳・高橋直樹訳
- 大衆の反逆 — オルテガ・イ・ガセット 佐々木孝訳

《自然科学》〔青〕

- 科学と仮説 — ポアンカレ 河野伊三郎訳
- エネルギー — オストヴァルト 山県春次訳
- 光学 — ニュートン 島尾永康訳
- 大陸と海洋の起源 —大陸移動説 全二冊 — ヴェーゲナー 都城秋穂・紫藤文子訳
- ロウソクの科学 — ファラデー 竹内敬人訳
- 種の起原 全二冊 — ダーウィン 八杉龍一訳
- 完訳ファーブル昆虫記 全十冊 — 山田吉彦・林達夫訳
- 確率の哲学的試論 — ラプラス 内井惣七訳
- 史的に見たる科学的宇宙観の変遷 — アーレニウス 寺田寅彦訳
- 科学談義 — T・H・ハックスリ 小泉丹訳
- アインシュタイン相対性理論 — 内山龍雄訳・解説
- 相対論の意味 — アインシュタイン 矢野健太郎訳
- 自然美と其驚異 — ジョン・ラバック 板倉勝忠訳
- ダーウィニズム論集 — 八杉龍一編訳
- 近世数学史談 — 高木貞治
- ハッブル銀河の世界 — 戎崎俊一訳

パロマーの巨人望遠鏡 全二冊　D・O・ウッドベリー　関正雄・湯澤博・成相恭二 訳
生物から見た世界　ユクスキュル／クリサート　日高敏隆・羽田節子 訳
ゲーデル 不完全性定理　林晋・八杉満利子 訳
日本の酒　坂口謹一郎
生命とは何か ―物理的にみた生細胞　シュレーディンガー　岡小天・鎮目恭夫 訳
ウィーナー サイバネティックス ―動物と機械における制御と通信　池原止戈夫・彌永昌吉・室賀三郎・戸田巌 訳
熱輻射論講義　マックス・プランク　西尾成子 訳
コレラの感染様式について　ジョン・スノウ　山本太郎 訳

《東洋思想》〔青〕

易経 全二冊 高田真治・後藤基巳訳
論語 金谷治訳注
孔子家語 藤原正校訳
孟子 全二冊 小林勝人訳注
老子 蜂屋邦夫訳注
荘子 全四冊 金谷治訳注
新訂 孫子 金谷治訳注
荀子 全二冊 金谷治訳注
韓非子 全四冊 金谷治訳注
史記列伝 全五冊 司馬遷 小川環樹・今鷹真・福島吉彦訳
春秋左氏伝 全三冊 小倉芳彦訳
塩鉄論 曾我部静雄訳註
千字文 小川環樹・木田章義注解
大学・中庸 金谷治訳注
仁学 ―清末の社会変革論 譚嗣同 西順蔵・坂元ひろ子訳注
章炳麟集 ―清末の民族革命思想 西順蔵・近藤邦康編訳
梁啓超文集 岡本隆司・石川禎浩・高嶋航編訳
マヌの法典 田辺繁子訳
ガンディー 獄中からの手紙 森本達雄訳
ウパデーシャ・サーハスリー ―真実の自己の探求 シャンカラ 前田専学訳

《仏教》〔青〕

ブッダのことば ―スッタニパータ 中村元訳
ブッダの真理のことば・感興のことば 中村元訳
般若心経・金剛般若経 中村元・紀野一義訳註
法華経 全三冊 坂本幸男・岩本裕訳注
日蓮文集 兜木正亨校注
浄土三部経 全二冊 中村元・早島鏡正・紀野一義訳註
大乗起信論 宇井伯寿・高崎直道訳注
臨済録 入矢義高訳注
碧巌録 全三冊 入矢義高・溝口雄三・末木文美士・伊藤文生訳注
無門関 西村恵信訳注
法華義疏 全二冊 聖徳太子 花山信勝校訳
往生要集 全二冊 源信 石田瑞麿訳注
教行信証 親鸞 金子大栄校訂
歎異抄 金子大栄校注
正法眼蔵 全四冊 道元 水野弥穂子校注
正法眼蔵随聞記 懐奘編 和辻哲郎校訂
道元禅師清規 大久保道舟訳注
一遍上人語録 ―付 播州法語集 大橋俊雄校注
一遍聖絵 聖戒編 大橋俊雄校注
南無阿弥陀仏 ―付 心偈 柳宗悦
蓮如文集 蓮如 笠原一男校注
蓮如上人御一代聞書 稲葉昌丸校訂
日本的霊性 鈴木大拙 篠田英雄校訂
新編 東洋的な見方 鈴木大拙 上田閑照編
禅堂生活 鈴木大拙 横川顕正訳
大乗仏教概論 鈴木大拙 佐々木閑訳
浄土系思想論 鈴木大拙
神秘主義 キリスト教と仏教 鈴木大拙 坂東性純・清水守拙訳
禅の思想 鈴木大拙

ブッダ最後の旅 —大パリニッバーナ経 中村元訳
仏弟子の告白 —テーラガーター— 中村元訳
尼僧の告白 —テーリーガーター— 中村元訳
ブッダ神々との対話 —サンユッタ・ニカーヤⅠ 中村元訳
ブッダ悪魔との対話 —サンユッタ・ニカーヤⅡ 中村元訳
禅林句集 足立大進校注
ブッダが説いたこと ワールポラ・ラーフラ 今枝由郎訳
ブータンの瘋狂聖ドゥクパ・クンレー伝 ゲンドゥン・リンチェン編 今枝由郎訳
梵文和訳 華厳経入法界品 梶山雄一・丹治昭義・津田真一・田村智淳・桂紹隆訳注

《音楽・美術》〔青〕

ベートーヴェンの生涯 ロマン・ロラン 片山敏彦訳
音楽と音楽家 シューマン 吉田秀和訳
モーツァルトの手紙 —その生涯のロマン 全二冊 柴田治三郎編訳
レオナルド・ダ・ヴィンチの手記 全二冊 杉浦明平訳
ゴッホの手紙 全三冊 硲伊之助訳
ロダンの言葉抄 高村光太郎訳 高田博厚・菊池一雄編
ビゴー日本素描集 清水勲編
ワーグマン日本素描集 清水勲編
河鍋暁斎戯画集 山口静一・及川茂編
葛飾北斎伝 飯島虚心 鈴木重三校注
ヨーロッパのキリスト教美術 —十二世紀から十八世紀まで 全二冊 エミール・マール 柳宗玄・荒木成子訳
近代日本漫画百選 清水勲編
ドーミエ諷刺画の世界 喜安朗編
デューラー自伝と書簡 前川誠郎訳
蛇儀礼 ヴァールブルク 三島憲一訳
セザンヌ ガスケ 與謝野文子訳
迷宮としての世界 —マニエリスム美術 全二冊 グスタフ・ルネ・ホッケ 種村季弘・矢川澄子訳
日本洋画の曙光 平福百穂
映画とは何か 全二冊 アンドレ・バザン 野崎歓・大原宣久・谷本道昭訳
漫画 坊っちゃん 近藤浩一路
漫画 吾輩は猫である 近藤浩一路
ロバート・キャパ写真集 ICPロバート・キャパ・アーカイブ編
北斎 富嶽三十六景 日野原健司編
日本漫画史 —鳥獣戯画から岡本一平まで 細木原青起
世紀末ウィーン文化評論集 ヘルマン・バール 西村雅樹編訳
ゴヤの手紙 全二冊 大高保二郎・松原典子編訳
丹下健三建築論集 豊川斎赫編
丹下健三都市論集 豊川斎赫編

岩波文庫の最新刊

グレゴリー・ベイトソン著／佐藤良明訳

精神の生態学へ(中)

コミュニケーションの諸形式を分析し、精神病理を「個人の心」から解き放つ。中巻は学習理論・精神医学篇。ダブルバインドの概念、アルコール依存症の解明など。(全三冊)〔青N六〇四-三〕 定価一二一〇円

イーディス・ウォートン作／河島弘美訳

無垢の時代

二人の女性の間で揺れ惑う青年の姿を通して、時代の変化にさらされる〈オールド・ニューヨーク〉の社会を鮮やかに描く。ピューリッツァー賞受賞作。〔赤三四五-一〕 定価一五〇七円

バジョット著／宇野弘蔵訳

ロンバード街
―ロンドンの金融市場―

一九世紀ロンドンの金融市場を観察し、危機発生のメカニズムや「最後の貸し手」としての中央銀行の役割について論じた画期的著作。改版。(解説＝翁邦雄)〔白一二二-一〕 定価一三五三円

道籏泰三編

中上健次短篇集

中上健次(一九四六―一九九二)は、怒り、哀しみ、優しさに溢れた人間のあり方を短篇小説で描いた。『十九歳の地図』『ラプラタ綺譚』等、十篇を精選。〔緑二三〇-一〕 定価一〇〇一円

…… 今月の重版再開 ……

井原西鶴作／横山重校訂

好色一代男

〔黄二〇四-一〕 定価九三五円

ヴェブレン著／小原敬士訳

有閑階級の理論

〔白二〇八-一〕 定価一二一〇円